서울대 한국어

Workbook 6B

서울대학교 언어교육원

서울대 한국어 6B Workbook

지은이 서울대학교 언어교육원
편집인 박형만, 양승주, 김지연
펴낸곳 (주)투판즈
서울특별시 강남구 도곡로 193
Tel (02)2140-2500
Fax (02)2140-2599
등록 1980년 10월 7일 제2004-000086호
디자인 새담디앤피
초판 1쇄 2015년 7월 1일
3쇄 2018년 2월 1일

정가 12,000원(MP3 CD 포함)
ISBN 978-89-539-3451-1

이 도서의 국립중앙도서관 출판시도서목록(CIP)은 서지정보유통지원시스템(http://seoji.nl.go.kr)과 국가자료공동목록시스템(http://www.nl.go.kr/kolisnet)에서 이용하실 수 있습니다.(CIP제어번호: CIP2015017154)

Written by Language Education Institute, Seoul National University
Published by TWOPONDS Co., Ltd.
Designed by SAEDAM D&P

머리말

〈서울대 한국어 6B Workbook〉은 〈서울대 한국어 6B Student's Book〉의 부교재로, 주교재에서 학습한 내용이 연습을 통해 사용 능력으로 정착되도록 구성하였다. 이를 위해 주교재에서 학습한 어휘와 문법을 다양한 맥락 속에서 사용해 보고 읽기와 쓰기 심화 및 정리 학습이 이루어질 수 있도록 하였다. 특히 어휘와 문법 연습 문제를 풍부하게 제공하고 이를 교실용과 자습용으로 구분하여 제시함으로써 수업용 부교재로서뿐만 아니라 자율학습용으로도 사용될 수 있도록 배려하였다.

어휘는 문장 및 담화 단위의 맥락에서 사용하거나 문장 내에서 적절한 의미를 유추하도록 하는 연습 문제를 제공하였다. 문법은 문장 단위에서의 정확한 사용뿐만 아니라 대화, 담화 단위의 맥락에서도 자연스럽게 사용해 볼 수 있도록 다양한 유형의 연습 문제로 구성하였다. 특히 한국어 담화 상황에서 실제적으로 사용되고 고급 수준의 학습자에게 적절한 언어 표현을 포함한 맥락을 풍부하게 제공함으로써 학습자가 교실 밖에서의 언어 사용 능력으로 용이하게 연계하도록 하였다.

또한 고급 학습자로서의 독해 능력을 향상시키기 위하여 주제와 관련된 읽기 연습을 추가로 제공하여 심화 학습이 가능하도록 하였다. 쓰기는 읽기 활동의 후 활동으로 제시하여 읽기와 연계하되 주교재에서 이루어진 주요 학습 내용을 바탕으로 하여 쓰게 함으로써 정리 학습의 역할을 하도록 하였다.

이 책이 완성되기까지 많은 분들의 노력과 수고가 있었다. 오랜 기간에 걸쳐 집필 및 출판 과정에 참여한 교재개발위원회 선생님들의 헌신이 없었다면 책이 만들어질 수 없었을 것이다. 또한 2012년 봄 학기부터 2014년 봄 학기에 걸쳐 6급을 사용하며 꼼꼼하게 수정해 주신 최지훈, 선우용, 박지영, 정인아, 강유리, 하승현 선생님, 2013년 겨울 학기에 말레이시아 프로그램에서 사용하며 수정 의견을 추가해 주신 장은아, 장용원, 이창용, 조용미, 신필여, 박유미, 이희진, 신윤희 선생님, 원고의 교열을 담당해 주신 이소연, 민유미 선생님, 시험 사용 교재의 삽화를 담당해 주신 조소명, 송지성 선생님, 정확한 발음으로 녹음을 해 주신 성우 임채현, 윤미나 선생님의 노고에 감사를 드린다. 아울러 책이 출판되기까지 오랜 기간 동안 작업을 도와주신 투판즈의 사상님과 도현정 부장님, 박형만 편집팀장님, 양승주 대리님, 김지연 주임님을 비롯한 편집진 여러분께도 고마운 마음을 전한다.

2015. 7.
서울대학교 언어교육원
원장 전 영 철

일러두기

서울대 한국어 6B Workbook은 〈서울대 한국어 6B Student's book〉의 부교재로 총 8단원 16과로 구성되었다. 한 과는 '어휘, 문법과 표현, 읽고 쓰기'로 되어 있으며, 복습은 '어휘, 문법과 표현, 읽기와 쓰기, 듣기와 말하기'로 구성되어 있다.

어휘, 문법과 표현, 읽고 쓰기의 학습 목표가 제시된다.

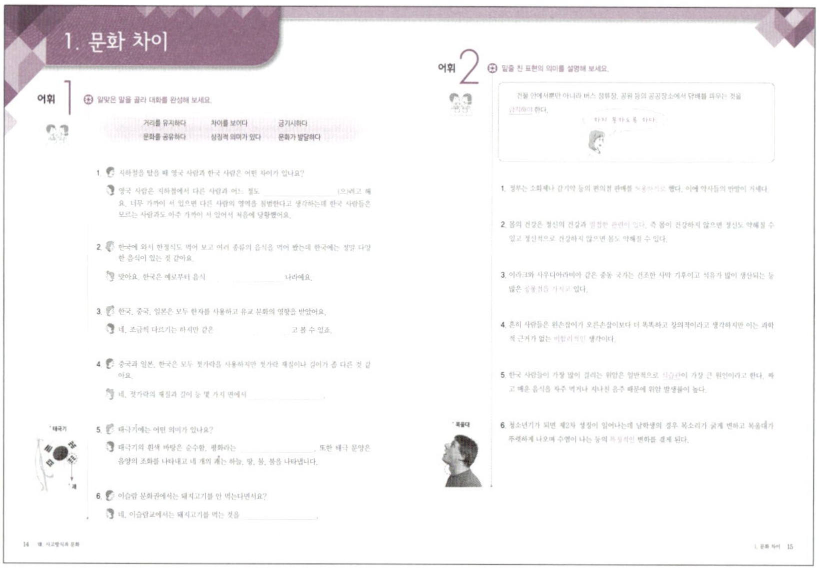

◆ 어휘

문장 단위의 연습, 담화 단위의 연습 등으로 구성된다.

1. 어휘를 문장 속에서 사용하면서 어휘력을 기르게 한다.
2. 대화나 텍스트 내에서의 용법을 익혀서 어휘의 사용 능력을 향상시킨다.

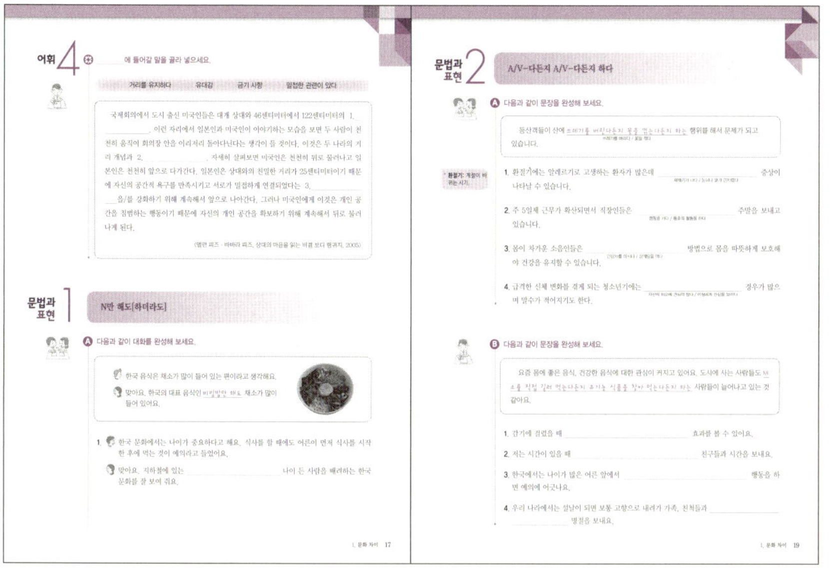

- **문법과 표현**

문장 단위의 연습, 담화 단위의 연습으로 구성된다.

1. 목표 문법과 제시어를 활용하여 문법과 표현의 활용에 유의하면서 문장을 생성한다.

2. 담화 단위의 연습으로 맥락을 이해하여 대화를 완성한다.

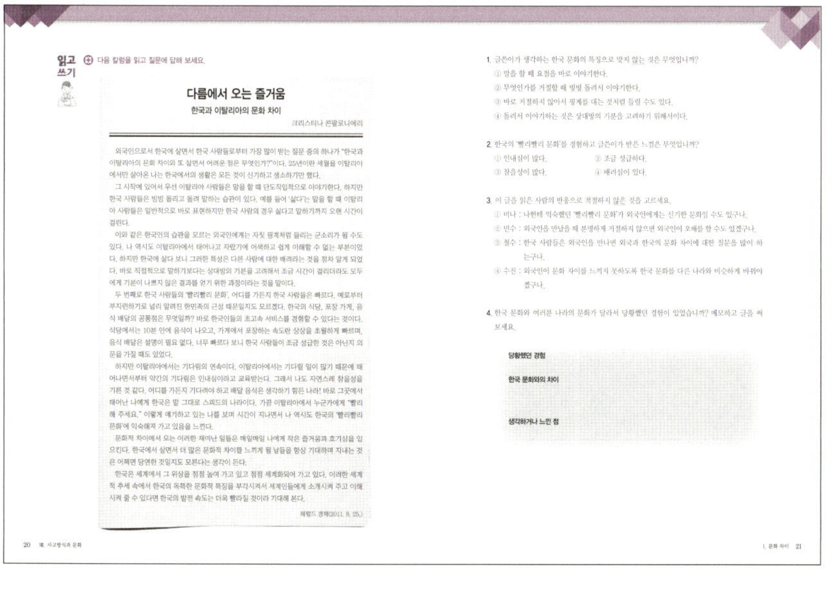

- **읽고 쓰기**

1. 주제와 관련된 실제 자료를 읽는다.

2. 수필, 설명문, 논설문, 묘사하는 글 등 다양한 장르의 글을 이해하고 이를 쓰기와 연계한다.

일러두기

복습

과별 학습 내용을 연계하여 어휘, 문법과 표현, 읽기와 쓰기, 듣기와 말하기로 구성되어 영역별 복습을 할 수 있다.

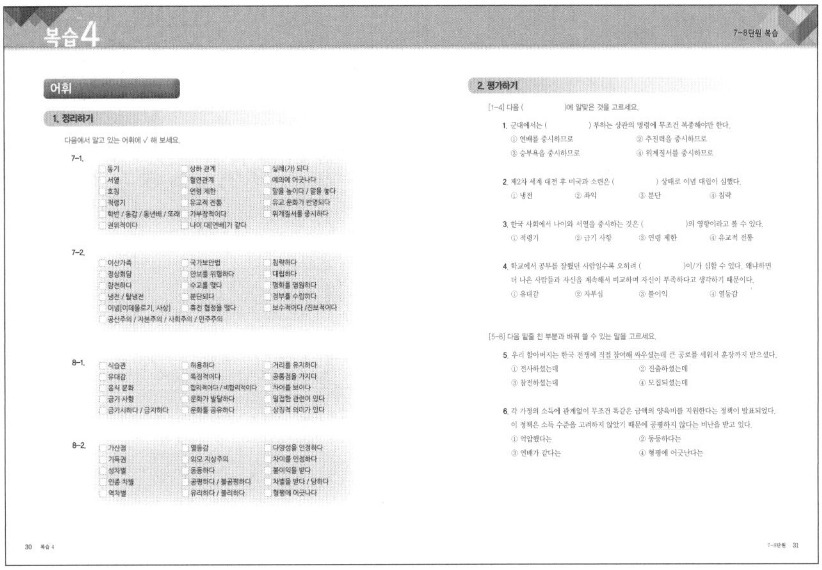

- 어휘
  1. '정리하기'에 주제 어휘를 제시하여 학습한 어휘를 확인하고 정리할 수 있도록 한다.
  2. '평가하기'를 통해 다양한 유형의 어휘 문제를 풀면서 학습자의 성취도를 점검해 볼 수 있도록 한다.

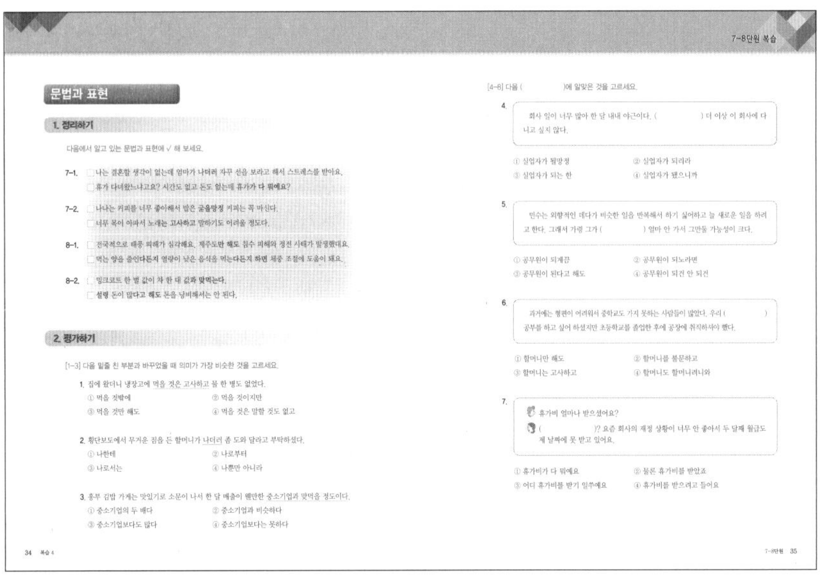

- 문법과 표현
  1. '정리하기'에 문법과 표현을 제시하여 학습한 문법과 표현을 확인하고 정리할 수 있도록 한다.
  2. '평가하기'를 통해 다양한 유형의 문법과 표현 문제를 풀면서 학습자의 성취도를 점검해 볼 수 있도록 한다.

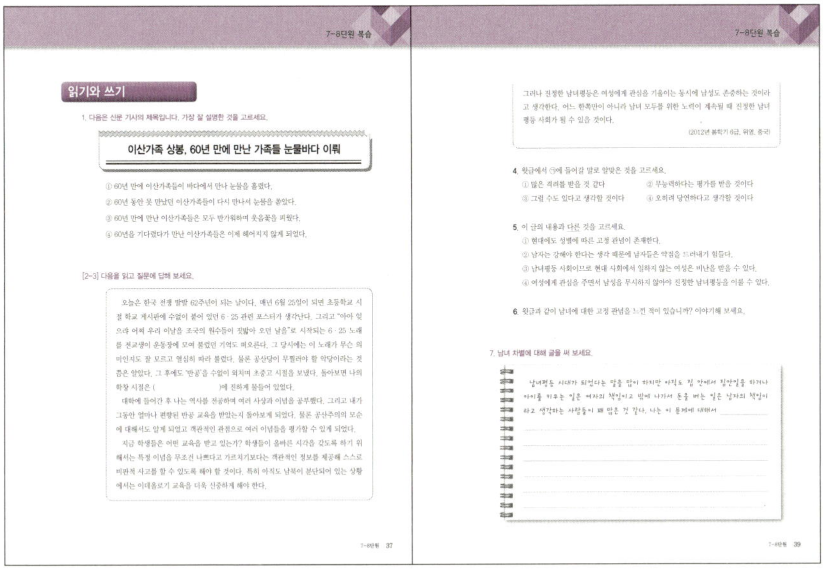

7-8단원 복습

읽기와 쓰기

1. 다음은 신문 기사의 제목입니다. 가장 잘 설명한 것을 고르세요.

이산가족 상봉, 60년 만에 만난 가족들 눈물바다 이뤄

① 60년 만에 이산가족들이 바다에서 만나 눈물을 흘렸다.
② 60년 동안 못 만났던 이산가족들이 다시 만나서 눈물을 쏟았다.
③ 60년 만에 만난 이산가족들은 모두 반가워하며 웃음꽃을 피웠다.
④ 60년을 기다렸다가 만난 이산가족들은 이제 헤어지지 않게 되었다.

[2-3] 다음을 읽고 질문에 답해 보세요.

오늘은 한국 전쟁 발발 62주년이 되는 날이다. 매년 6월 25일이 되면 초등학교 시절 학교 게시판에 수없이 붙어 있던 6 · 25 관련 포스터가 생각난다. 그리고 "아아 잊으랴 어찌 우리 이날을 조국의 원수들이 짓밟아 오던 날을"로 시작되는 6 · 25 노래를 전교생이 운동장에 모여 불렀던 기억도 떠오른다. 그 당시에는 이 노래가 무슨 의미인지도 잘 모르고 열심히 따라 불렀다. 물론 공산당이 무찔러야 할 악당이라는 것쯤은 알았다. 그 후에도 '반공'을 수없이 외치며 초중고 시절을 보냈다. 돌아보면 나의 학창 시절은 (　　　　　)에 진하게 물들어 있었다.

대학에 들어간 후 나는 역사를 전공하며 여러 사상과 이념을 공부했다. 그리고 내가 그동안 얼마나 편향된 반공 교육을 받았는지 돌아보게 되었다. 물론 공산주의의 모순에 대해서도 알게 되었고 객관적인 관점으로 여러 이념들을 평가할 수 있게 되었다.

지금 학생들은 어떤 교육을 받고 있는가? 학생들이 올바른 시각을 갖도록 하기 위해서는 특정 이념을 무조건 나쁘다고 가르치기보다는 객관적인 정보를 제공해 스스로 비판적 사고를 할 수 있도록 해야 할 것이다. 특히 아직도 남북이 분단되어 있는 상황에서는 이데올로기 교육을 더욱 신중하게 해야 한다.

7-8단원 37

7-8단원 복습

그러나 진정한 남녀평등은 여성에게 관심을 기울이는 동시에 남성도 존중하는 것이라고 생각한다. 어느 한쪽만이 아니라 남녀 모두를 위한 노력이 계속될 때 진정한 남녀평등 사회가 될 수 있을 것이다.

(2012년 봄학기 6급, 위영, 중국)

4. 윗글에서 ㉠에 들어갈 말로 알맞은 것을 고르세요.
① 많은 격려를 받을 것 같다　② 무능력하다는 평가를 받을 것이다
③ 그럴 수도 있다고 생각할 것이다　④ 오히려 당연하다고 생각할 것이다

5. 이 글의 내용과 다른 것을 고르세요.
① 현대에도 성별에 따른 고정 관념이 존재한다.
② 남자는 강해야 한다는 생각 때문에 남자들은 약점을 드러내기 힘들다.
③ 남녀평등 사회이므로 현대 사회에서 일하지 않는 여성은 비난을 받을 수 있다.
④ 여성에게 관심을 주면서 남성을 무시하지 않아야 진정한 남녀평등을 이룰 수 있다.

6. 윗글과 같이 남녀에 대한 고정 관념을 느낀 적이 있습니까? 이야기해 보세요.

7. 남녀 차별에 대해 글을 써 보세요.

남녀평등 시대가 되었다는 말을 많이 하지만 아직도 집 안에서 집안일을 하거나 아이를 키우는 일은 여자의 책임이고 밖에 나가서 돈을 버는 일은 남자의 책임이라고 생각하는 사람들이 꽤 많은 것 같다. 나는 이 문제에 대해서 ________

7-8단원 39

읽기와 쓰기

1. 과의 주제와 관련된 다양한 장르의 글을 읽고 문제 풀이를 통해 이해 정도를 확인한다.

2. 주제 중심의 텍스트 구성 능력을 향상시킬 수 있도록 다양한 장르의 쓰기 연습을 제공한다.

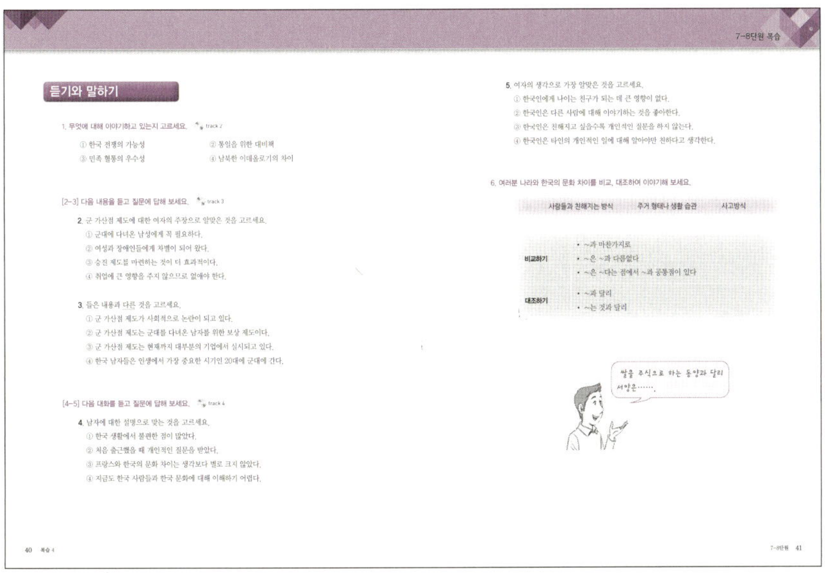

7-8단원 복습

듣기와 말하기

1. 무엇에 대해 이야기하고 있는지 고르세요. track 2
① 한국 전쟁의 가능성　② 통일을 위한 대비책
③ 민족 혈통의 우수성　④ 남북한 이데올로기의 차이

[2-3] 다음 내용을 듣고 질문에 답해 보세요. track 3

2. 군 가산점 제도에 대한 여자의 주장으로 알맞은 것을 고르세요.
① 군대에 다녀온 남성에게 꼭 필요하다.
② 여성과 장애인들에게 차별이 되어 왔다.
③ 승진 제도를 마련하는 것이 더 효과적이다.
④ 취업에 큰 영향을 주지 않으므로 없애야 한다.

3. 들은 내용과 다른 것을 고르세요.
① 군 가산점 제도가 사회적으로 논란이 되고 있다.
② 군 가산점 제도는 군대를 다녀온 남자를 위한 보상 제도이다.
③ 군 가산점 제도는 현재까지 대부분의 기업에서 실시되고 있다.
④ 한국 남자들은 인생에서 가장 중요한 시기인 20대에 군대에 간다.

[4-5] 다음 대화를 듣고 질문에 답해 보세요. track 4

4. 남자에 대한 설명으로 맞는 것을 고르세요.
① 한국 생활에서 불편한 점이 많았다.
② 처음 출근했을 때 개인적인 질문을 받았다.
③ 프랑스와 한국의 문화 차이는 생각보다 별로 크지 않았다.
④ 지금도 한국 사람들과 한국 문화에 대해 이해하기 어렵다.

40 복습 4

5. 여자의 생각으로 가장 알맞은 것을 고르세요.
① 한국인에게 나이는 친구가 되는 데 큰 영향이 없다.
② 한국인은 다른 사람에 대해 이야기하는 것을 좋아한다.
③ 한국인은 친해지고 싶을수록 개인적인 질문을 하지 않는다.
④ 한국인은 타인의 개인적인 일에 대해 알아야만 친하다고 생각한다.

6. 여러분 나라와 한국의 문화 차이를 비교, 대조하여 이야기해 보세요.

사람들과 친해지는 방식　주거 형태나 생활 습관　사고방식

비교하기	• ~과 마찬가지로 • ~은 ~과 다름없다 • ~은 ~다는 점에서 ~과 공통점이 있다
대조하기	• ~과 달리 • ~는 것과 달리

7-8단원 41

듣기와 말하기

1. 목표 어휘와 문법, 본 교재와 관련 있는 주제로 구성된 대화나 담화를 듣고 문제 풀이를 통해 이해 정도를 확인한다

2. 말하기 전략을 향상시킬 수 있도록 담화 기능 표현을 적용할 수 있는 다양한 말하기 연습을 제공한다.

일러두기

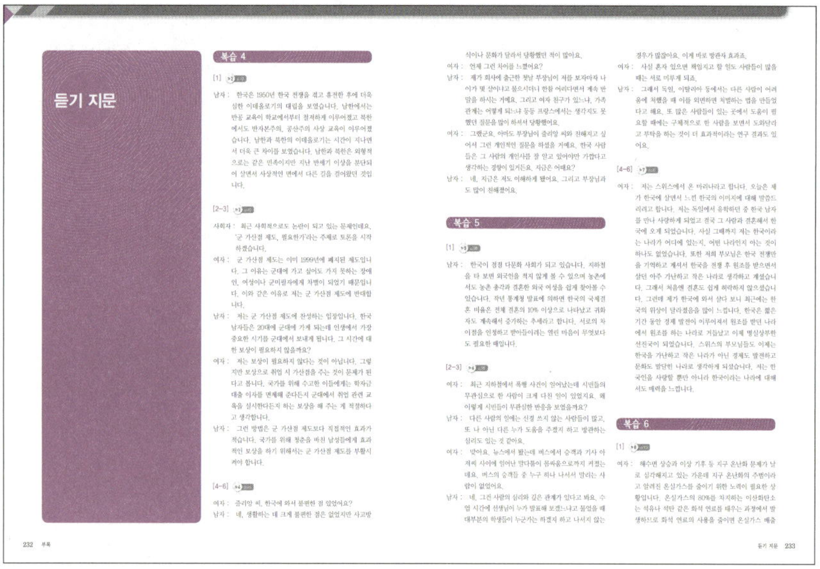

듣기 지문

◆ 부록

듣기 지문
복습 듣기의 지문을 제공한다.

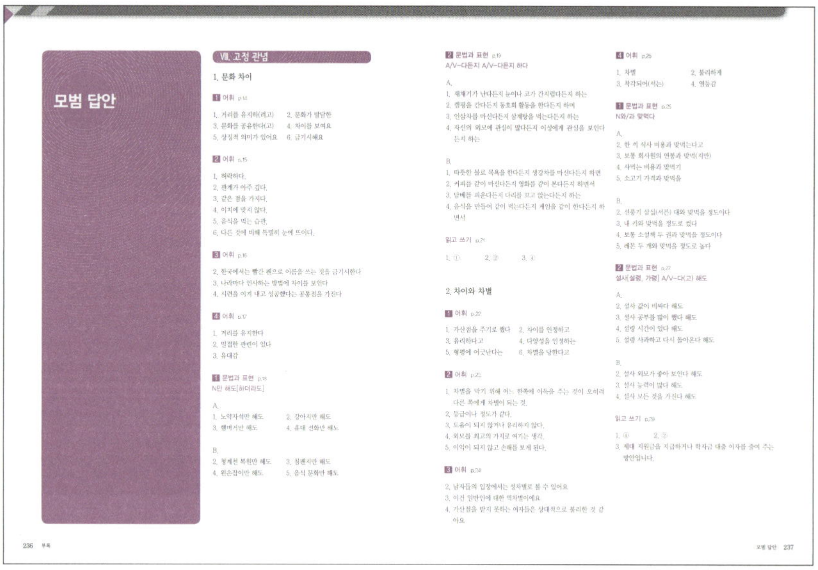

모범 답안

모범 답안
연습 문제와 복습 문제의 답이 모범 답안의 형태로 제공된다.

※ 연습 문제 활용 방법

 교실 활동용  자습용

차례 Contents

교재 구성표

제목	어휘	문법과 표현	읽기와 쓰기
Ⅷ. 사고방식과 문화			
1. 문화 차이	문화와 차이	• N만 해도[하더라도] • A/V-다든지 A/V-다든지 하다	• 문화 차이에 대한 칼럼 읽기 • 문화 차이에 대한 경험담 쓰기
2. 차이와 차별	차이와 차별	• N와/과 맞먹다 • 설사[설령, 가령] A/V-다(고) 해도	• 군 가산점 제도에 대한 사설 읽기 • 군 가산점 제도에 대해 자신의 의견 주장하는 글 쓰기
복습 4(7~8단원)			
Ⅸ. 인간과 심리			
1. 학습과 심리	언어 학습과 심리	• V-(으)ㄹ라치면 • A/V-다고 할 것까지는[할 것까지야] 없다	• 영어 학습 시기에 대한 기사 읽기 • 외국어 교육에 대해 자신의 의견 주장하는 글 쓰기
2. 사람의 심리	심리와 실험	• A/V-다고 치다 • V-(으)ㄹ 리(가) 만무하다	• 제노비스 신드롬에 대한 사설 읽기 • 방관자 처벌에 대해 자신의 의견 주장하는 글 쓰기
Ⅹ. 한국과 세계			
1. 한국 속의 세계	다문화 사회	• A/V-던 차에[차이다] • V-고도	• 다문화 사회에 대한 칼럼 읽기 • 다문화 사회에 필요한 정책 설명하는 글 쓰기
2. 세계 속의 한국	세계 속의 한국의 위상	• A/V-(으)ㄹ 성싶다 • (비록, 차라리) A/V-(으)ㄹ지언정	• 한국의 원조 역사에 대한 기사 읽기 • 자국의 경제 발전 과정과 과제에 대해 설명하는 글 쓰기
복습 5(9~10단원)			
Ⅺ. 대중 매체와 문화			
1. 표현의 자유와 공공성	대중문화의 표현의 자유와 규제	• V-ㄴ/는답시고 • A/V-(으)ㄹ 턱이 없다	• 대중가요 심의에 대한 사설 읽기 • 대중가요 심의 제도에 대해 자신의 의견 주장하는 글 쓰기
2. 대중문화의 위상	대중문화의 영향력	• N(으)로 말미암아 • N에 지나지 않다	• 전국노래자랑이 대중문화에 끼친 영향에 대한 기사 읽기 • 자국에서 오랫동안 사랑받은 프로그램에 대해 소개하는 글 쓰기

제목	어휘	문법과 표현	읽기와 쓰기
Ⅻ. 과학과 생활			
1. 환경과 대체 에너지	환경 보호와 대체 에너지	• A/V-기로서니 • V-아/어 주십사 (하고)	• 온실가스 감축에 대한 인터뷰 기사 읽기 • 에너지 문제 해결 방안에 대해 소개하는 글 쓰기
2. 생활 속 과학 이야기	자연 현상과 관련된 과학 용어	• N인지라 • V-자니	• 자전거의 원리에 대해 설명하는 글 읽기 • 생활 속 과학적 원리를 소개하는 글 쓰기
복습 6(11~12단원)			
XIII. 한국 사회와 문제			
1. 대학 교육의 정체성	교육의 목적과 내용	• V-(으)ㄴ 끝에 • 어디 N뿐인가(요)?	• 젊은이들에게 조언하는 글 읽기 • 후배, 젊은이들에게 조언하는 글 쓰기
2. 인구와 사회 문제	인구 변화와 사회 문제	• V-느니만 못하다 • V-아/어 봤자[봤댔자]	• 수필 「난 은퇴를 기다린다, 요리사 꿈을 꾸며」 감상하며 읽기 • 은퇴 후 자신의 노후 계획에 대해 소개하는 글 쓰기
XIV. 한국의 정치와 경제			
1. 한국의 정치와 민주화	독재와 민주화 운동	• V-(으)랴 V-(으)랴 • V-(으)ㄹ세라	• 민주주의에 대해 설명하는 글 읽기 • 자국의 정치 체제와 문제점에 대해 설명하는 글 쓰기
2. 한국의 경제와 성장 과정	빈곤과 경제 발전 과정	• N을/를 불문하고 • V-(으)ㄴ/는 이상	• 한국 경제 성장에 대한 기사 읽기 • 자국의 경제 발전을 위해 필요한 요소에 대한 의견 쓰기
복습 7(13~14단원)			
XV. 지형과 방언			
1. 지형과 사회	지형적 특색 표현하기	• A/V-(으)니/느니 A/V-(으)니/느니 (하다) • A/V-건만	• 풍수지리사상에 대해 설명하는 글 읽기 • 명당에 대한 자신의 의견 쓰기
2. 다양한 한국어의 모습	한국의 지역 방언	• V-는 게 고작이다 • A/V-(으)ㄹ 따름이다	• 제주 방언에 대해 설명하는 글 읽기 • 방언을 보호하는 방법에 대한 자신의 의견 쓰기

VIII 사고방식과 문화

1 문화 차이

어휘 문화와 차이

문법과 표현
- N만 해도[하더라도]
- A/V-다든지 A/V-다든지 하다

읽기와 쓰기
- 문화 차이에 대한 칼럼 읽기
- 문화 차이에 대한 경험담 쓰기

2 차이와 차별

어휘 차이와 차별

문법과 표현
- N와/과 맞먹다
- 설사[설령, 가령] A/V-다(고) 해도

읽기와 쓰기
- 군 가산점 제도에 대한 사설 읽기
- 군 가산점 제도에 대해 자신의 의견 주장하는 글 쓰기

1. 문화 차이

어휘

✿ 알맞은 말을 골라 대화를 완성해 보세요.

거리를 유지하다	차이를 보이다	금기시하다
문화를 공유하다	상징적 의미가 있다	문화가 발달하다

1. 지하철을 탔을 때 영국 사람과 한국 사람은 어떤 차이가 있나요?

   영국 사람은 지하철에서 다른 사람과 어느 정도 ________________(으)려고 해요. 너무 가까이 서 있으면 다른 사람의 영역을 침범한다고 생각하는데 한국 사람들은 모르는 사람과도 아주 가까이 서 있어서 처음에 당황했어요.

2. 한국에 와서 한정식도 먹어 보고 여러 종류의 음식을 먹어 봤는데 한국에는 정말 다양한 음식이 있는 것 같아요.

   맞아요. 한국은 예로부터 음식 ________________ 나라예요.

3. 한국, 중국, 일본은 모두 한자를 사용하고 유교 문화의 영향을 받았어요.

   네, 조금씩 다르기는 하지만 같은 ________________고 볼 수 있죠.

4. 중국과 일본, 한국은 모두 젓가락을 사용하지만 젓가락 재질이나 길이가 좀 다른 것 같아요.

   네, 젓가락의 재질과 길이 등 몇 가지 면에서 ________________.

* 태극기

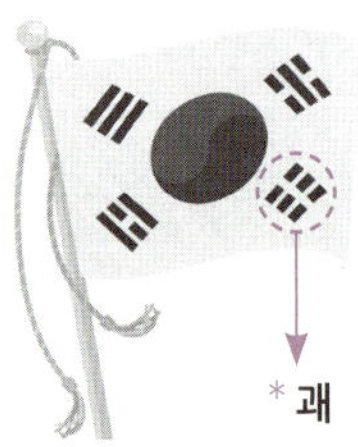

* 괘

5. 태극기*에는 어떤 의미가 있나요?

   태극기의 흰색 바탕은 순수함, 평화라는 ________________. 또한 태극 문양은 음양의 조화를 나타내고 네 개의 괘*는 하늘, 땅, 물, 불을 나타냅니다.

6. 이슬람 문화권에서는 돼지고기를 안 먹는다면서요?

   네, 이슬람교에서는 돼지고기를 먹는 것을 ________________.

어휘 2

밑줄 친 표현의 의미를 설명해 보세요.

건물 안에서뿐만 아니라 버스 정류장, 공원 등의 공공장소에서 담배를 피우는 것을 금지해야 한다.

1. 정부는 소화제나 감기약 등의 편의점 판매를 허용하기로 했다. 이에 약사들의 반발이 거세다.

2. 몸의 건강은 정신의 건강과 밀접한 관련이 있다. 즉 몸이 건강하지 않으면 정신도 약해질 수 있고 정신적으로 건강하지 않으면 몸도 약해질 수 있다.

3. 이라크와 사우디아라비아 같은 중동 국가는 건조한 사막 기후이고 석유가 많이 생산되는 등 많은 공통점을 가지고 있다.

4. 흔히 사람들은 왼손잡이가 오른손잡이보다 더 똑똑하고 창의적이라고 생각하지만 이는 과학적 근거가 없는 비합리적인 생각이다.

5. 한국 사람들이 가장 많이 걸리는 위암은 일반적으로 식습관이 가장 큰 원인이라고 한다. 짜고 매운 음식을 자주 먹거나 지나친 음주 때문에 위암 발생률이 높다.

* 목울대

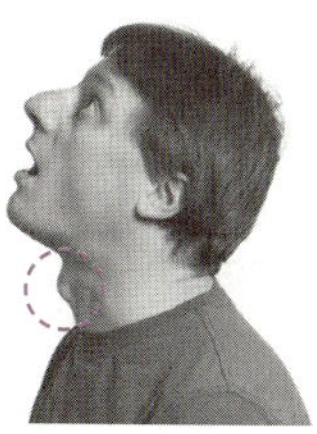

6. 청소년기가 되면 제2차 성징이 일어나는데 남학생의 경우 목소리가 굵게 변하고 목울대*가 뚜렷하게 나오며 수염이 나는 등의 특징적인 변화를 겪게 된다.

어휘 3

그림을 보고 알맞게 써 보세요.

금기시하다	거리를 유지하다	차이를 보이다
공통점을 가지다	상징적 의미가 있다	밀접한 관련이 있다

1.

비둘기=평화, 거북이=장수

추상적인 개념을 구체적인 사물로 나타내는 경우가 많다. 예를 들면 비둘기에는 평화라는 상징적 의미가 있고 거북이에는 장수라는 상징적 의미가 있다.

2.

빨간펜으로 이름 쓰기

문화마다 어떤 말이나 행동을 하지 못하게 하는 경우가 있다. 예를 들면 ______________________________.

3.

인사하기 악수하기

한국에서는 인사를 할 때 어른들에게 공손히 머리를 숙여야 한다. 하지만 손을 흔들거나 악수를 하면서 인사를 하는 나라도 많다. 이와 같이 ______________________________.

4.

이철호 스티븐 호킹

이철호 씨는 어려움을 이기고 라면 회사 사장으로 성공했다. 스티븐 호킹은 장애를 극복하고 물리학자가 되었다. 이처럼 두 사람은 ______________________________.

어휘 4

_______에 들어갈 말을 골라 넣으세요.

거리를 유지하다	유대감	금기 사항	밀접한 관련이 있다

국제회의에서 도시 출신 미국인들은 대개 상대와 46센티미터에서 122센티미터의 1.____________. 이런 자리에서 일본인과 미국인이 이야기하는 모습을 보면 두 사람이 천천히 움직여 회의장 안을 이리저리 돌아다닌다는 생각이 들 것이다. 이것은 두 나라의 거리 개념과 2.________________. 자세히 살펴보면 미국인은 천천히 뒤로 물러나고 일본인은 천천히 앞으로 다가간다. 일본인은 상대와의 친밀한 거리가 25센티미터이기 때문에 자신의 공간적 욕구를 만족시키고 서로가 밀접하게 연결되었다는 3.____________을/를 강화하기 위해 계속해서 앞으로 나아간다. 그러나 미국인에게 이것은 개인 공간을 침범하는 행동이기 때문에 자신의 개인 공간을 확보하기 위해 계속해서 뒤로 물러나게 된다.

〈앨런 피즈 · 바바라 피즈, 상대의 마음을 읽는 비결 보디 랭귀지, 2005〉

문법과 표현 1

N만 해도[하더라도]

A 다음과 같이 대화를 완성해 보세요.

한국 음식은 채소가 많이 들어 있는 편이라고 생각해요.

맞아요. 한국의 대표 음식인 비빔밥만 해도 채소가 많이 들어 있어요.

1. 한국 문화에서는 나이가 중요하다고 해요. 식사를 할 때에도 어른이 먼저 식사를 시작한 후에 먹는 것이 예의라고 들었어요.

   맞아요. 지하철에 있는 ________________________ 나이 든 사람을 배려하는 한국 문화를 잘 보여 줘요.

*일원: 어느 집단의 구성원.

2. 반려동물은 인간과 함께 생활하면서 감정을 공유하기 때문에 마치 가족의 일원*이라는 생각이 들게 하지요.

   그래요. 일상에서 쉽게 볼 수 있는 ________________ 주인이 기분이 안 좋거나 우울하면 기분을 풀어 주려고 애를 쓰는 모습을 볼 수 있어요.

3. 패스트푸드는 열량이 높아 청소년들이 많이 먹다 보면 비만으로 이어질 수 있습니다.

   맞습니다. 아이들이 좋아하는 ________________ 탄수화물, 지방의 함량이 아주 높아 청소년들의 체중이 증가하는 원인이 되기도 합니다.

4. 요즘 전자 제품은 다양한 기능을 갖추고 있는 것 같아요.

   맞아요. ________________ 그래요. 전화도 되고 인터넷도 되고 카메라나 계산기, 다이어리로 쓸 수도 있어요.

B 문장을 완성해 보세요.

침팬지	~~미술 치료~~	왼손잡이	음식 문화	청계천 복원

1. 예술은 실용적인 목적으로 사용되는 경우도 많습니다. 치매 환자나 발달 장애 아동을 대상으로 한 미술 치료만 해도 예술이 환자들의 치료에 충분히 활용될 수 있다는 것을 보여 줍니다.

2. 새로운 시도에는 때로 사람들의 심한 반대가 따르기도 합니다. ________________ 처음에는 시민들이 공사를 거세게 반대했었는데 지금은 청계천이 시민들의 휴식 공간으로 환영을 받고 있습니다.

*유전자: 유전을 결정하는 인자.

3. 동물과 인간은 생김새나 지능에서 큰 차이를 보입니다. 그러나 동물과 인간의 유전자*는 그렇게 큰 차이를 보이지 않습니다. ________________ 인간과 98%이상 유전자가 일치한다고 합니다.

4. 사람들은 근거 없이 쉽게 오해를 하거나 고정 관념을 갖는 경우가 많습니다. ________________ 사람들이 오해를 많이 하는데 오른손잡이에 비해 똑똑하다거나 수학을 잘할 거라고 생각합니다.

5. 아시아와 유럽의 문화는 아주 다릅니다. ________________ 아시아에서는 쌀을 주식으로 하지만 유럽에서는 빵을 주식으로 한다는 차이를 보입니다.

문법과 표현 2

A/V-다든지 A/V-다든지 하다

A 다음과 같이 문장을 완성해 보세요.

> 등산객들이 산에 쓰레기를 버린다든지 꽃을 꺾는다든지 하는 행위를 해서 문제가 되고 있습니다.
> (쓰레기를 버리다 / 꽃을 꺾다)

* **환절기:** 계절이 바뀌는 시기.

1. 환절기*에는 알레르기로 고생하는 환자가 많은데 __________ 증상이 나타날 수 있습니다.
   (재채기가 나다 / 눈이나 코가 간지럽다)

2. 주 5일제 근무가 확산되면서 직장인들은 __________ 주말을 보내고 있습니다.
   (캠핑을 가다 / 동호회 활동을 하다)

3. 몸이 차가운 소음인들은 __________ 방법으로 몸을 따뜻하게 보호해야 건강을 유지할 수 있습니다.
   (인삼차를 마시다 / 삼계탕을 먹다)

4. 급격한 신체 변화를 겪게 되는 청소년기에는 __________ 경우가 많으며 말수가 적어지기도 한다.
   (자신의 외모에 관심이 많다 / 이성에게 관심을 보이다)

B 다음과 같이 문장을 완성해 보세요.

> 요즘 몸에 좋은 음식, 건강한 음식에 대한 관심이 커지고 있어요. 도시에 사는 사람들도 채소를 직접 길러 먹는다든지 유기농 식품을 찾아 먹는다든지 하는 사람들이 늘어나고 있는 것 같아요.

1. 감기에 걸렸을 때 __________ 효과를 볼 수 있어요.

2. 저는 시간이 있을 때 __________ 친구들과 시간을 보내요.

3. 한국에서는 나이가 많은 어른 앞에서 __________ 행동을 하면 예의에 어긋나요.

4. 우리 나라에서는 설날이 되면 보통 고향으로 내려가 가족, 친척들과 __________ __________ 명절을 보내요.

읽고 쓰기

❁ 다음 칼럼을 읽고 질문에 답해 보세요.

다름에서 오는 즐거움

한국과 이탈리아의 문화 차이

크리스티나 콘팔로니에리

외국인으로서 한국에 살면서 한국 사람들로부터 가장 많이 받는 질문 중의 하나가 "한국과 이탈리아의 문화 차이와 또 살면서 어려운 점은 무엇인가?"이다. 25년이란 세월을 이탈리아에서만 살아온 나는 한국에서의 생활은 모든 것이 신기하고 생소하기만 했다.

그 시작에 있어서 우선 이탈리아 사람들은 말을 할 때 단도직입적으로 이야기한다. 하지만 한국 사람들은 빙빙 돌리고 돌려 말하는 습관이 있다. 예를 들어 '싫다'는 말을 할 때 이탈리아 사람들은 일반적으로 바로 표현하지만 한국 사람의 경우 싫다고 말하기까지 오랜 시간이 걸린다.

이와 같은 한국인의 습관을 모르는 외국인에게는 자칫 핑계처럼 들리는 군소리가 될 수도 있다. 나 역시도 이탈리아에서 태어나고 자랐기에 어색하고 쉽게 이해할 수 없는 부분이었다. 하지만 한국에 살다 보니 그러한 특성은 다른 사람에 대한 배려라는 것을 점차 알게 되었다. 바로 직접적으로 말하기보다는 상대방의 기분을 고려해서 조금 시간이 걸리더라도 모두에게 기분이 나쁘지 않은 결과를 얻기 위한 과정이라는 것을 말이다.

두 번째로 한국 사람들의 '빨리빨리 문화'. 어디를 가든지 한국 사람들은 빠르다. 예로부터 부지런하기로 널리 알려진 한민족의 근성 때문일지도 모르겠다. 한국의 식당, 포장 가게, 음식 배달의 공통점은 무엇일까? 바로 한국인들의 초고속 서비스를 경험할 수 있다는 것이다. 식당에서는 10분 안에 음식이 나오고, 가게에서 포장하는 속도란 상상을 초월하게 빠르며, 음식 배달은 설명이 필요 없다. 너무 빠르다 보니 한국 사람들이 조금 성급한 것은 아닌지 의문을 가질 때도 있었다.

하지만 이탈리아에서는 기다림의 연속이다. 이탈리아에서는 기다릴 일이 많기 때문에 태어나면서부터 약간의 기다림은 인내심이라고 교육받는다. 그래서 나도 자연스레 참을성을 기른 것 같다. 어디를 가든지 기다려야 하고 배달 음식은 생각하기 힘든 나라! 바로 그곳에서 태어난 나에게 한국은 말 그대로 스피드의 나라이다. 가끔 이탈리아에서 누군가에게 "빨리 해 주세요." 이렇게 얘기하고 있는 나를 보며 시간이 지나면서 나 역시도 한국의 '빨리빨리 문화'에 익숙해져 가고 있음을 느낀다.

문화적 차이에서 오는 이러한 재미난 일들은 매일매일 나에게 작은 즐거움과 호기심을 일으킨다. 한국에서 살면서 더 많은 문화적 차이를 느끼게 될 날들을 항상 기대하며 지내는 것은 어쩌면 당연한 것일지도 모른다는 생각이 든다.

한국은 세계에서 그 위상을 점점 높여 가고 있고 점점 세계화되어 가고 있다. 이러한 세계적 추세 속에서 한국의 독특한 문화적 특징을 부각시켜서 세계인들에게 소개시켜 주고 이해시켜 줄 수 있다면 한국의 발전 속도는 더욱 빨라질 것이라 기대해 본다.

헤럴드 경제(2011. 8. 25.)

1. 글쓴이가 생각하는 한국 문화의 특징으로 맞지 않는 것은 무엇입니까?

① 말을 할 때 요점을 바로 이야기한다.

② 무엇인가를 거절할 때 빙빙 돌려서 이야기한다.

③ 바로 거절하지 않아서 핑계를 대는 것처럼 들릴 수도 있다.

④ 돌려서 이야기하는 것은 상대방의 기분을 고려하기 위해서이다.

2. 한국의 '빨리빨리 문화'를 경험하고 글쓴이가 받은 느낌은 무엇입니까?

① 인내심이 많다. ② 조금 성급하다.

③ 참을성이 많다. ④ 배려심이 있다.

3. 이 글을 읽은 사람의 반응으로 적절하지 않은 것을 고르세요.

① 미나 : 나한테 익숙했던 '빨리빨리 문화'가 외국인에게는 신기한 문화일 수도 있구나.

② 민수 : 외국인을 만났을 때 분명하게 거절하지 않으면 외국인이 오해를 할 수도 있겠구나.

③ 철수 : 한국 사람들은 외국인을 만나면 외국과 한국의 문화 차이에 대한 질문을 많이 하는구나.

④ 수진 : 외국인이 문화 차이를 느끼지 못하도록 한국 문화를 다른 나라와 비슷하게 바꿔야겠구나.

4. 한국 문화와 여러분 나라의 문화가 달라서 당황했던 경험이 있었습니까? 메모하고 글을 써 보세요.

당황했던 경험	
한국 문화와의 차이	
생각하거나 느낀 점	

2. 차이와 차별

어휘

알맞은 말을 골라 문장을 완성해 보세요.

유리하다	가산점을 주다	형평에 어긋나다
차별을 당하다	차이를 인정하다	다양성을 인정하다

1. 지방의 한 회사에서는 지역 발전을 위해 신입 사원을 채용할 때 그 지역 출신의 지원자에게 ________________.

2. 요즘 신혼 초기에 이혼하는 부부가 늘고 있다. 몇 십 년 동안 서로 다른 환경에서 자란 만큼 서로의 ________________ 대화를 통해 서로를 이해하려는 노력이 필요할 것이다.

3. 한 설문 조사에 따르면 취업 준비생들은 성적이나 뛰어난 외국어 실력보다 좋은 대학을 나오는 것이 취업에 ________________ 생각하는 것으로 나타났다.

4. 얼마 전 서양 여배우가 한국의 문화를 이해할 수 없다고 말해 논란이 되었다. 자국의 사상이나 문화만 우수하다고 강조하지 말고 각 나라가 가진 문화의 가치를 존중하고 문화의 ________________ 사회가 되었으면 좋겠다.

5. 정부가 성범죄자의 신상 정보를 공개하기로 하자 다른 범죄자의 신상 정보는 그대로 두고 성범죄자만 신상 정보를 공개하는 것은 ________________ 반대 의견이 나왔다.

6. 한 여론 조사 기관이 조사한 결과 여성 직장인 절반 이상이 직장 생활에서 ________________ 느끼는 것으로 나타났다. 현재 근무하고 있는 회사에서 남자 입사 동기에 비해 낮은 직위에 배치 받은 적이 있느냐는 질문에 절반이 넘는 응답자가 '그렇다'고 응답했다.

어휘 2

❀ 밑줄 친 표현의 의미를 설명해 보세요.

정부는 새로 시작할 사업에서 신생 기업에도 공평한 기회를 주기 위해 현재 유사한 사업을 하고 있는 기업의 기득권을 인정하지 않겠다고 발표했다.

1. 공공 기관에 장애인을 위한 주차장을 확대 설치하기로 하자 장애인을 위한 주차 공간이 일반인의 주차 공간보다 더 많은 것은 일반인에 대한 역차별이라는 비판이 나오고 있다.

* **체류:** 다른 곳에 가서 머무름.

2. 서울대학교 언어교육원에서 주최하는 한국어 말하기 대회는 외국인 학생이라면 국적이나 성별, 한국 체류* 기간과 관계없이 누구나 동등한 자격으로 참가할 수 있다.

3. 육상 경기에서 왼손잡이는 오른손잡이에 비해 불리하다는 주장이 나왔다. 트랙 경기에서 선수들은 반시계 방향으로 돌아야 하는데 이것은 오른손잡이에게 자연스러운 방향이기 때문에 오른손잡이의 기록이 더 좋게 나온다고 한다.

4. 외모가 인생의 성공에 큰 영향을 미친다고 믿는 외모 지상주의가 확산되면서 많은 사람들이 외모를 가꾸는 데 많은 시간과 노력을 기울이고 있다.

5. 직장 생활을 잘 하려면 상사와의 관계도 좋아야 하지만 정해진 근무 시간을 잘 지키는 것이 무엇보다도 중요하다. 지각이나 결근을 자주 하면 승진에서 불이익을 받는 경우가 생길 수 있다.

어휘 3

그림을 보고 알맞게 써 보세요.

성차별	가산점	불이익을 받다
차별을 당하다[받다]	동등하다	형평에 어긋나다
역차별	공평하다 / 불공평하다	유리하다 / 불리하다

1.

김민수 대리와 저는 입사 동기예요. 우리는 같은 일을 하고 있는데도 월급이 달라요. 여자라는 이유로 차별을 당하는 것은 불공평하다는 생각이 들어요.

2.

우리 회사 여자 화장실은 남자 화장실보다 훨씬 넓고 변기 수도 많아요. ______________________________.

3.

백화점에 왔는데 주차할 곳이 없습니다. 빈자리가 있어서 가 보면 장애인 전용이거나 여성 전용 주차 구역입니다. ______________________________.

4.

제가 지원한 회사에서는 신입 사원을 채용할 때 군대에 다녀온 남자에게 입사 시험에서 가산점을 줘요. ______________________________.

어휘 4

❀ ______에 들어갈 말을 골라 넣으세요.

차별　　열등감　　불리하다　　착각되다

우리 사회의 외모 지상주의는 점점 더 확산되고 있다. 한 칼럼니스트는 외모 지상주의를 현대의 새로운 차별 요소로 지목했다. 과거에는 인종과 성, 종교, 이념 등이 세계의 불평등을 가져왔지만 21세기에는 외모가 1.______의 주원인이 되고 있다고 주장했다.

실제로 많은 사람들이 외모를 개인의 중요한 능력으로 간주하고 취직이나 결혼 등 인생의 중요한 시기에 외모가 성공과 실패를 좌우한다고 생각한다. 즉 외모가 그리 뛰어나지 않으면 취직이나 결혼 등에 2.______작용한다는 것이다. 그러나 예쁘거나 잘생겼다는 이유로 능력이 있는 사람으로 3.______서는 안 된다. 이런 사회에서 외모가 아름답지 못한 사람은 4.______을/를 갖게 되어 자신의 능력을 제대로 발휘하기 어렵다. 사람을 평가할 때는 외모보다는 능력을 봐야 한다.

문법과 표현 1

N와/과 맞먹다

A 그림을 보고 대화를 완성해 보세요.

1. 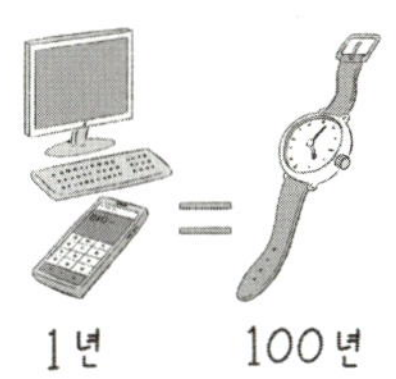

사회자 : 새해를 맞아 회장님의 신년 인사를 듣겠습니다.
회장 : 우리 모두는 꼭 기억해야 할 것이 있습니다. 디지털 시대 1년의 변화는 아날로그 시대 100년의 변화와 맞먹는다는 것을 명심하고 올해도 힘차게 도약합시다.

2. 

앵커 : 김 기자, 요즘 커피값이 치솟고 있다면서요?
기자 : 네, 유명 커피숍의 경우 커피값이 ______________ 합니다. 그런데 이렇게 커피값이 비싼 이유는 소비자들의 심리와도 관계가 있다는 분석이 나왔습니다.

3.

3,000만 원 3,100만 원

앵커 : 사치품 수요가 계속해서 늘고 있다면서요?

기자 : 네, 지금 보시는 이 가방은 ____________ 지만 없어서 못 팔 정도로 큰 인기를 끌고 있습니다.

4.

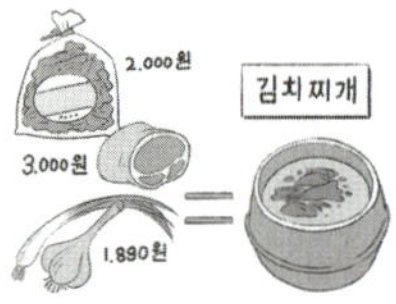

6,890원 7,000원

앵커 : 1인 가구의 경우 외식하는 것이 오히려 더 경제적이라면서요?

기자 : 네, 재료 구입비가 ____________ 때문에 직접 만드는 것보다 사 먹는 것이 더 경제적입니다.

5.

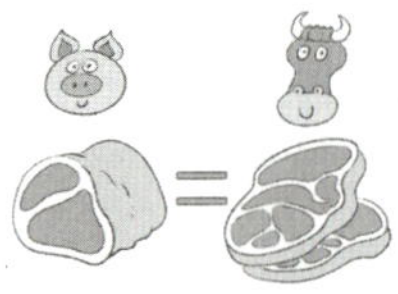

600g 18,000원 600g 20,000원

앵커 : 삼겹살 가격이 급등했다면서요?

기자 : 네, 휴가철을 맞아 삼겹살 수요가 증가하면서 ____________ 정도로 삼겹살 가격이 올랐습니다.

B 문장을 완성해 보세요.

1.

120억 60억

만화 영화 뽀로로는 세계적으로 인기가 매우 높다. 거기에 등장하는 캐릭터의 가치를 계산해 보면 120억 원에 달하는데, 이것은 유명 축구 선수 연봉의 두 배와 맞먹는다고 한다.

2.

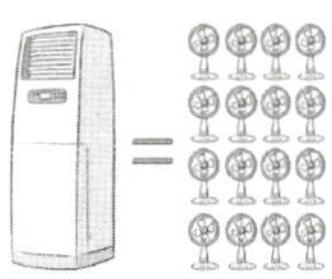

1대 30대

에어컨은 선풍기에 비해 전력 소비량이 상당히 크다. 에어컨의 한 달 소비 전력은 ____________.

3.

남동생이 작년부터 갑자기 키가 많이 크기 시작했다. 전에는 나보다 20cm 정도 작던 동생이 이제는 ____________.

4.

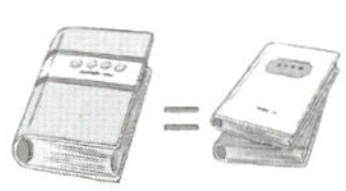

이번에 새로 출판된 장편 소설은 700페이지에 달한다. 두께로 보면 ____________.

5.

파프리카는 영양분이 매우 풍부하다. 비타민 C 함량의 경우 ____________.

문법과 표현 2

설사[설령, 가령] A/V-다(고) 해도

A 문장을 완성해 보세요.

실력이 좋다	값이 비싸다	시간이 있다
사과하고 다시 돌아오다	공부를 많이 하다	

1. 취직을 준비하는 학생들이 살찐 몸매와 둔한 인상으로는 설사 실력이 좋다고 해도 시험관의 눈길을 끌기 어렵다는 주변의 충고 때문에 실력뿐만 아니라 외모에도 많은 신경을 쓰고 있다.
2. 요즘 건강에 좋은 유기농 식품을 찾는 사람들이 많아졌다. 그래서 ______________ 품질이 좋은 식품은 금방 잘 팔리는 편이다.
3. 시험을 잘 보려면 실력은 물론 컨디션도 좋아야 한다. ______________ 시험 볼 때 너무 긴장하거나 몸 상태가 좋지 않으면 좋은 결과를 얻을 수 없다.
4. 내 동생은 외출하는 것을 좋아하지 않는다. ______________ 밖에 나가지 않고 집안에서 시간을 보내는 편이다.
5. 축구 선수 A 씨는 구단이 자신을 잘 대우해 주지 않는다며 팀을 떠났다. 감독과 구단 측은 A 씨가 ______________ 그를 절대로 받아 주지 않기로 했다.

B '설사 –다(고) 해도'를 넣어 글을 완성해 보세요.

능력이 많다	외모가 좋아 보이다
모든 것을 가지다	~~돈을 많이 벌 수 있는 일이 있다~~

아들아, 네가 나중에 커서 여러 고민을 하게 될 때 이것만은 기억하길 바란다.

우선 네가 정말 하고 싶은 일을 하도록 해라. 1. 설사 돈을 많이 벌 수 있는 일이 있다 해도 그 일을 선택하지 말고 그 일이 네 적성에 맞는 일인가를 생각해 봐라. 사람은 자기가 원하는 일을 할 때 보람을 느낄 수 있단다. 또 친구를 사귈 때에는 외모보다는 성품을 잘 보도록 해라. 2. ______________ 그 사람이 진실하지 않으면 평생 함께할 수 있는 친구가 될 수 없기 때문이다.

그리고 항상 겸손하도록 해라. 3. ______________ 교만하면 진실한 친구 하나 없이 외롭게 인생을 살아갈 것이다.

마지막으로 늘 건강에 신경 쓰도록 해라. 4. ______________ 건강을 잃으면 아무 소용이 없다. 언제나 건강한 몸과 마음을 유지하는 것이 참 중요하다.

읽고 쓰기

❀ 다음 사설을 읽고 질문에 답해 보세요.

군 가산점 제도 찬반 논쟁 팽팽

최근 국방부가 군 가산점 제도에 대한 국민 여론 조사 결과를 발표하면서 군 가산점 제도 재도입을 두고 찬반 논쟁이 다시 치열해지고 있다. 가산점 제도 재도입의 찬성을 주장하는 이들은 군의 사기를 높이고 군대에 다녀온 사람들에 대한 보상이 필요하다는 입장이다. 그러나 여성계 등 반대론자들은 군 가산점 제도가 일부에게만 혜택이 돌아가고 군 미필자 및 여성의 직업 선택 권리를 제한한다고 반박한다.

찬성론자들은 학업이나 취업 등과 같은 중대한 인생의 준비기에 국가를 위해 헌신한 병역 의무 이행자들이 군 면제자나 병역 비리자에 비해 학업이나 사회, 경제 활동 등에서 뒤처지는 등 불이익을 받는다고 주장한다. 군 관계자는 "일부에서 주장하는 경제적 보상은 현실적으로 불가능하다. 차라리 지원제로 전환하는 것이 더 경제적이고 능률적이다. 또 여성 및 장애인 등에 대한 불이익 주장은 그 대상이 극히 소수이며 사회적 배려 차원에서 논의되어야 하고 병역 의무 이행자에 대한 당위적 국가 보상과 사회적 배려의 차원이 같을 수는 없다."고 말한다.

일부 보수단체들도 군 가산점제 재도입에 찬성하고 있다. 특수한 남북 상황에서 모병제를 도입하고 있는 한국의 현실에서 국방의 의무를 부담하는 이들에게 당연히 혜택이 주어져야 한다고 말했다. 또한 이제는 공기업과 사기업을 불문하고 여성의 입사 성적이 남성을 앞서고 있는 상황에서 국가가 남성들이 군에서 보낸 2년간의 시간을 보상해 주는 것이 오히려 공평한 것이라고 덧붙였다.

여성가족부 등 여성계와 일부 시민들은 군 가산점제 재도입에 강한 반대 의사를 보이고 있다. 여성가족부 관계자는 "제대 군인에 대한 국가 차원의 보상과 지원이 필요하다는 데 전적으로 동의한다. 하지만 군 가산점 제도는 이미 1999년 위헌 판결을 받았다. 또한 제대 군인 중 1% 이내의 극히 일부만 혜택을 받는다는 점에서 이 제도는 대안이 아닌 또 다른 차별을 낳을 뿐이다. 여성뿐만 아니라 군 복무를 이행하고도 혜택을 받지 못하는 제대 군인에 대한 대책 마련 등이 필요하다."고 말했다. 여성 단체와 학계도 비슷한 의견이다. "제대 지원금을 지급한다든지 군필자 대학생의 학자금 대출 이자를 줄여 준다든지 하는 등 더욱 실효성 있는 방안이 필요하다."고 주장했다.

김태현 성신여대 여성학과 교수(한국여성정책연구원장)는 "이미 위헌 판결이 난 제도다. 현재 국회에 계류 중인 병역법 개정안도 가산점 비율을 낮추는 등의 노력을 기울였지만 위헌 소지가 아직도 남아 있고 여성이 아이를 낳는다고 해서 보상을 받지 않는 것처럼 군 복무도 마찬가지이므로 군 가산점 제도가 아닌 다른 방식의 지원이 필요하다."고 말했다.

헤럴드 경제(2011. 5. 19.)

1. 군 가산점 제도에 찬성하는 쪽의 주장과 거리가 먼 것을 고르세요.

① 군 가산점 제도 도입은 군의 사기를 높일 수 있다.

② 군필자들은 학업이나 취업을 준비해야 하는 시기에 국가를 위해 헌신했다.

③ 분단 상황으로 모병제를 실시하고 있는 한국에서 국방의 의무를 부담한 사람에게는 혜택이 있어야 한다.

④ 여성 및 장애인의 공기업이나 사기업 입사 성적이 남성보다 좋으며 군필자들은 이미 가산점도 충분히 받고 있다.

2. 군 가산점 제도에 반대하는 쪽의 주장과 거리가 먼 것을 고르세요.

① 군 가산점 제도는 여성의 직업 선택 권리를 제한한다.

② 아이를 낳은 여성에게도 공무원 시험 등에서 가산점을 줘 보상해 주어야 한다.

③ 군 가산점 제도는 1999년에 이미 위헌 판결을 받았으므로 재도입할 이유가 없다.

④ 군 가산점 제도를 도입하더라도 군 복무를 이행하고도 혜택을 받지 못하는 제대 군인의 수가 많다.

3. 군 가산점 제도의 대안으로 언급된 것은 무엇입니까?

4. 여러분은 군 가산점 제도에 대해 어떻게 생각합니까? 아래 메모를 보고 찬성과 반대 중 하나의 입장을 정해 글을 써 보세요.

찬성 입장	반대 입장
• 병역 비리를 막고 군의 사기를 높일 수 있음. • 인생의 중요한 시기를 나라를 위해 헌신한 군필자들에게 보상이 있어야 함. • 공기업과 사기업에서 여성이 남성보다 입사 성적이 뛰어나므로 여성의 취업 기회를 빼앗는다고 볼 수 없음.	• 군 가산점 제도는 이미 위헌 판결을 받았음. • 제대 군인의 1%만이 혜택을 받아서 군대를 다녀오고도 혜택을 받지 못하는 사람들에게 차별이 됨. • 군 복무는 국민의 의무이므로 군 복무를 했다고 보상을 받아서는 안 됨.

복습 4

어휘

1. 정리하기

다음에서 알고 있는 어휘에 √ 해 보세요.

7-1.

- □ 동기
- □ 서열
- □ 호칭
- □ 적령기
- □ 학번 / 동갑 / 동년배 / 또래
- □ 권위적이다
- □ 상하 관계
- □ 혈연관계
- □ 연령 제한
- □ 유교적 전통
- □ 가부장적이다
- □ 나이 대[연배]가 같다
- □ 실례(가) 되다
- □ 예의에 어긋나다
- □ 말을 높이다 / 말을 놓다
- □ 유교 문화가 반영되다
- □ 위계질서를 중시하다

7-2.

- □ 이산가족
- □ 정상회담
- □ 참전하다
- □ 냉전 / 탈냉전
- □ 이념[이데올로기, 사상]
- □ 공산주의 / 자본주의 / 사회주의 / 민주주의
- □ 국가보안법
- □ 안보를 위협하다
- □ 수교를 맺다
- □ 분단되다
- □ 휴전 협정을 맺다
- □ 침략하다
- □ 대립하다
- □ 평화를 염원하다
- □ 정부를 수립하다
- □ 보수적이다 /진보적이다

8-1.

- □ 식습관
- □ 유대감
- □ 음식 문화
- □ 금기 사항
- □ 금기시하다 / 금지하다
- □ 허용하다
- □ 특징적이다
- □ 합리적이다 / 비합리적이다
- □ 문화가 발달하다
- □ 문화를 공유하다
- □ 거리를 유지하다
- □ 공통점을 가지다
- □ 차이를 보이다
- □ 밀접한 관련이 있다
- □ 상징적 의미가 있다

8-2.

- □ 가산점
- □ 기득권
- □ 성차별
- □ 인종 차별
- □ 역차별
- □ 열등감
- □ 외모 지상주의
- □ 동등하다
- □ 공평하다 / 불공평하다
- □ 유리하다 / 불리하다
- □ 다양성을 인정하다
- □ 차이를 인정하다
- □ 불이익을 받다
- □ 차별을 받다 / 당하다
- □ 형평에 어긋나다

2. 평가하기

[1-4] 다음 (   )에 알맞은 것을 고르세요.

1. 군대에서는 (   ) 부하는 상관의 명령에 무조건 복종해야만 한다.
   ① 연배를 중시하므로　② 추진력을 중시하므로
   ③ 승부욕을 중시하므로　④ 위계질서를 중시하므로

2. 제2차 세계 대전 후 미국과 소련은 (   ) 상태로 이념 대립이 심했다.
   ① 냉전　② 좌익　③ 분단　④ 침략

3. 한국 사회에서 나이와 서열을 중시하는 것은 (   )의 영향이라고 볼 수 있다.
   ① 적령기　② 금기 사항　③ 연령 제한　④ 유교적 전통

4. 학교에서 공부를 잘했던 사람일수록 오히려 (   )이/가 심할 수 있다. 왜냐하면 더 나은 사람들과 자신을 계속해서 비교하며 자신이 부족하다고 생각하기 때문이다.
   ① 유대감　② 자부심　③ 불이익　④ 열등감

[5-8] 다음 밑줄 친 부분과 바꿔 쓸 수 있는 말을 고르세요.

5. 우리 할아버지는 한국 전쟁에 <u>직접 참여해 싸우셨는데</u> 큰 공로를 세워서 훈장까지 받으셨다.
   ① 전사하셨는데　② 진출하셨는데
   ③ 참전하셨는데　④ 모집되셨는데

6. 각 가정의 소득에 관계없이 무조건 똑같은 금액의 양육비를 지원한다는 정책이 발표되었다. 이 정책은 소득 수준을 고려하지 않았기 때문에 <u>공평하지 않다는</u> 비난을 받고 있다.
   ① 억압했다는　② 동등하다는
   ③ 연배가 같다는　④ 형평에 어긋난다는

7. 한국 전쟁 당시 많은 사람들이 북한의 이념에 동조하는 사람으로 몰려서 고문을 당하거나 죽는 경우도 많았다.

① 민주주의 ② 자본주의 ③ 평화주의 ④ 공산주의

8. 박민수 씨는 유명한 의사로서 실력을 인정받았을 뿐만 아니라 유명한 의사로서 명예와 재산을 가지고 있었다. 그런데 아프리카의 어린이들을 돕겠다는 결심을 한 후, 이미 가지고 있던 명예와 재산을 모두 포기하고 의료 봉사를 시작했다.

① 선거권 ② 생존권 ③ 기득권 ④ 소유권

[9–11] 다음 ( )에 공통적으로 들어갈 단어를 고르세요.

9.

옷이 책상 모서리에 ( ) 찢어지고 말았다.
호텔 로비에 유명 화가의 그림이 ( ) 있다.
몰래 언니의 일기를 읽으려다가 언니에게 ( ) 일기장을 빼앗겼다.

① 들키다 ② 잡히다 ③ 걸리다 ④ 달리다

10.

독재 정권은 언론을 심하게 ( ).
입시 위주의 교육이 청소년들의 꿈과 희망을 ( ) 있다.
학생들은 표현의 자유를 ( )지 말라며 시위를 했다.

① 비판하다 ② 억압하다 ③ 인정하다 ④ 담아 두다

11.

이 작품은 일 년 동안 온갖 노력을 ( ) 만든 것이다.
많은 돈을 ( ) 만든 그 발명품이 이제는 쓸모없게 되었다.
나갔다 들어오면 바로 손을 씻는 습관을 ( ) 것이 중요하다.

① 가지다 ② 기르다 ③ 들이다 ④ 기울이다

[12-13] 다음 밑줄 친 부분이 어색한 것을 고르세요.

12. ① 우리 아버지는 보수적이셔서 새로운 유행을 이해하지 못하신다.
② 부장님은 합리적이셔서 일을 할 때 감정을 개입시키지 않으신다.
③ 권위적인 사장님은 직원들의 반대 의견도 너그럽게 받아들이신다.
④ 진보적인 성향을 가진 정치인은 기득권을 가진 계층을 날카롭게 비판했다.

13. ① 친구 사이는 혈연관계이므로 진실한 우정은 영원하다.
② 민수는 교우 관계가 원만해서 다른 친구들과 잘 지낸다.
③ 직장 생활에서 성공하려면 대인 관계를 잘 맺어야 한다.
④ 국제 관계에서는 영원한 적이나 친구가 없다는 말이 있다.

[14-15] 다음을 읽고 질문에 답해 보세요.

외국인들이 한국에 와서 살면서 힘든 것 중 하나는 언제 (㉠)에 대한 것이다. 함부로 반말을 하면 오해가 생길 수도 있기 때문이다. 그리고 예의 바른 사람일수록 반말을 하는 데 어려움을 겪는다. 하지만 어느 정도 가까워진 사이이고 (㉡)(이)라면 친해졌다 싶을 때 자연스럽게 반말을 쓰면 된다.

14. ㉠에 알맞은 것을 고르세요.
① 말을 놓아야 하는가 ② 호칭을 불러야 하는가
③ 나이를 물어야 하는가 ④ 이름을 부를 수 있는가

15. ㉡에 알맞은 것을 고르세요.
① 학번 ② 호칭
③ 서열 ④ 또래

문법과 표현

1. 정리하기

다음에서 알고 있는 문법과 표현에 √ 해 보세요.

7–1. □ 나는 결혼할 생각이 없는데 엄마가 **나더러** 자꾸 선을 보라고 해서 스트레스를 받아요.
□ 휴가 다녀왔느냐고요? 시간도 없고 돈도 없는데 휴가**가 다 뭐예요**?

7–2. □ 나나는 커피를 너무 좋아해서 밥은 **굶을망정** 커피는 꼭 마신다.
□ 너무 목이 아파서 노래**는 고사하고** 말하기도 어려울 정도다.

8–1. □ 전국적으로 태풍 피해가 심각해요. 제주도**만 해도** 침수 피해와 정전 사태가 발생했대요.
□ 먹는 양을 줄인**다든지** 열량이 낮은 음식을 먹는**다든지 하면** 체중 조절에 도움이 돼요.

8–2. □ 밍크코트 한 벌 값이 차 한 대 값**과 맞먹는다**.
□ **설령** 돈이 많**다고 해도** 돈을 낭비해서는 안 된다.

2. 평가하기

[1–3] 다음 밑줄 친 부분과 바꾸었을 때 의미가 가장 비슷한 것을 고르세요.

1. 집에 왔더니 냉장고에 <u>먹을 것은 고사하고</u> 물 한 병도 없었다.

① 먹을 것밖에 ② 먹을 것이지만
③ 먹을 것만 해도 ④ 먹을 것은 말할 것도 없고

2. 횡단보도에서 무거운 짐을 든 할머니가 <u>나더러</u> 좀 도와 달라고 부탁하셨다.

① 나한테 ② 나로부터
③ 나로서는 ④ 나뿐만 아니라

3. 흥부 김밥 가게는 맛있기로 소문이 나서 한 달 매출이 웬만한 <u>중소기업과 맞먹을 정도이다</u>.

① 중소기업의 두 배다 ② 중소기업과 비슷하다
③ 중소기업보다도 많다 ④ 중소기업보다는 못하다

[4-8] 다음 (　　　　　　)에 알맞은 것을 고르세요.

4.

회사 일이 너무 많아 한 달 내내 야근이다. (　　　　　　) 더 이상 이 회사에 다니고 싶지 않다.

① 실업자가 될망정　　② 실업자가 되리라
③ 실업자가 되는 한　　④ 실업자가 됐으니까

5.

민수는 외향적인 데다가 비슷한 일을 반복해서 하기 싫어하고 늘 새로운 일을 하려고 한다. 그래서 가령 그가 (　　　　　　) 얼마 안 가서 그만둘 가능성이 크다.

① 공무원이 되게끔　　② 공무원이 되노라면
③ 공무원이 된다고 해도　　④ 공무원이 되건 안 되건

6.

과거에는 형편이 어려워서 중학교도 가지 못하는 사람들이 많았다. 우리 (　　　　　　) 공부를 하고 싶어 하셨지만 초등학교를 졸업한 후에 공장에 취직하셔야 했다.

① 할머니만 해도　　② 할머니를 불문하고
③ 할머니는 고사하고　　④ 할머니도 할머니려니와

7.

휴가비 얼마나 받으셨어요?

(　　　　　　)? 요즘 회사의 재정 상황이 너무 안 좋아서 두 달째 월급도 제 날짜에 못 받고 있어요.

① 휴가비가 다 뭐예요　　② 물론 휴가비를 받았죠
③ 어디 휴가비를 받기 일쑤예요　　④ 휴가비를 받으려고 들어요

8.

> 피로를 느낄 때 따뜻한 물로 (   ) 신선한 과일을 먹는다든지 하면 체력을 회복할 수 있다.

① 족욕을 한다든지
② 족욕을 하거니와
③ 족욕을 한다 해도
④ 족욕을 한다손 치더라도

[9–10] 다음을 읽고 (   )에 알맞은 것을 고르세요.

> 민석이는 같은 과 친구인 영은이를 매우 좋아했다. 대학 졸업 후 민석이는 영은이에게 사랑을 고백하며 청혼을 했다. "내가 다시 (㉠   ) 난 너를 사랑할 거야. 네가 결혼해 주지 않으면 평생 (㉡   ) 다른 사람하고는 결혼하지 않을 거야." 그러자 영은이는 가만히 고개를 끄덕이며 청혼을 받아들였다.

9. ㉠에 알맞은 것을 고르세요.

① 태어나기에
② 태어난다고 해도
③ 태어나게끔
④ 태어나는 까닭에

10. ㉡에 알맞은 것을 고르세요.

① 독신으로 살자니
② 독신으로 살망정
③ 독신으로 살 바에는
④ 독신으로 살기는 고사하고

읽기와 쓰기

1. 다음은 신문 기사의 제목입니다. 가장 잘 설명한 것을 고르세요.

이산가족 상봉, 60년 만에 만난 가족들 눈물바다 이뤄

① 60년 만에 이산가족들이 바다에서 만나 눈물을 흘렸다.

② 60년 동안 못 만났던 이산가족들이 다시 만나서 눈물을 쏟았다.

③ 60년 만에 만난 이산가족들은 모두 반가워하며 웃음꽃을 피웠다.

④ 60년을 기다렸다가 만난 이산가족들은 이제 헤어지지 않게 되었다.

[2-3] 다음을 읽고 질문에 답해 보세요.

오늘은 한국 전쟁 발발 62주년이 되는 날이다. 매년 6월 25일이 되면 초등학교 시절 학교 게시판에 수없이 붙어 있던 6 · 25 관련 포스터가 생각난다. 그리고 "아아 잊으랴 어찌 우리 이날을 조국의 원수들이 짓밟아 오던 날을"로 시작되는 6 · 25 노래를 전교생이 운동장에 모여 불렀던 기억도 떠오른다. 그 당시에는 이 노래가 무슨 의미인지도 잘 모르고 열심히 따라 불렀다. 물론 공산당이 무찔러야 할 악당이라는 것쯤은 알았다. 그 후에도 '반공'을 수없이 외치며 초중고 시절을 보냈다. 돌아보면 나의 학창 시절은 (　　　　　　　　　　)에 진하게 물들어 있었다.

대학에 들어간 후 나는 역사를 전공하며 여러 사상과 이념을 공부했다. 그리고 내가 그동안 얼마나 편향된 반공 교육을 받았는지 돌아보게 되었다. 물론 공산주의의 모순에 대해서도 알게 되었고 객관적인 관점으로 여러 이념들을 평가할 수 있게 되었다.

지금 학생들은 어떤 교육을 받고 있는가? 학생들이 올바른 시각을 갖도록 하기 위해서는 특정 이념을 무조건 나쁘다고 가르치기보다는 객관적인 정보를 제공해 스스로 비판적 사고를 할 수 있도록 해야 할 것이다. 특히 아직도 남북이 분단되어 있는 상황에서는 이데올로기 교육을 더욱 신중하게 해야 한다.

2. 이 글의 중심 내용으로 가장 알맞은 것을 고르세요.

① 매년 6 · 25 때 반공 교육을 실시했다.

② 요즘 남북 갈등이 더욱 심화되고 있다.

③ 민주주의가 공산주의보다 더 우월하다.

④ 이데올로기 교육을 신중하게 해야 한다.

3. (   )에 들어갈 내용으로 알맞은 것을 고르세요.

① 반공 이데올로기

② 사회주의 이데올로기

③ 민족주의 이데올로기

④ 반자본주의 이데올로기

[4–6] 다음을 읽고 질문에 답한 후 이야기해 보세요.

전통 사회에서는 남녀 차별이 심했다. 예를 들면 밖에서 열심히 돈을 버는 일은 당연히 남자가 해야 하고 집안일을 하거나 아이를 키우는 일은 여자가 해야 한다는 고정 관념이 바로 그렇다.

현대에 들어와서 이러한 차별적인 생각은 거의 사라졌다. 그런데 지금도 남녀 차별 때문에 여자들이 피해를 당한다고 생각하는 사람들이 많다. 그러나 내가 보기에는 오히려 남자들이 남녀에 대한 고정 관념 탓에 불이익을 많이 받는 것 같다. 남자는 몸이 튼튼하고 마음이 강한 것이 당연하다고 생각하는 사람들이 많기 때문에 아무리 피곤하고 힘들어도 참아야 하고 자기의 약한 점을 타인들에게 보여 주면 안 된다고 생각한다.

연구 결과에 따르면 현대 사회에서 남자는 여자보다 훨씬 더 많은 스트레스를 받는다고 한다. 그리고 우리 사회에서는 남자에게 요구하는 것이 더 많다. 만약에 남자가 능력이 없고 직장에서 잘하지 못해 버는 돈이 그다지 많지 않으면 비난을 받기도 한다. 또한 여성의 지위가 많이 높아짐에 따라 여성이 사회에 진출하는 것은 당연하다고 보는 반면에 남자가 직장 생활을 하지 않고 집안에서 살림만 한다면 ㉠______________________________.

우리 사회는 여자가 받는 편견에 대해 항의하며 여성을 보호하기 위해 많은 노력을 해 왔다. 물론 지금도 여성이 그러한 차별 때문에 불이익을 받는 경우가 많이 있다.

그러나 진정한 남녀평등은 여성에게 관심을 기울이는 동시에 남성도 존중하는 것이라고 생각한다. 어느 한쪽만이 아니라 남녀 모두를 위한 노력이 계속될 때 진정한 남녀평등 사회가 될 수 있을 것이다.

(2012년 봄학기 6급, 위영, 중국)

4. 윗글에서 ㉠에 들어갈 말로 알맞은 것을 고르세요.

① 많은 격려를 받을 것 같다
② 무능력하다는 평가를 받을 것이다
③ 그럴 수도 있다고 생각할 것이다
④ 오히려 당연하다고 생각할 것이다

5. 이 글의 내용과 다른 것을 고르세요.

① 현대에도 성별에 따른 고정 관념이 존재한다.
② 남자는 강해야 한다는 생각 때문에 남자들은 약점을 드러내기 힘들다.
③ 남녀평등 사회이므로 현대 사회에서 일하지 않는 여성은 비난을 받을 수 있다.
④ 여성에게 관심을 주면서 남성을 무시하지 않아야 진정한 남녀평등을 이룰 수 있다.

6. 윗글과 같이 남녀에 대한 고정 관념을 느낀 적이 있습니까? 이야기해 보세요.

7. 남녀 차별에 대해 글을 써 보세요.

남녀평등 시대가 되었다는 말을 많이 하지만 아직도 집 안에서 집안일을 하거나 아이를 키우는 일은 여자의 책임이고 밖에 나가서 돈을 버는 일은 남자의 책임이라고 생각하는 사람들이 꽤 많은 것 같다. 나는 이 문제에 대해서 ______

______.

듣기와 말하기

1. 무엇에 대해 이야기하고 있는지 고르세요. track 2

① 한국 전쟁의 가능성　　② 통일을 위한 대비책
③ 민족 혈통의 우수성　　④ 남북한 이데올로기의 차이

[2-3] 다음 내용을 듣고 질문에 답해 보세요. track 3

2. 군 가산점 제도에 대한 여자의 주장으로 알맞은 것을 고르세요.
① 군대에 다녀온 남성에게 꼭 필요하다.
② 여성과 장애인들에게 차별이 되어 왔다.
③ 승진 제도를 마련하는 것이 더 효과적이다.
④ 취업에 큰 영향을 주지 않으므로 없애야 한다.

3. 들은 내용과 다른 것을 고르세요.
① 군 가산점 제도가 사회적으로 논란이 되고 있다.
② 군 가산점 제도는 군대를 다녀온 남자를 위한 보상 제도이다.
③ 군 가산점 제도는 현재까지 대부분의 기업에서 실시되고 있다.
④ 한국 남자들은 인생에서 가장 중요한 시기인 20대에 군대에 간다.

[4-5] 다음 대화를 듣고 질문에 답해 보세요. track 4

4. 남자에 대한 설명으로 맞는 것을 고르세요.
① 한국 생활에서 불편한 점이 많았다.
② 처음 출근했을 때 개인적인 질문을 받았다.
③ 프랑스와 한국의 문화 차이는 생각보다 별로 크지 않았다.
④ 지금도 한국 사람들과 한국 문화에 대해 이해하기 어렵다.

5. 여자의 생각으로 가장 알맞은 것을 고르세요.

① 한국인에게 나이는 친구가 되는 데 큰 영향이 없다.

② 한국인은 다른 사람에 대해 이야기하는 것을 좋아한다.

③ 한국인은 친해지고 싶을수록 개인적인 질문을 하지 않는다.

④ 한국인은 타인의 개인적인 일에 대해 알아야만 친하다고 생각한다.

6. 여러분 나라와 한국의 문화 차이를 비교, 대조하여 이야기해 보세요.

사람들과 친해지는 방식　　주거 형태나 생활 습관　　사고방식

비교하기	• ~과 마찬가지로 • ~은 ~과 다름없다 • ~은 ~다는 점에서 ~과 공통점이 있다
대조하기	• ~과 달리 • ~는 것과 달리

IX 인간과 심리

1 학습과 심리

어휘 언어 학습과 심리

문법과 표현
- V-(으)ㄹ라치면
- A/V-다고 할 것까지는[할 것까지야] 없다

읽기와 쓰기
- 영어 학습 시기에 대한 기사 읽기
- 외국어 교육에 대해 자신의 의견 주장하는 글 쓰기

2 사람의 심리

어휘 심리와 실험

문법과 표현
- A/V-다고 치다
- V-(으)ㄹ 리(가) 만무하다

읽기와 쓰기
- 제노비스 신드롬에 대한 사설 읽기
- 방관자 처벌에 대해 자신의 의견 주장하는 글 쓰기

1. 학습과 심리

어휘

알맞은 말을 골라 대화를 완성해 보세요.

습득하다	분류하다	격려하다	더디다
도전하다	능숙하다	유창하다	구사하다

1. 한국 배우 A 씨는 할리우드에서 영화를 촬영하면서 원어민과 같은 완벽한 영어를 ________________ 주변 사람들을 놀라게 했다.

2. 독일에 살고 있는 열 살 소년이 스포츠카를 ________________ 솜씨로 운전하는 동영상이 인터넷에 소개되면서 네티즌들의 눈길을 끌고 있다.

3. 취업 면접을 앞두고 마음이 불안했었는데 친구들이 초콜릿도 사 주고 힘내라는 편지로 ________________ 줘 큰 힘이 됐다.

4. 새해가 시작되면 많은 사람들이 큰맘 먹고 금연에 ________________. 그러나 며칠 지나면 그러한 결심은 사라지고 작심삼일*로 끝나 버리는 경우가 많다.

* **작심삼일:** 단단히 먹은 마음이 사흘도 가지 못함.

5. 직장에서 사람의 유형은 크게 세 가지로 ________________ 수 있다. 먼저 자신의 주장을 적극 내세우는 소신형, 남의 눈치를 살피며 듣기 좋은 말만 하는 예스맨형, 학연, 지연, 혈연으로 출세하려는 거미줄형이 그것이다.

6. 그 교수는 모국어를 배우기 전에 영어를 같이 배우면 두 언어를 모두 ________________ 데 더 오랜 기간이 걸린다는 주장을 하면서 조기* 영어 교육 및 조기 유학 열풍을 강하게 비판했다.

* **조기:** 이른 시기.

어휘 2

밑줄 친 표현의 의미를 설명해 보세요.

자신이 왜 공부를 하는지에 대한 분명한 학습 동기가 없으면 좋은 결과를 얻을 수 없다.

* 지급하다: 돈이나 물건 등을 정해진 만큼 주다.

1. 한국체조협회는 올림픽에서 최초로 금메달을 딴 체조 선수의 노력을 보상하기 위해서 상금을 지급하기로* 했다.

2. 영화 〈왕의 연설〉은 사람들 앞에만 서면 긴장해 말을 더듬는 왕에 대한 이야기이다. 왕은 갖은 노력과 연습으로 말더듬증을 극복하고 마침내 유창한 연설을 하게 된다.

3. 한국어를 배우는 외국인은 '틀리다'와 '다르다'를 정확히 구별해서 사용하는데 오히려 한국어 원어민은 '틀리다'와 '다르다'를 혼동해서 사용하는 일이 많다.

* 탈모: 머리가 빠짐.

4. 새로 나온 탈모* 방지용 샴푸의 성분을 분석해 보니 일반 샴푸의 성분과 크게 다르지 않은 것으로 나타났다.

* 남용하다: 기준을 넘어 함부로 사용하다.

5. 아무리 몸에 좋은 약이라도 너무 남용하면* 오히려 건강을 해치는 역효과를 가져올 수 있다.

6. 한국 경제의 발전 요인으로 한국인의 근면성과 교육 받은 우수한 인재가 많다는 점을 꼽을 수 있다.

어휘 3

❁ ______에 들어갈 말을 골라 넣으세요.

요인　　학습 유형　　능숙하다　　습득하다

1. 외국어 학습에 영향을 미치는 1)__________(으)로 어떤 학습 방식을 선호하느냐에 따른 2)__________, 공부를 하는 목적 및 계기와 관련된 학습 동기를 들 수 있다. 이런 것과 함께 나이, 성별, 지능, 성격, 학습 전략 등도 많은 영향을 준다는 연구 결과가 있다.

이 중에서 나이는 외국어 학습의 성공과 실패를 가르는 중요한 열쇠 중의 하나이다. 특히 나이가 어린 학습자가 성인 학습자보다 발음을 3)__________ 데에 유리하다는 의견이 지배적이다.

보상　　역효과　　구사하다　　유창하다

2. 모국어 외에 여러 개의 외국어를 1)__________ 사람들은 어디서나 부러움을 한 몸에 받는다. 모국어와 외국어를 완벽하게 하기 위해서는 얼마나 일찍부터 외국어 교육을 시작해야 할까.

모국어를 익히기 전 다른 외국어에 노출될 경우 2)__________이/가 나서 외국어 학습에 불리하다는 주장과 외국어 학습이 빠르면 빠를수록 3)__________ 발음을 습득할 수 있다는 의견이 팽팽하게 맞서고 있다. 최근 미국에서는 외국어 학습에 적절한 시기는 생후 6개월 이전이라는 연구 결과를 내놓았는데 이 연구 결과에 대한 논란이 계속되고 있다.

어휘 4

❀ 빈칸에 들어갈 말을 넣어 보세요.

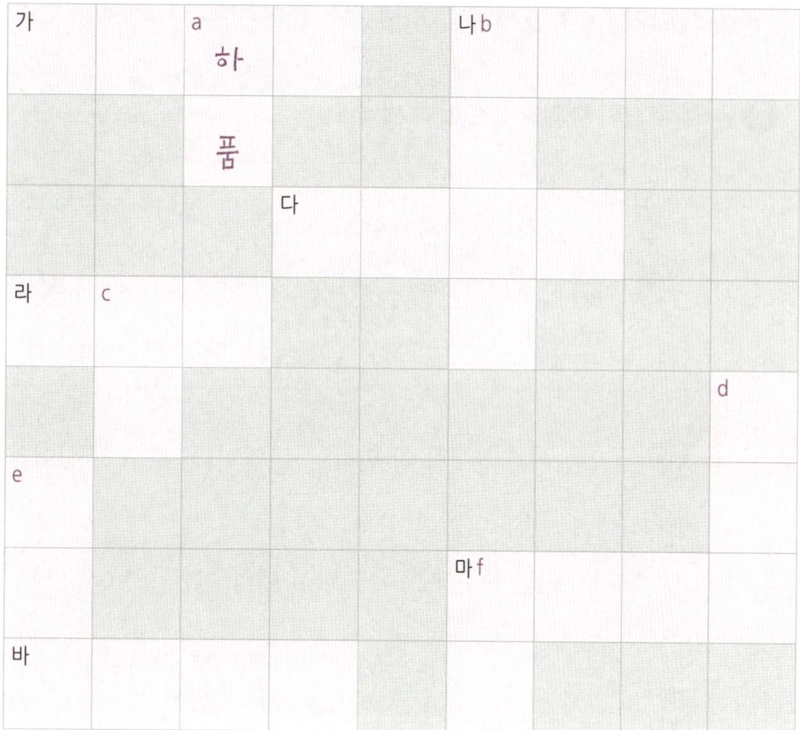

가로 열쇠 (⇨)

가	용기나 의욕이 생기도록 하다
나	말이 물 흐르듯 자연스럽다
다	어떤 일에 익숙해 잘하다
라	여자 동생
마	복잡한 것을 풀어서 각 구성 요소로 나누다
바	옛날부터 사람들한테 전해 내려오는 치료 방법

세로 열쇠 (⇩)

a	졸릴 때 나오는 숨
b	이롭고 도움이 되다
c	어떤 일을 하게 된 이유
d	어떤 행동이나 일을 하는 데 시간이 오래 걸리다
e	어떤 언어를 모국어로 사용하는 사람
f	종류에 따라 유형을 나눔

문법과 표현 1

V-(으)ㄹ라치면

A 다음과 같이 대화를 완성해 보세요.

> 작문 숙제 내일까지 내야 되는데 다 했어?
>
> 아직 못 했어. 숙제만 할라치면 꼭 다른 급한 일이 생겨서……. 지금부터라도 빨리 해야겠어.

1. 너 요즘 여자 친구랑 안 만나는 것 같더라. 무슨 일 있어?

   아니야. 서로 시간이 잘 안 맞아. ____________________ 꼭 급한 일이 생기더라고. 그래서 이번 주말에는 꼭 만나서 데이트하려고.

2. 약속 시간 지난 지가 언젠데 왜 이제야 와?

   미안해. 아까 도착했는데 주차하느라 너무 힘들었어. 빈자리가 있어서 ____________________ 장애인 주차 구역이거나 주차 금지 구역이더라고. 그래서 옆 건물에 차를 대고 오느라 좀 늦었어.

3. 이번 휴가 때 유럽 여행 간다고 했지? 같이 쇼핑하자고 해도 여행 비용 모아야 돼서 안 된다고 하더니 다 모았니?

   많이 못 모았어. ____________________ 꼭 돈 쓸 일이 생기더라고……. 아무래도 내년쯤에나 갈 수 있을 것 같아.

4. 수영장 등록했다더니 잘 다니고 있어?

   아니. 등록은 했는데 큰맘 먹고 수영장에 ____________________ 갑자기 일이 생겨. 다음 주부터는 열심히 다닐 거야.

B '-(으)ㄹ라치면'을 넣어 글을 완성해 보세요.

나오다 　 책상에 앉다 　 말을 걸다 　 타다 　 격려하다

시험이 있어서 내일은 하루 종일 시험공부를 하려고 했다. 그런데 내가 1.__________ 전화가 온다거나 누가 찾아왔다. 다시 공부를 시작했는데 친구한테서 오늘 모임이 있다는 전화가 왔다. 내가 좋아하는 나나 씨도 모임에 나온다고 해서 외출 준비를 했다.

약속 시간에 늦어서 택시를 타려고 했다. 그런데 내가 택시를 2.__________ 갑자기 다른 사람이 나타나서 내가 잡은 택시를 타고 갔다. 간신히 모임 장소에 도착했는데 나나 씨는 아직 도착하지 않았다. 갑자기 친구들이 나나 씨 이야기를 하기 시작했다. 나는 혹시 내가 나나 씨를 좋아한다는 것을 친구들이 알게 될까 봐 비슷한 이야기가 3.__________ 다른 주제로 이야기를 돌리려고 노력했다. 그때 나나 씨가 도착했다.

내가 나나 씨에게 4.__________ 다른 친구가 나나 씨에게 질문을 했다. 몇 번의 기회를 놓치고 나서 드디어 나나 씨와 이야기할 기회가 생겼다. 한국 생활에 대해 이런저런 이야기를 하고 있는데 친구 하나가 이렇게 말했다. "스티븐, 너 왜 그렇게 얼굴이 빨개졌어? 혹시 나나를 좋아하는 거 아니야?" 그 말을 듣고 내 얼굴은 확 달아올랐다. 앞으로 나나 씨 얼굴을 어떻게 보지?

문법과 표현 2 A/V-다고 할 것까지는[것까지야] 없다

A 다음과 같이 이야기해 보세요.

이번에 회장 후보로 나온 사람 말이에요. 초등학교밖에 안 나왔대요. 그런 사람이 어떻게 선거에 나올 자격이 있어요?

그렇다고 후보 자격이 없다고 할 것까지는 없지요. 학력은 후보 자격과는 관계가 없어요.

1. 남자 화장실 수가 너무 적은 것 같아. 4층에는 아예 남자 화장실이 없고 여자 화장실만 있잖아. 이건 남자 직원에 대한 차별인 것 같은데…….

   우리 회사는 여자 직원 수가 남자 직원 수보다 훨씬 많으니까 __________.

* **위축되다:** 어떤 힘에 눌려서 기를 펴지 못하다.

2\. 최근 소비가 위축되고* 일자리가 줄어드는 등 경제 불황이 시작됐다는 지적이 나오고 있는데요. 이에 대해 어떻게 생각하십니까?

소비가 위축되고 일자리가 줄어들었다고 해서 ______________________지만 경제 사정이 안 좋아진 것은 사실입니다.

3\. 삼겹살 먹고 싶다. 그런데 나는 소음인이라서 성질이 찬 돼지고기는 먹으면 안 된다는데 어떻게 하지?

소음인이라고 해서 ______________________. 너무 많이 먹지만 않으면 괜찮을 거야.

4\. 한국에서는 꼭 숟가락으로 국을 먹어야 한다고 들었는데요. 숟가락으로 먹지 않으면 예의에 크게 어긋나는 건가요?

아니에요. ______________________. 그렇지만 국물이 있으니까 숟가락으로 먹는 게 낫지 않을까요?

B 다음과 같이 신문 기사에 알맞은 댓글을 써 보세요.

성범죄자 신상 정보 공개하기로

인권 단체, 성범죄자에 대한 사생활 침해 우려

└ RE : 공익을 위한 것이고 사실을 공개하는 거니까 사생활을 침해한다고 할 것까지야 없지요.

1\.

문화재 복원에 100억 들어

시민 단체 예산 낭비 비판

└ RE : ______________________. 후손에게 문화유산을 남기는 일은 매우 중요하다고 생각해요. 그리고 문화재가 복원되면 관광객도 늘지 않을까요?

2.

교육 전문가들 연구 결과 발표

언어 학습에 우뇌형 학습자 절대적으로 유리

ㄴ RE : ______________________. 좌뇌형 학습자도 알맞은 학습 방법을 활용하면 언어 학습을 잘 할 수 있다고 생각하는데요.

3.

칭찬의 역효과 화제

연구 결과 습관적인 칭찬 거의 효과 없어

ㄴ RE : ______________________. 칭찬을 하면 성적이 좋아지거나 일을 잘하게 된다는 연구 결과도 많이 있다고 들었어요.

4.

하반기 무역 적자 심각

국가 부도 우려돼

ㄴ RE : ______________________. 관광 및 서비스 분야에서는 흑자를 기록하고 있으니까 전망이 어둡지만은 않아요.

5.

돈 내고 비타민 사 먹을 필요 없어

비타민 굳이 약을 통해 먹지 않아도 돼

ㄴ RE : ______________________. 식품 섭취를 통해 얻을 수 없는 비타민의 종류도 있다고 들었어요.

읽고 쓰기

❀ 다음 기사를 읽고 질문에 답해 보세요.

영어 첫 학습 시기 5세? 11세?

우리말 사고력이 바탕 되어야

우리나라의 조기 영어 교육에 대한 관심은 어느 나라보다도 뜨겁다. 각종 영어 유치원과 영·유아용 영어 교육 등의 사교육은 물론이고 각 가정에서 엄마가 자신의 아이에게 직접 영어를 가르치는 ⓐ'엄마표 영어'까지 조기 영어 교육의 형태도 다양하다.

하지만 아직도 많은 학부모들이 영어 교육 시작 시기에 대해 고민을 하고 있다. 너무 일찍 시작하면 우리말을 습득하는 데 부정적인 영향을 미치지는 않을까 걱정이다. 반대로 영어를 너무 늦게 시작하면 다른 아이들에게 뒤처져 따라가기 힘든 것은 아닌지, 외국어 발음에 어려움을 겪게 되는 것은 아닌지 걱정한다.

그렇다면 영어 교육은 언제 시작하는 것이 가장 효과적일까? 결론부터 말하면 자녀가 어떤 영어를 구사하기를 원하는지에 따라 영어 교육 시작 시기를 달리해야 한다.

먼저 모국어와 더불어 외국어 습득을 원한다면 많은 학자들이 말하는 ⓑ'결정적 시기'를 놓치지 않는 것이 좋다. 먼저 에릭 르네버그를 비롯한 많은 학자들은 뇌의 발달 특성상 어느 시점이 되면 좌뇌와 우뇌의 기능이 분화되기 시작하는데 그 이전에 언어를 배워야 모국어에 가까운 습득이 이뤄질 수 있다고 주장한다. 학자마다 뇌의 정확한 분화 시점에 대한 의견은 다르지만 대체적으로 5세 전후로 분화가 시작되어 사춘기(11~13세) 즈음이면 분화가 완성된다고 보는 의견이 많다.

브로카라는 학자에 따르면 만 5세 이전에는 논리적인 분석보다 모든 것을 감각, 즉 이미지로 받아들이는 우뇌가 발달하는데 이 시기에 외국어를 접하면 모국어와 동일한 언어 저장 공간인 일명 ⓒ'브로카 영역(Broca's Area)'에 학습 내용을 저장한다고 한다. 즉 5세 이전에 영어를 접하게 되면 영어도 모국어처럼 받아들이게 된다는 것이다. 또 펜필드라는 학자는 사춘기 이전에 원어민 발음을 가장 완벽하게 모방할 수 있다고 주장한다. 또 어릴수록 영어를 학습 대상으로 인식하지 않고 문화적인 선입견이 없다는 점과 부끄러움, 수치심을 느끼지 않는다는 이유로 많은 학자들이 더 어릴 때 영어 학습을 시작할 것을 권하고 있다.

반면 반기문 유엔 사무총장의 경우처럼 원어민과 같은 억양이나 발음은 구사하지 못하더라도 유창한 고급 영어를 구사할 수 있는 능력을 갖기 바란다면 아주 어렸을 때부터 영어를 시작할 필요는 없다. 언어 습득에서 성인의 경우 뚜렷한 학습 동기와 의지가 있다면 빠른 시간 내에 영어를 습득할 수 있다는 연구 결과가 나와 있다. 또한 언어가 형식적이고 추상적인 측면이 있기 때문에 피아제의 인지 발달 이론을 근거로 추상적인 사고력이 갖춰지는 시점인 11세쯤 영어를 접하게 하는 것이 효과적이라고 주장하는 학자들도 있다.

즉 영어의 수많은 어휘와 문장 구조 등을 이해하기 위해서는 높은 수준의 사고력이 필요한데 모국어로 충분히 사고력을 키운 후에 더 효과적으로 영어를 배울 수 있다는 것이다. 이를테면 초등학교 1학년 학생들 중 취학 전 원어민에게 영어 수업을 받았던 학생은 한국어로 일기를 쓸 때 일반 유치원을 다녔던 학생들보다 문장 구사력이나 표현력에서 다소 어려움을 겪는데 이는 외국어 학습에 앞서 모국어를 통한 사고력이 바탕이 되어야 함을 시사한다.

한국일보(2011. 3. 7.)

1. 영어 교육 시작 시기를 어떻게 결정해야 합니까?

① 영어 교육에 대한 경쟁이 치열하므로 영 · 유아 때부터 시작하는 것이 좋다.

② 너무 일찍 시작하면 모국어를 배울 수 없게 되므로 늦게 시작할수록 좋다.

③ 모국어를 완벽하게 할 수 있게 된 다음에 즉시 시작하는 것이 바람직하다.

④ 자녀가 어떤 영어를 구사하기를 원하는지에 따라 시작 시기를 달리 해야 한다.

2. 영어 학습에 대한 주장과 근거를 서로 연결해 보세요.

① 어린 나이에 영어 학습을 시작하는 것이 효과적이다. •

② 어렸을 때부터 영어 학습을 시작할 필요는 없다. •

• ㉠ 좌뇌와 우뇌가 분화되기 전에 언어를 배워야 한다.

• ㉡ 우뇌가 발달할 때 외국어를 배우면 모국어에 가까운 습득이 이루어질 수 있다.

• ㉢ 성인이라고 해도 학습 동기가 뚜렷하면 단시간 내에 영어를 배울 수 있다.

• ㉣ 추상적인 사고력이 갖춰지는 시기에 영어를 배우는 게 좋다.

• ㉤ 문화적인 선입견, 부끄러움, 수치심이 없을 때 외국어를 배워야 효과적이다.

• ㉥ 모국어로 사고력을 키운 후에 더 효과적으로 영어를 배울 수 있다.

3. 서로 관계있는 것끼리 연결해 보세요.

	① 뇌에서 언어를 저장하는 공간
ⓐ '엄마표 영어'	② 형식적이고 추상적인 사고력이 갖추어지는 시기
ⓑ '결정적 시기'	③ 어머니가 가정에서 자녀에게 영어를 직접 가르치는 교육 방식
ⓒ '브로카 영역'	④ 모국어에 가까운 외국어 습득이 이루어질 수 있는 시기

4. 외국어 교육에 대한 위의 주장에 대해 여러분은 어떻게 생각합니까? 아래에 메모하고 글을 써 보세요.

외국어 교육 시작 시기?	
그 이유는?	

2. 사람의 심리

어휘 1

알맞은 말을 골라 문장을 완성해 보세요.

기억력	왜곡하다	측정하다
관찰하다	이성적이다	몰두하다

1. 요즘 ________________이/가 나빠졌는지 자꾸 잊어버려서 걱정이에요.

   나이가 들면 다 그래요. 중요한 일은 꼭 메모해 두는 습관을 가져 보세요.

2. 언론의 바람직한 역할은 무엇이라고 생각하십니까?

   언론은 정확하고 공정한 정보를 전달해 줄 책임이 있습니다. 만약 사실과 다르게 ________________ 보도할 경우 많은 혼란과 피해를 가져오게 될 것입니다.

3. 왜 이렇게 길이 막히지?

   경찰들이 저 앞에서 음주 ________________ 그런 것 같아. 여기만 지나면 괜찮아질 거야.

* 올챙이

4. 얘들아, 이리 와서 올챙이*를 ________________ 보자.

   이렇게 가까이에서 올챙이를 보는 건 처음이에요. 정말 귀엽게 생겼네요.

* **인신공격:** 신상에 대한 것으로 남을 공격함.

5. 유진이는 상대편이 인신공격*을 하는데도 어쩌면 저렇게 토론을 잘할 수 있을까?

   유진이는 매우 ________________ 사람이라서 화가 나도 감정을 잘 다스리는 것 같아.

6. 요즘 김 박사님이 통 안 보이시네요. 무슨 일 있으신가요?

   암 치료제 연구에 ________________느라 정신없이 바쁘신 것 같아요.

어휘 2

❀ 밑줄 친 표현의 의미를 설명해 보세요.

국민들은 이번 선거가 비교적 공정했던 것으로 인식하고 있다.

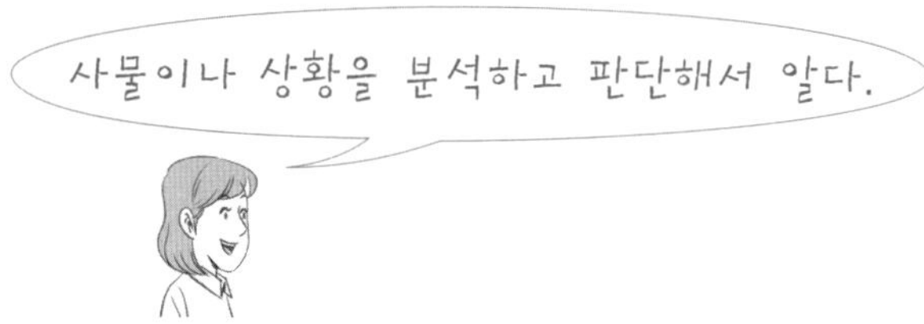

1. 심리학은 개인의 심리뿐만 아니라 사람과 사람 사이의 심리 문제에 대해서도 끊임없이 연구한다. 즉 어떻게 하면 효과적으로 다른 사람을 설득할 수 있는지, 또 어떻게 하면 물건을 더 잘 팔 수 있는지 등과 같은 문제도 연구 주제가 될 수 있다.

2. 그 배우는 주말 드라마에서 왕과 거지 1인 2역 연기를 잘 해내서 자신의 연기력을 입증했고 큰 인기를 얻었다.

3. 너무 빠르게 전개되는 만화 영화를 보면 주의력 장애를 일으킬 수 있다는 연구 결과가 발표되었다. 어린 아이들이 이런 만화를 지나치게 오래 볼 경우 집중력이 떨어질 수 있다는 것이다.

4. 식당에 갔다가 우연히 가수 A 씨를 만나 사인해 달라고 했더니 그 사람이 매우 당황스러워했다. 알고 보니 일반인을 가수로 착각한 것이었다.

5. 똑같이 범죄 현장을 목격했더라도 증인마다 다르게 증언하는 경우가 있다. 이것은 사람마다 보고 싶어 하는 것만을 보려는 심리가 작용하기 때문이다.

6. 외모와 실력은 전혀 연관성이 없다. 외모가 예쁘다고 해서 그 사람의 실력을 과대평가해서는 안 된다.

어휘 3

❁ 그림을 보고 알맞게 써 보세요.

인식하다	작용하다	기억력
몰두하다	입증하다	알아차리다

1.

아내는 남편의 군대 사진을 보고 비슷해 보이는 많은 사람들 속에서도 남편을 잘 찾아낸다. 이것은 사람이 관심이 있는 대상을 보다 쉽게 찾아내고 인식하기 때문이다.

2.

사람들과 같이 식사할 때 다른 사람이 먹는 음식을 선택하는 경우가 있다. ______________________.

3.

나는 나이가 들면서 아내의 생일이나 집 전화번호를 깜박하는 경우가 많아졌다. ______________________.

4.

사람들은 거짓말을 할 때 상대방의 눈을 피하거나 말을 더듬는 경향이 있다. ______________________.

어휘 4

❁ ______에 들어갈 말을 골라 넣으세요.

심리 실험	입증하다	몰두하다	염두에 두다

대화를 들을 때 고개를 끄덕이는 것은 어떤 효과를 가져올까? 한 심리학자는 인터뷰할 때 면접관이 고개를 끄덕이면 지원자의 발언 시간이 길어짐을 실험을 통해 밝혀냈다. 발언 시간이 길어졌다는 것은 면접관이 고개를 끄덕일 때 지원자가 더 강한 인정을 받고 있다고 인식하고 더욱 열심히 이야기에 1.__________는 것을 의미한다.

이 2.__________을/를 통해 대화를 할 때 고개를 끄덕이는 행위는 말하는 사람을 심리적으로 격려해 주는 효과가 있음을 확인할 수 있다. 이 사실을 3.__________ 다른 사람의 말을 들을 때 적절히 고개를 끄덕여 준다면 대화는 더 효과적으로 이루어질 것이다.

문법과 표현 1

A/V-다고 치다

A 대화를 완성해 보세요.

~~통일이 되었다~~	6개월밖에 못 살다	20년 전으로 돌아가다
여자가 되었다	평균 수명이 100세이다	

1. 한국이 통일이 되었다고 치면 가장 큰 사회 문제는 무엇이 될 거라고 예상하십니까?

   정치, 군사적인 부분에서 혼란도 크겠지만 아무래도 가치관 차이에서 오는 남한 사람들과 북한 사람들 사이의 갈등이 가장 큰 문제가 될 거라고 봅니다.

2. 가수로 데뷔한 지 20년이 되는데요, 만약 ____________________ 어떤 직업을 선택하고 싶으세요?

   노래가 제 인생이고 제가 바로 노래예요. 다시 인생을 살아도 가수라는 직업을 선택할 것 같아요.

3. 네가 ____________________ 어떤 일을 해 보고 싶어?

   아이를 낳아 보고 싶어. 내 안에서 아이가 자라고 있는 느낌이 어떨까?

4. 사람의 __________ 나 같은 40대는 청춘이라는 소리를 듣겠지?

설마 청춘이라는 소리까지 듣겠어요?

5. 죽을병에 걸려서 __________ 넌 뭘 하고 싶어?

여행도 하고 싶고 그동안 못 만났던 친구들도 만나고 싶어.

B 표를 보고 문장을 완성해 보세요.

1	원자재 가격이 내리다	경제 상황이 좋아지지 않다
2	첫사랑과 우연히 만나다	별로 할 말이 없다
3	교통비를 아끼다	생활비가 많이 들다
4	아무리 실력이 뛰어나다	회사 생활을 하기 어렵다
5	후반에 3골 연속으로 넣다	우리 팀이 이길 수 없다

1. 원자재 가격이 내린다고 쳐도 경기가 워낙 안 좋아서 경제 상황이 좋아지지 않을 것 같아요.

2. __________ 어색해서 __________.

3. __________ 물가가 계속 오르고 있어서 __________.

4. __________ 대인 관계가 원만하지 않으면 __________.

5. __________ 점수 차이가 너무 커서 __________.

문법과 표현 2

V-(으)ㄹ 리(가) 만무하다

A 문장을 완성해 보세요.

1. 우리는 택시를 타기로 했다. 이 늦은 밤에 버스가 다닐 리 만무했기 때문이다.
   (버스가 다니지 않음)

2. 파리에 여행을 갔다가 파리 시내 한 가운데에서 손짓을 하면서 한국어로 길을 물어봤다. 그렇지만 프랑스인들이 ________________.
   (내 말을 이해하지 못함)

3. 진수는 입버릇처럼 심리학과 교수가 되고 싶다고 말한다. 그런데 친구들과 어울려 놀기만 좋아하고 심리학과 관련된 책은 한 권도 읽지 않는다. 민수의 ________________.
   (꿈이 이루어지지 않음)

4. 김 과장이 회사 공금을 횡령했다는* 소문이 돌았다. 정직하고 성실한 김 과장이 ________________.
   (그런 일을 저지르지 않았음)

5. 그 왕은 사치스러운 생활만 할 뿐 국민들의 생활에 전혀 관심이 없었다. 그렇기 때문에 ________________.
   (국민들의 지지를 받지 못했음)

* **횡령하다:** 공금이나 남의 돈을 불법적으로 차지하다.

B 다음과 같이 문장을 완성해 보세요.

한국은행 금리 인하 / 기업들이 투자할 가능성이 없음.

➜ 기자 : 최악의 경제 상황에서 한국은행이 금리를 인하한다고 해도 기업들이 투자를 할 리 만무합니다.

1.

정부, 수해민 생계비 지원 / 지원 금액이 적어 수해민의 생활이 나아질 가능성이 없음.

➜ 기자 : 최악의 태풍이 발생해 ________________
________________.

2. 정부, 정유 회사에 유가 인하 요구 / 정유 회사에서 유가 인하할 가능성이 없음.

➡ 기자 : 고유가로 서민들이 고통을 받는 가운데 ______________________________

____.

* **연말연시:** 한 해의 마지막과 새해의 시작.

3. 경찰, 음주 단속 강화 / 음주 운전이 줄어들 가능성이 없음.

➡ 기자 : 연말연시*에는 술자리가 많아 ______________________________

____.

* **회담:** 일에 관련된 사람들이 모여서 함께 의논함.

4. 한국 정부, 북한에 회담* 요청 / 북한이 동의할 가능성이 매우 낮음.

➡ 기자 : 남북 축구 단일팀 구성을 위해서 ______________________________

____.

* **보복:** 상대가 한 일을 그대로 갚아줌. 복수.

5. 경찰, 목격자에게 거액의 포상금 걸어 / 보복*이 두려워 나타날 가능성이 없음.

➡ 기자 : 한낮에 주택가에서 발생한 살인 사건을 해결하기 위해 ______________________________

____.

읽고 쓰기

❀ 다음 사설을 읽고 질문에 답해 보세요.

방관 사회

1964년 3월 13일 새벽. 뉴욕 퀸스 지역 주택가. 젊은 여인의 외마디 비명이 정적을 깼다. 야근을 마치고 귀가하던 중 자택 인근에서 괴한의 습격을 받고 사투를 벌이던 그녀는 무자비하게 난자당한 채 숨졌다. 그녀의 이름은 키티 제노비스. 당시 27살이었다. 범행 시간 35분 동안 인근 아파트에서 사건을 목격하거나 비명 소리를 들었다고 진술한 사람은 모두 38명이었다. 애타게 도움을 요청했지만 아무도 제노비스를 도와주러 나오거나 경찰에 신고하지 않았다. 경찰에 신고된 것은 그녀가 사망한 지 20분이 지나서였다.

이 끔찍한 사건은 미국 사회에 큰 충격을 안겼다. 목격자들의 몰인정함에 비판의 화살이 맞추어졌다. 사회 문제 전문가들은 현대 도시인들의 도덕성 결여와 소외의 결과라고 지적했다. 하지만 이런 현상은 그들만의 문제가 아니라 일정한 심리적 이유가 있다는 것이 연구 결과 밝혀졌다. 뉴욕대의 존 달리, 콜롬비아대의 빕 라타네 교수는 주위에 목격자가 많을수록 책임감이 분산되면서 어려운 사람을 도와주기를 주저하게 되는 방관자 효과가 나타난다는 사실을 알아냈다.

주변에 여러 사람이 있을 때 개인이 나서서 돕는 행동을 할 가능성이 낮아지는 '제노비스 신드롬'이 나타나는 이유는 크게 세 가지다. 우선 상황이 위급한 것인지 판단이 애매할 때다. 곤경에 처한 사람이 실제 도움을 원하는지 파악하기 모호할 때에도 사람들은 도움을 주기를 주저하게 된다. 마지막으로는 책임감 분산이다. '나 말고 누군가 도와주겠지.'하는 생각에 행동을 취하지 않게 되는 것이다. 그러나 이렇게 심리적인 이유가 있다고 하더라도 다른 사람의 어려움을 외면하는 것이 정당화될 수 있을 리 만무하다. 실험에서도 방관자적인 행동을 한 사람이 과반수이기는 했으나 다른 사람을 도와준 사람도 분명 존재했기 때문이다.

최근에 우리 사회에도 제노비스 신드롬이 무섭게 번지고 있다. 친부모 없이 어렵게 살아온 20대 청년이 서울 송파구 잠실동 길거리에서 시비 끝에 집단 폭행을 당해 뇌사 상태에 빠졌다가 끝내 숨졌다. 주변에 사람이 많았지만 아무도 그를 지켜 주지 않았다고 한다. 얼마 전 서울 영등포에서 일어난 김수철 사건 발생 당시에도 초등학생 여자 어린이가 부자연스럽게 끌려가는 것을 목격한 사람들이 있었지만 아무도 제지하지 않았다. 주변의 조그만 관심이 끔찍한 범죄를 막을 수 있지만 사람들은 외면하고 만다. 나 말고 누군가 하겠지, 행여 나에게 불똥이 떨어질까, 나중에 증인으로 경찰서에 불려 가서 시간을 뺏기는 번거로움이 생길까 봐, 오지랖 넓다는 소리를 들을까 봐 등의 이유에서다. 범죄는 이런 무관심을 먹고 커 간다. 누군가에게 미루기보다 '내가 먼저'라는 생각으로 행동에 옮기는 것이 안전한 사회를 만드는 지름길임을 명심하자.

서울신문(2010. 7. 13.)

1. '제노비스 신드롬'에 대한 설명으로 맞지 않는 것을 고르세요.

① 미국에서 실제로 일어난 사건을 바탕으로 이름 붙여졌다.

② 이 사건은 미국 사회에 큰 충격을 줬고 많은 비판을 받았다.

③ 목격자가 많아도 어려운 일을 당한 사람을 도와주지 않는 현상이다.

④ 실험 결과 현대인들의 도덕성 결여와 소외 의식이 원인으로 밝혀졌다.

2. '제노비스 신드롬'이 나타나는 경우가 아닌 것은 무엇입니까?

① 위급한 상황인지 판단하기 어려운 경우

② 사건 현장에 도와줄 사람이 나 혼자인 경우

③ 위기에 처한 사람이 도움을 원하는지 알기 힘든 경우

④ 주변에 목격한 사람이 많아서 책임감이 분산되는 경우

3. 글쓴이가 주장하는 것은 무엇입니까?

① 더 많은 심리 실험을 통해 '제노비스 신드롬'의 원인을 밝혀야 한다.

② 범죄 현장을 목격하면 다른 사람에게 미루지 말고 내가 도와줘야겠다는 의식을 가져야 한다.

③ 제노비스 현상을 막기 위해 어려움에 처한 사람을 돕지 않으면 처벌하는 법을 만들어야 한다.

④ '제노비스 신드롬'은 심리학적인 현상이므로 범죄 현장을 목격한 사람들이 신고하지 않는다고 해서 비판할 필요가 없다.

4. 유럽의 몇 나라에서는 다른 사람이 어려움을 당할 때 이를 외면하면 처벌하는 법이 있습니다. 여러분은 이런 법을 만드는 것에 대해 어떻게 생각합니까? 입장을 정하고 글을 써 보세요.

자신의 입장 (찬성 / 반대)	
그렇게 생각하는 이유	

X
한국과 세계

1 한국 속의 세계

어휘 다문화 사회

문법과 표현
- A/V-던 차에[차이다]
- V-고도

읽기와 쓰기
- 다문화 사회에 대한 칼럼 읽기
- 다문화 사회에 필요한 정책 설명하는 글 쓰기

2 세계 속의 한국

어휘 세계 속의 한국의 위상

문법과 표현
- A/V-(으)ㄹ 성싶다
- (비록, 차라리) A/V-(으)ㄹ지언정

읽기와 쓰기
- 한국의 원조 역사에 대한 기사 읽기
- 자국의 경제 발전 과정과 과제에 대해 설명하는 글 쓰기

1. 한국 속의 세계

어휘 1

알맞은 말을 골라 대화를 완성해 보세요.

영주권	다문화 사회	체류하다
이주 노동자	취득하다	국제결혼

1. 동남아 지역에서 큰 지진이 나자 정부는 이 지역에 ______________ 있는 교민들의 안전 여부를 확인하고 있다. 또한 이 지역을 여행하던 관광객의 피해 상황도 조사하고 있다.

2. 한 외국인 사업가가 제주도에 60억을 투자해 한국 ______________을/를 받았다. 이 사업가는 앞으로 비자 없이 한국에 입국할 수 있고 원하는 만큼 한국에서 머무를 수 있게 되었다.

3. 외국에서 일자리를 찾아 한국에 온 ______________은/는 국내에 거주하는 외국인의 절반을 차지한다. 이들은 수입의 대부분을 고향에 있는 가족들에게 보내고 있다.

4. 신혼부부 열 쌍 중 한 쌍은 ______________을/를 한다는 조사 결과가 나왔다. 이 조사에 따르면 한국인과 외국인의 결혼은 전체 결혼의 10% 이상을 차지하는 것으로 밝혀졌다.

5. 한국에 거주하는 외국인이 늘어나면서 한국이 ______________(으)로 변화하고 있다. 한국 안에 여러 나라의 문화가 공존하게 된 만큼 서로 다른 문화를 이해하고 받아들이는 태도가 필요하다.

6. 미국인 아버지와 한국인 어머니 사이에서 태어난 농구 선수가 한국 국적을 ______________. 이 선수는 미국 국적과 한국 국적을 동시에 가지게 되었다.

어휘 2

❁ 밑줄 친 표현의 의미를 설명해 보세요.

그동안 한국인은 한국이 단일 민족으로 이루어졌다고 생각해 왔지만 역사적으로 보면 많은 귀화자가 있었기 때문에 여러 민족이 섞인 다민족이라는 의견도 있다.

1. 국제결혼이 증가하면서 다문화 가정 자녀 역시 늘고 있다. 정부에서는 이들의 학교생활에 도움을 줄 수 있도록 한국어 교실, 한국 문화 체험과 같은 프로그램을 운영하고 있다.

2. 젊은 시절 호주로 이주하셨던 이모는 고향을 그리워하시다가 얼마 전 다시 한국으로 돌아오셨다. 이모는 요즘 어머니와 이곳저곳을 여행하며 노년을 보내고 계신다.

3. 요리 솜씨가 좋은 우리 어머니는 같은 동네에 사는 여성 결혼 이민자들에게 한국 음식 만드는 법을 가르쳐 주시곤 한다. 이분들은 처음에는 한국 요리에 서툴렀지만 이제는 한국 음식에 익숙해지게 되었다고 한다.

4. 관악구 보건소에서는 관악구에 거주하는 노인들을 대상으로 무료 건강 검진을 실시할 계획이다. 건강 검진은 다음 주 월요일부터 일주일간 진행되며 주민 등록증을 가지고 가면 미리 신청하지 않아도 혜택을 받을 수 있다.

5. 그 대통령은 20년 동안 집권하며 온갖 부정과 비리*를 저질러 왔다. 그는 이미 지도자로서의 자격을 상실했으므로 대통령직에서 물러나고 그동안 저지른 잘못에 대해 처벌받아야 할 것이다.

* **비리:** 도리에 맞지 않는 일.

6. 한국에 귀화한 사람들을 유형별로 살펴보면 결혼을 통한 경우가 가장 많고 이주를 통한 경우가 그 다음이었다.

어휘 3

❁ 그림을 보고 알맞게 써 보세요.

이중 국적	영주권	국제결혼
이민을 가다	귀화하다	이주하다
취득하다	상실하다	가교가 되다

1.

전 한국에서 사업을 하고 있는데 비자 때문에 계속 중국에 왔다 갔다 해야 돼요. 저처럼 한국에서 사업을 하는 외국인들에게는 영주권을 줬으면 좋겠어요.

2.

우리 아빠는 프랑스 사람이고 엄마는 한국 사람이에요. 우리 부모님이 ______________________________.

3.

저는 농구 선수인데 한국 국가 대표 선수가 되고 싶었어요. 그래서 ______________________________.

4.

저는 미국에서 태어났지만 중학교 때부터 한국에서 살아서 두 나라의 문화에 아주 익숙해요. 앞으로 ______________________________.

어휘 4

다음 자료를 보고 신문 기사를 완성해 보세요.

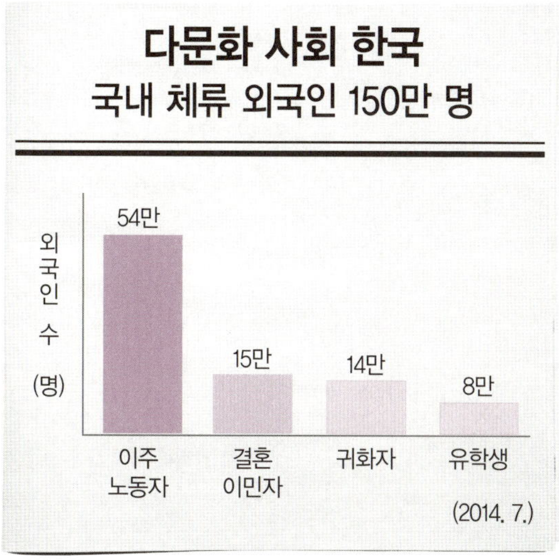

한국에 체류하는 외국인이 150만 명에 달하는 것으로 나타났다. ______
______
______
______
______
______
______
______
______.

문법과 표현 1

A/V-던 차에[차이다]

A 대화를 완성해 보세요.

1. 영미야, 우리 뭐 좀 먹으러 나갈까?
   출출하던 차에 잘됐다. 떡볶이랑 튀김은 어때?

2. 토니야, 오늘 새로운 영화가 개봉한다는데 우리 같이 볼래?
   좋아. ______ 잘 됐다. 오전 내내 집에 혼자 있어서 너무 지루했었거든.

3. 여보, 군대에 간 첫째한테서 편지가 왔네요.
   ______ 잘 됐네요. 그렇지 않아도 어떻게 지내는지 알고 싶었는데…….

4. 커피 사 왔는데 드실래요?
   ______ 잘 됐네요. 그렇지 않아도 잠이 쏟아져서 고생했는데…….

B 대화를 완성해 보세요.

1. 아, 배고파.

   나도 배고파서 라면 끓이려던 차였는데 같이 먹을래?

2. 나 책 반납하러 도서관에 좀 다녀올게.

   ____________________ 내 책도 좀 부탁해.

3. 김 대리님, 저 먼저 퇴근하겠습니다.

   ____________________ 내가 가는 길에 지하철역까지 태워 줄게.

4. 오늘 같이 쇼핑하러 가지 않을래?

   ____________________. 날씨가 추워져서 코트 한 벌 사려고 했거든.

C '-던 차에[차이다]'를 넣어 이메일을 완성해 보세요.

고민하다 나가려고 하다 시작하려고 하다 의논하다

보내는 사람	"한송이"〈flower17@snu.ac.kr〉
받는 사람	"박하나"〈stone79@snu.ac.kr〉
제목	사랑하는 친구, 하나에게

하나야, 그동안 잘 지냈지? 첫눈이 왔는데 오랜만에 네 전화를 받고 참 반가웠어. 그래서 새해 인사도 할 겸 오랜만에 이렇게 메일을 쓴다.

오늘 아침 첫눈이 내려서 아주 기분이 좋았어. 내가 눈을 많이 좋아하잖아. 그런데 동생이 눈사람을 만들자고 해서 같이 밖에 1.____________________ 네 전화를 받은 거야. 첫눈을 보고 날 생각해 줘서 고마워. 사실 요즘 내가 고민이 많았거든. 대학에서 많은 사람들을 만나면서도 자꾸 외로운 마음이 들어서 인간관계에 대해 2.____________________ 네 전화를 받으니 정말 위로가 되었어.

그리고 네 말대로 동아리나 동호회에 가입해서 활동을 해 봐야겠어. 안 그래도 봉사 동아리 활동을 3.____________________ 네 말을 들으니 힘이 났어.

그럼 오늘 하루도 잘 지내고 새해 복 많이 받아!

문법과 표현 2

V-고도

A 다음과 같이 대화를 완성해 보세요.

* 글라이더

> 아무리 장난감이라도 글라이더*를 처음 만든다면서 설명서도 안 보고 어떻게 그렇게 금방 만들 수 있어?
>
> 비슷한 것을 많이 만들다 보면 설명서를 보지 않고도 금방 만들 수 있어.

1. 선생님, 대학을 나오면 취직이 잘 되나요?

   글쎄요. 요즘은 많은 대학생들이 ______________ 취업하기가 어려워서 아르바이트만 하거나 대학원에 진학한대요.

2. 선생님, 개구리는 추운 겨울에 무엇을 먹고 살아요?

   겨울이 되면 겨울잠을 자는 동물들이 많아요. 개구리도 땅속에서 겨울잠을 자서 ______________.

3. 스마트폰으로 바꾸셨네요. 스마트폰이 참 편리하지요?

   제 친구는 여러 앱을 설치해 잘 사용하던데 저는 아직 익숙하지 않아서 ______________. 전화나 문자 기능을 쓰는 게 다예요.

4. 언니는 아직 아이도 안 키워 보셨는데 아이들의 심리에 대해 어쩌면 그렇게 잘 아세요?

   오랫동안 상담을 하다 보면 ______________. 상담을 통해 간접 경험을 많이 하니까 자연스럽게 알게 되는 것 같아.

B 다음을 보고 '-고도'를 넣어 질문에 답해 보세요.

유학 경험이 없는데도 영어 발음이 정말 좋은 경우가 있어요. 그 비결이 뭘까요?

➡ Re : 유학을 가지 않고도 영어를 공부할 수 있는 방법은 다양해요. 한국에 와 있는 외국인에게 배울 수도 있고 방송을 통해서도 영어를 많이 접할 수 있으니까요.

1. 한국이 식민지, 전쟁과 같은 시련을 많이 겪었으면서도 지금처럼 발전할 수 있었던 이유는 무엇일까요?

➡ Re : 저는 한국 사람들의 근면함 때문이라고 생각해요. 많은 사람들이 새벽부터 밤늦게까지 자신의 일터에서 최선을 다해 부지런히 일했어요. 그 결과 한국이 ____________ ____________________.

2. 요즘 외국인 선수들이 한국으로 많이 귀화하던데 왜 이런 현상이 생길까요?

➡ Re : 이중 국적이 허용되어서 ______________________________. 그래서 귀화하는 외국인 선수들이 늘어나게 되었어요.

3. 지하철 안에서 한 사람이 폭행을 당하고 있었는데 사람들이 말리거나 신고하기는커녕 보고만 있었어요. 왜 그랬을까요?

➡ Re : 흔히 많은 사람들과 함께 있을 때는 '누군가가 먼저 하겠지.'라고 생각하고 책임지지 않으려는 심리가 있어요. 또한 자기가 괜히 피해를 당하지는 않을까 해서 ________ ____________________.

읽고 쓰기

❁ 다음 칼럼을 읽고 질문에 답해 보세요.

다문화 사회를 위해

이윤범(청운대 베트남학과 교수)

세계화 시대의 영향으로 인적 교류가 활발해지고 있다. 국내 경제가 급성장하면서 외국인 노동자와 국제결혼도 점점 증가해 우리나라도 빠른 속도로 다문화 사회에 진입하고 있다. 통계청에 따르면 현재 국내 거주 외국인은 130만 명에 이른다. 2004년 이후 외국인과의 혼인도 꾸준히 늘어나고 있다. 2010년에는 3만 4,235쌍으로 전년도에 비해 2.8%의 증가율을 보였다. 10쌍 중 1쌍이 국제결혼이다. 농림 어업에 종사하는 남자는 40%가 외국인 여성과 혼인을 한다.

40년 후 우리 모습을 상상해 보자. 한국보건사회연구원에 따르면 우리나라 결혼 이민자는 2050년에 98만 2,700여명이 될 것으로 추정된다. 그 후손을 합친 인구는 216만 4,800여명으로 늘어나 총인구의 5.11%에 달할 전망이다. 특히 어린 세대로 갈수록 다문화 진행 속도가 빨라져 2050년에는 영아(0~2세) 3명 중 1명이 다문화 가정 출신이 된다. 반세기도 안 지나 인종적, 민족적으로 완전한 다문화 사회가 된다는 얘기다.

이런 변화에 우리는 얼마나 대비하고 있는가. 다문화 가정에서 빈번히 겪는 문제는 크게 두 가지다. 우선 결혼 이주 여성들의 문화적 부적응이다. 그들이 한국 생활에서 가장 많이 호소하는 것이 서로 상대 문화에 대한 이해가 부족한 것이다. 남편뿐 아니라 가족들까지 외국인 신부의 문화를 이해하려는 노력이 부족해서 오는 갈등이 많다. 특별한 예외를 제외하고 상대 문화를 이해하기보다는 자신들의 문화를 일방적으로 강요하는 경우가 허다하다. 여기에 언어 소통 문제와 평균 11.8세의 부부 간 연령 차이까지 겹치면 그들의 소외감은 훨씬 더 심각해진다.

또 하나는 다문화 가정 아동의 사회 부적응과 교육 문제이다. 이제까지 다문화 가정에 대한 관심은 이주 여성들에 초점을 맞추어 한국어를 가르치고 한국 문화를 설명하는 데 시간과 관심을 쏟았다. 그러는 사이 이들 가정에서 태어나 성장하는 자녀들의 문제가 심각한 수준에 이르렀다. 외모뿐만 아니라 엄마의 낮은 한국어 수준으로 인해 유년기의 언어 습득에 장애가 있다. 이는 학습 부적응으로 이어져 정신적 질환으로까지 발전할 수 있다. 더구나 대부분이 농어촌에 거주해 가정의 교육 수준도 낮다. 고학년으로 올라가면 일반적인 의사소통은 문제가 없더라도 독해력과 어휘력은 현저히 떨어진다.

이런 절박한 현실을 직시해야 한다. 몇 개 단체나 기업이 나서서 해결될 문제가 아니다. 국가 차원에서 심각성을 인식하는 것이 중요하다. 무엇보다 정책 방향을 올바로 설정해야 한다. 크게는 동화주의와 다문화주의 중에서 어떤 것을 취할지 결정해야 한다.

민족주의 정서가 강한 우리는 상대를 동화시키는 데 익숙하다. 지금까지 국가와 지자체의 정책이나 교육도 이에 가깝다. 그러나 글로벌 시대에 세계는 하나의 거대한 지구촌을 형성하고 있다. 서로 다양성을 인정하면서 사회 통합으로 갈 때 상대의 고귀한 문화적 유산과 이중 언어 구사자 같은 재원을 확보할 수 있다. 이를 위해서는 이념, 민족, 종교의 벽을 넘어 다양성이 융화될 수 있는 사회로 나가야 된다.

한국일보(2011. 5. 12.)

1. 한국의 다문화 사회에 대한 설명으로 바르지 않은 것을 고르세요.

① 2004년 이후로 국제결혼의 비율은 꾸준히 증가하고 있다.

② 2010년도에는 전체 인구의 10%가 국제결혼을 하고 있다.

③ 농업이나 어업에 종사하는 남성들의 40%가 외국 여성과 결혼한다.

④ 앞으로 30년 후에 한국은 민족적, 인종적으로 다문화 사회가 된다.

2. 다문화 가정에서 주로 문제가 되는 것은 무엇입니까?

1) ______________________________.

2) ______________________________.

3. 이 글을 읽은 독자의 반응으로 적절하지 않은 것을 고르세요.

① 다문화 가정 아동의 의사소통 문제가 고학년이 될수록 심각해지겠군.

② 이주 여성은 남편과의 연령 차이와 언어 장벽으로 소외감을 느끼겠군.

③ 다문화 사회에 대비하기 위해 체계적인 정부 정책이 마련되어야 하겠군.

④ 한국 문화만을 강요하기보다는 그들의 문화도 이해하고 받아들여야겠군.

4. 이 글의 글쓴이는 동화 정책과 다문화 정책 중 어느 것이 바람직하다고 봅니까? 그 이유는 무엇입니까?

5. 한국이 다문화 사회를 준비하기 위해 어떤 정책과 제도가 필요하다고 생각합니까? 메모하고 글을 써 보세요.

한국의 다문화 정책

- 차별 금지법 제정
- 결혼 이주민을 위한 국가 지원의 무료 한국어 교실
- ______________________________.
- ______________________________.
- ______________________________.

2. 세계 속의 한국

어휘 1

서로 관계있는 것끼리 연결하고 문장을 완성해 보세요.

성과를	되다	자유롭게 물건을 팔게 하다
모델이	뿌듯하다	어떤 일의 모범이 되다
자부심을	보이다	감격이나 기쁨이 마음에 가득하다
가슴이	개방하다	자신이나 자신의 능력에 대해 당당함을 느끼다
시장을	느끼다	어떤 일의 결과가 드러나다

1. 드라마 〈샘이 깊은 물〉은 세종대왕과 같은 실존 인물이 모델이 된 역사 드라마다.

2. 한국은 2011년에 미국, 독일, 프랑스, 일본 등에 이어 세계 아홉 번째로 수출 1조 달러를 달성했다. 절대적인 빈곤을 이겨 내고 이룬 경제 성장에 한국인들은 ____________고 있다.

3. 한국 축구 대표팀은 다른 나라 대표팀과의 평가전에서 승리하면서 언론의 좋은 평가를 받고 있다. 언론은 새 감독의 뛰어난 지도력이 ____________고 있다고 보도했다.

4. 한국은 미국에 반도체와 자동차, 가전제품 등을 수출하고 있다. 최근 미국은 한국에 농산품과 자동차 ____________(으)라는 요구를 하고 있다.

5. 나는 가정 형편이 어려워서 아르바이트를 하면서 어렵게 대학을 다녔다. 힘든 4년을 보낸 후 졸업 가운을 입고 졸업식장에 들어서니 ____________.

어휘 2

밑줄 친 표현의 의미를 설명해 보세요.

한 나라의 국가 위상은 경제 및 과학 기술에 의해서 평가된다. 그리고 그러한 것 못지않게 문화도 한 나라의 능력과 힘을 보여 주는 것이라 생각한다.

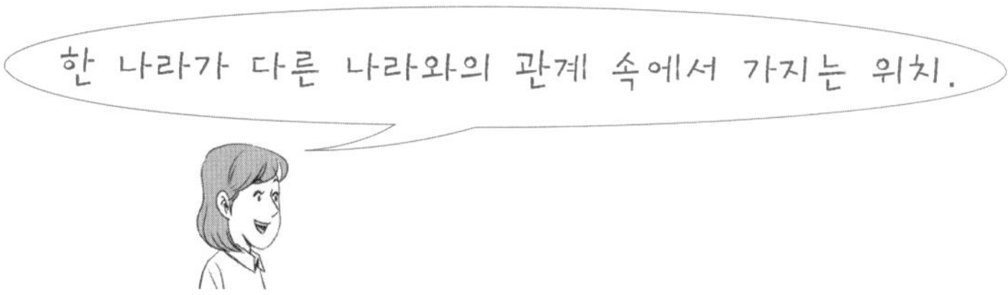

1. 한국은 불안한 남북 관계와 자원 부족으로 저개발국에서 선진국으로 도약하는 일이 결코 쉽지 않았다.

2. 내전*을 겪은 아프리카 수단의 국민들은 배고픔과 질병에 고통을 받고 있다. 유엔(UN)과 여러 원조국들은 수단 국민들을 돕기 위해 생필품과 의약품을 제공하고 있다.

* **내전:** 한 나라 안에서 일어나는 싸움.

3. 조기 영어 교육에 반대하는 학자들은 영어 교육이 어린 아이들의 정체성에 좋지 않은 영향을 줄 수 있다고 우려한다. 실제로 해외로 조기 유학을 떠난 아이들은 자신과 자신의 문화적 뿌리에 대해 혼란을 느끼고 있다.

4. 정부가 올해 발표한 정책 가운데 특기할 만한 것은 다문화 가정을 위한 정책이 많다는 것이다. 한국 사회가 다문화 사회로 진입하면서 다문화 가정의 여성 결혼 이민자 및 이들의 자녀를 위한 정책이 시급히 필요하게 된 것이다.

5. 소설 〈아내가 결혼했다〉는 자유로운 연애관을 가진 여자와 그 여자와 사랑에 빠져 결혼하는 남자들에 대한 이야기다. 이 소설은 여주인공이 다른 남자와도 사랑에 빠지게 되고 결국 두 남자 모두와 결혼 생활을 한다는 이야기로 보통 사람들이 공감하기 어려운 내용이 많았다.

어휘 3

자료를 보고 알맞게 써 보세요.

국민성	개방하다	성과를 보이다
정체성	경쟁하다	특기할 만하다
자부심	뿌듯하다	눈부시게 발전하다

1.

한국의 경제 발전 요인

- 우수한 인적 자원
- 한국인의 근면성

세계의 경제 전문가들은 한국의 경제 발전 요인으로 우수한 인적 자원과 한국인의 근면성을 꼽았다. 이러한 요인들이 결합해 경제 발전이라는 놀라운 성과를 보이게 된 것이다.

2.

1950년대
아프리카 최빈국보다도 가난한 나라

2010년대
세계 7위의 수출 대국

한국 전쟁이 끝난 1950년대 한국은 아프리카의 가장 가난한 나라보다도 더 가난했다. ______________________________.

3.

1997년 IMF 위기를 국민의 힘으로 이겨 내

1997년 IMF 경제 위기 때 한국인들은 자발적으로 가지고 있던 금반지나 목걸이를 위기 극복에 써 달라고 내놓았다. ______________________________.

4.

변호사들의 무한 경쟁 시대

- 한-EU FTA로 한국 법률 시장 열려

한국과 EU 사이에 자유 무역 협정이 맺어졌다. ______________________________.

어휘 4

❀ 빈칸에 알맞은 말을 넣어 보세요.

		a						b	
가 경	쟁	하	다			나			
c									
						마		e	
다			라	d					
								바	

가로 열쇠 (⇨)	
가	어떤 것을 이기거나 앞서려고 하다
나	특별히 주목하다
다	한 사회에서 오랫동안 내려온 질서
라	뛰어난 재주나 힘으로 남을 누르는 (것)
마	돈이나 물건으로 어려운 다른 나라를 도와주는 나라
바	어떤 일의 결과

세로 열쇠 (⇩)	
a	남 앞에서 자랑할 만큼 태도가 떳떳하다
b	기쁨이나 감격이 마음에 가득 차서 벅차다
c	인생에서 중요하다고 생각하는 것
d	더 높은 단계로 뛰어 오름
e	한 국민이 공통적으로 가지고 있는 가치관이나 특징

문법과 표현 1

A/V-(으)ㄹ 성싶다

A 다음과 같이 대화를 완성해 보세요.

> 앵커 : 이번에는 한강 시민 공원에 나가 있는 리포터를 불러 보겠습니다. 김민수 리포터, 시민 공원의 휴일 표정 전해 주시죠.
>
> 리포터 : 구름이 잔뜩 껴서 금방이라도 비가 쏟아질 성싶습니다만 많은 시민들이 공원에 나와 자전거를 타는 등 휴일을 즐기고 있습니다.

1. 환자 : 내일 지방에 갈 일이 있는데 가도 될까요?
   의사 : 꼭 가야 하는 일이 아니라면 무리하지 않는 게 ______________. 잘못했다가는 증세가 더 악화될 수 있으니까요.

2. 기자 : 인생 선배로서 실패로 좌절을 겪고 있는 분들에게 조언 한마디 해 주시지요.
   회장 : 살면서 한 번도 실패하지 않은 사람은 ______________. 실패했다고 포기하지 말고 실패를 거울삼아 다시 도전해 보시기 바랍니다.

3. 질문자 : 박사님, 저는 겨울이 되면 코나 뺨이 자주 빨갛게 되어서 고민이 많은데요.
   전문가 : 네. 누구나 한번쯤은 이런 일로 ______________. 그 정도로 흔한 증상인데요. 이런 증상을 예방하기 위해서는 심한 온도 변화가 생기지 않도록 외출할 때 마스크를 쓰는 것이 좋습니다.

B '-(으)ㄹ 성싶다'를 넣어 댓글을 완성해 보세요.

1. **한국을 대표하는 음식을 정하려고 합니다. 무엇이 좋을까요?**

   ➜ Re : 저는 김치로 하는 게 좋을 성싶습니다. 이미 김치를 좋아하는 외국인이 많이 늘고 있고 한국 하면 '김치'를 떠올리는 외국인이 많다고 들었어요.

2. **외국인에게 소개하고 싶은 한국의 명소는 어디입니까?**

   ➜ Re : 저는 제주도를 소개했으면 해요. 세계 어디에도 제주도만큼 경치가 아름다운 곳은 ______________________.

3. 남한과 북한이 통일하는 것이 한국의 발전에 도움이 된다고 생각합니까?

➜ Re : ______________________. 이미 남한과 북한의 경제력이 너무 큰 차이가 나기 때문에 통일을 하면 남한의 경제도 어려워질 거예요.

4. 한국을 세계에 홍보할 홍보 대사로 누가 좋다고 생각하십니까?
1. 김연아 2. 반기문 3. 박지성 4. 소녀시대

➜ Re : ______________________.
그 이유는 ______________________.

문법과 표현 2

(비록, 차라리) A/V-(으)ㄹ지언정

A 대화를 완성해 보세요.

공짜로 주다 고생을 하다 예산을 줄이다 굶기다

1. 기자 : 올여름 발생한 홍수로 북한의 식량 사정이 심각한 상태라고 하던데요. 그럼에도 불구하고 국제 사회가 원조를 꺼리는 이유는 무엇입니까?
전문가 : 북한은 주민들을 굶길지언정 군사용 식량 비축*을 포기할 생각은 없는 것으로 보입니다. 그래서 북한이 원조 받은 식량을 군사용으로 사용할까 봐 우려하고 있는 것입니다.

* **비축:** 미리 모아 두거나 저축함.

2. 기자 : 선생님께서는 작품을 팔지 않는 것으로 유명하신데요. 선생님께서 만드신 전통 작품을 갖고 싶어 하시는 분들도 많을 것 같아요.
작가 : 저는 전통문화를 계승하는 데 큰 자부심을 갖고 있고 우리 문화를 가지고 돈을 벌고 싶지는 않습니다. 그래서 꼭 갖고 싶다는 사람이 있으면 작품을 ______________ 팔지는 않습니다.

3. 앵커 : 최근 정부는 예산 부족을 이유로 장애인 관련 복지 예산을 축소하겠다고 발표했습니다. 이에 대한 반발이 상당하다고 하던데 어떻습니까?
기자 : 우리나라의 장애인 지원 예산은 다른 나라에 비해 매우 부족한 것이 현실입니다. 다른 분야의 ______________ 장애인 관련 예산을 줄이면 안 된다는 목소리가 높습니다.

4. 앵커 : 기상청에서 예보한 대로 지금 전국적으로 눈이 오고 있습니다. 귀성길에 오른 시민들 표정은 어떻습니까?

기자 : 네. 말씀하신 대로 설 연휴가 시작하는 오늘 전국적으로 큰 눈이 와서 힘든 귀성길이 되고 있습니다. 그러나 시민들은 ______________ 고향에 가는 것을 포기하지는 않겠다는 반응입니다.

B '-(으)ㄹ지언정'을 넣어 글을 완성해 보세요.

굶다	적다	놀다	잠을 자다

나는 취업 준비생이다. 요즘은 취업할 때 실력뿐만 아니라 외모도 중요하다면서 친구들은 다이어트를 하라고 한다. 그러면서 채소 위주로 된 식단을 권했다. 그러나 나는 고기를 좋아해서 1.__________ 매일 채소만 먹을 수는 없다. 그래서 번번이 다이어트에 실패하고 만다.

요즘 나는 취업 시험 준비라도 열심히 하려고 마음을 먹었다. 2.__________ 도서관이라도 가는 게 나을 성싶어서 매일 도서관에 간다. 엄마는 그냥 아무 데나 취직하라고 하신다. 그러나 집에서 3.__________ 아무 회사에나 취직하기는 싫다. 월급은 좀 4.__________ 내 적성에 맞는 일을 하고 싶다.

읽고 쓰기

❀ 다음 기사를 읽고 질문에 답해 보세요.

수혜국서 공여국으로... 숫자로 본 한국 원조

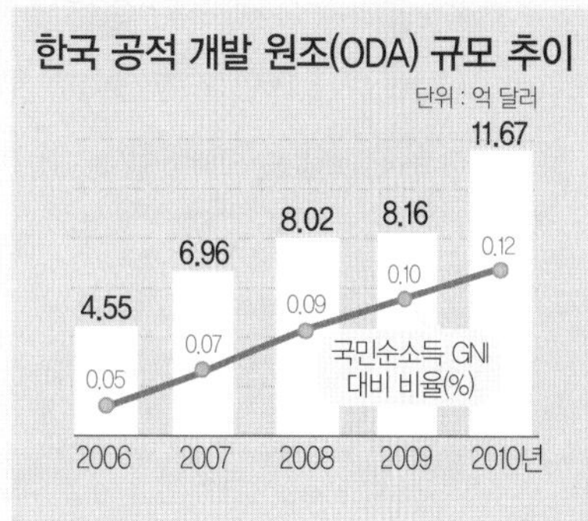

29일 시작되는 부산 세계개발원조총회는 전 세계에서 유일하게 ⓐ원조 수혜국에서 ⓑ공여국으로 자리바꿈하는 데 성공한 우리나라에서 열린다는 점에서 각별한 의미가 있다.

해방 후 선진국에서 각종 유 · 무상 원조를 받은 것이 마중물이 돼 절대 빈국에서 탈피, 세계 10위권의 경제 규모로 ⓒ도약한 우리나라는 이런 발전 과정에서 원조사에 여러 기록을 남겼다.

〈3천억 원 대 70조 원〉

경제 개발이 본격적으로 추진되던 1969년 우리나라는 국제 사회로부터 800억 원 정도 규모의 지원을 받았다. 당시 정부 예산(3천억 원)의 3분의 1에 가까운 금액은 선진국의 공적 개발 원조(ODA)가 우리나라 경제에서 차지했던 비중을 잘 보여 준다.

1945년 해방 이후 1990년대 후반까지 한국이 국제 사회로부터 받은 원조 금액은 모두 127억 달러에 이른다. 이 금액은 현재 가치로 ⓓ환산하면 대략 70조 원에 해당되는 규모다. 이 돈은 정부가 추진한 다양한 사업에 투입됐고 한강의 기적을 이룩한 경제 개발을 하는데 종잣돈 역할을 톡톡히 했다는 것이 정부의 평가다.

〈1995년과 2009년〉

우리나라가 원조를 받는 나라에서 원조하는 나라로 공식적으로 자리바꿈을 하는 데는 14년이 걸렸다. 우리나라는 1995년 세계은행의 원조 대상국 명단에서 빠졌다. 공식적으로 '원조 받는 나라'라는 타이틀에서 졸업한 것이다. 이어 우리나라는 1996년 OECD(경제협력 개발 기구)에 가입했지만, OECD 산하의 개발 원조 위원회(DAC)에는 들어가지 못했다.

그러다 공적 개발 원조 총액 1억 달러 이상 등의 가입 조건이 충족되면서 2009년 DAC의 신규 회원국이 됐다. 국제기구에 의해 공식적으로 원조 공여국이라는 지위를 인정받은 것이다.

〈77억 달러와 0.1%〉

지난해까지 우리나라가 원조한 금액은 77억 3천400만 달러로 추정된다. 연도별로 한국의 ODA 규모는 2006년 4억5천500만 달러(한화 4천350억 원), 2007년 6억9천600만 달러(6천468억 원), 2008년 8억200만 달러(8천907억 원), 2009년 8억1천580만 달러, 2010년 11억6천700만 달러로 국민순소득(GNI) 대비 비율이 0.05%, 0.07%, 0.09%, 0.1%, 0.12%로 꾸준한 증가세를 보이고 있다.

우리나라는 이 비율을 2012년까지 0.15%, 2015년까지는 0.25%로 각각 늘린다는 방침이다. 그러나 이런 목표치 역시 DAC 회원국의 평균 0.31%에 비해 낮은 수준이다.

외교통상부 관계자는 28일 "ODA 목표치가 평균보다 낮아 부산 총회에서 우리나라의 목표치를 공표하기 그런 면도 있다."면서 "우리나라가 공여국으로 확실히 자리매김하려면 ODA 비율을 평균 이상으로 높여야 한다."고 말했다.

연합뉴스(2011. 11. 28.)

1. 무엇에 대한 기사입니까?

2. 다음의 ⓐ~ⓓ의 뜻이 잘못된 것을 고르세요.

① ⓐ 원조의 혜택을 받는 나라

② ⓑ 어떤 물건이나 이익을 다른 나라에 주는 나라

③ ⓒ 아래로 떨어진

④ ⓓ 고쳐서 계산하면

3. 한국이 원조를 받는 나라에서 원조하는 나라로 바뀌는 데 얼마나 걸렸습니까?

4. 한국이 확실한 공여국이 되기 위해서는 어떤 과제가 남았습니까?

5. 여러분 나라는 원조를 하는 나라입니까, 원조를 받는 나라입니까? 여러분 나라의 경제 발전 과정과 과제를 메모하고 글을 써 보세요.

수혜국 / 공여국	
경제 발전 과정	
앞으로의 과제	

복습 5

어휘

1. 정리하기

다음에서 알고 있는 어휘에 √ 해 보세요.

9-1.

- [ ] 요인
- [ ] 역효과
- [ ] 원어민
- [ ] 모국어
- [ ] 인지 능력
- [ ] 학습 동기
- [ ] 학습 유형
- [ ] 학습 전략
- [ ] 더디다
- [ ] 격려하다
- [ ] 구사하다
- [ ] 능숙하다
- [ ] 도전하다
- [ ] 보상하다
- [ ] 분류하다
- [ ] 분석하다
- [ ] 습득하다
- [ ] 유창하다

9-2.

- [ ] 심리학
- [ ] 심리 실험
- [ ] 주의력
- [ ] 기억력
- [ ] 이성적이다
- [ ] 알아차리다
- [ ] 과대평가하다
- [ ] 관찰하다
- [ ] 몰두하다
- [ ] 왜곡하다
- [ ] 인식하다
- [ ] 입증하다
- [ ] 작용하다
- [ ] 착각하다
- [ ] 측정하다

10-1.

- [ ] 다문화 사회
- [ ] 다민족 국가
- [ ] 단일 민족
- [ ] 영주권
- [ ] 이중 국적
- [ ] 이주 노동자
- [ ] 국제결혼
- [ ] 다문화 가정
- [ ] 여성 결혼 이민자
- [ ] 거주하다
- [ ] 공존하다
- [ ] 귀화하다
- [ ] 상실하다
- [ ] 이주하다
- [ ] 체류하다
- [ ] 취득하다
- [ ] 가교가 되다
- [ ] 이민을 가다

10-2.

- [ ] 국민성
- [ ] 정체성
- [ ] 자부심
- [ ] 국가 위상
- [ ] 원조국 / 원조 수혜국
- [ ] 개방하다
- [ ] 경쟁하다
- [ ] 공감하다
- [ ] 당당하다
- [ ] 도약하다
- [ ] 뿌듯하다
- [ ] 특기할 만하다
- [ ] 모델이 되다
- [ ] 성과를 보이다 / 얻다
- [ ] 눈부시게 발전하다

2. 평가하기

[1-4] 다음 ( )에 알맞은 것을 고르세요.

1. 사람들은 누군가를 많이 좋아하게 되면 그 사람에 대해서 긍정적으로 보려는 마음이 커져서 ( ) 판단을 하기가 어려워진다.
   ① 감정적인 ② 특징적인 ③ 이성적인 ④ 가부장적인

2. 한국에서 ( )이/가 늘고 있는 것도 다문화 사회가 되고 있는 중요한 요인 중 하나다.
   ① 혈연관계 ② 국제결혼 ③ 단일 민족 ④ 다민족 국가

3. 내 친구는 아버지가 외교관이어서 어렸을 때부터 여러 나라에서 살았다. 그래서 지금은 5개 국어를 능숙하게 ( ).
   ① 구사한다 ② 입증한다 ③ 측정한다 ④ 보상한다

4. 한국은 급속한 경제 발전으로 인해 이제 ( )이/가 아니라 다른 나라에 원조를 하는 나라가 되었다. 즉, 국가적 위상이 바뀐 것이다.
   ① 지원국 ② 선진국 ③ 독립국 ④ 원조 수혜국

[5-8] 다음 밑줄 친 부분과 바꿔 쓸 수 있는 말을 고르세요.

5. 어머니는 내가 실제 내 능력보다 더 잘할 수 있다는 기대를 하셔서 늘 부담이 된다.
   ① 나를 도전하셔서 ② 나를 격려하셔서
   ③ 나를 애지중지하셔서 ④ 나를 과대평가하셔서

6. 김 선배는 유학 생활을 해 본 적이 있어서 내가 외국에서 유학을 하면서 겪은 어려움에 대해 누구보다도 같은 생각을 가지고 이해해 주었다.
   ① 공감해 ② 몰두해 ③ 확인해 ④ 참석해

7. 아이에게 무조건 칭찬을 많이 해 준다고 좋은 것은 아니다. 습관처럼 늘 칭찬을 하는 경우 오히려 좋지 않은 결과가 생겨서 칭찬이 없으면 자발적으로 행동하지 않을 수도 있다는 연구 결과가 나왔다.

① 반감이 생겨서 ② 역효과가 나서 ③ 주의력이 떨어져 ④ 정체성이 없어져서

8. A 사는 전자 부품을 만들던 회사였지만 기술 개발과 사업 확장으로 최첨단 전자제품을 만드는 회사로 눈부시게 발전하게 되었다.

① 도약했다 ② 도전했다 ③ 특기했다 ④ 능숙했다

[9-11] 다음 ( )에 공통적으로 들어갈 단어를 고르세요.

9.

정치 불안이 물가 상승의 ( )(으)로 작용한다.
그 사람의 성공 ( )을/를 살펴보면 장기적인 계획이 있었음을 알 수 있다.
과도한 스트레스와 잘못된 식습관 등 복합적인 ( ) 때문에 고혈압이 생긴다.

① 까닭 ② 요인 ③ 비결 ④ 결과

10.

군 가산점 제도에 대한 상반된 시각이 ( ).
우리가 살고 있는 이 세상에는 선과 악이 ( ).
오랜 역사를 가진 서울은 과거와 현재가 ( ) 도시이다.

① 인식하다 ② 작용하다 ③ 공존하다 ④ 나타나다

11.

각국은 자국의 이익을 추구하기 위해 서로 ( ) 있다.
이번 대통령 선거에서 유력한 두 명의 후보가 ( )게 되었다.
우리 회사는 값비싼 명품과 ( ) 위해 고급 제품의 개발을 서두르고 있다.

① 경쟁하다 ② 경합하다 ③ 출마하다 ④ 대항하다

[12-13] 다음 밑줄 친 부분이 어색한 것을 고르세요.

12. ① 엄마는 나에게 열이 있는 것 같다며 체온을 입증해 보였다.
② 파브르의 〈곤충기〉는 곤충의 세계를 꼼꼼히 관찰한 책이다.
③ 아버지께서는 집에 있는 책들을 내용별로 분류해 정리하셨다.
④ 의사는 항상 병의 원인을 철저히 분석하고 환자를 치료해야 한다.

13. ① 중소기업이 대기업과 경쟁하기는 쉽지 않다.
② 구청은 관내 도서관을 24시간 개방하기로 하였다.
③ 우리의 인지 능력은 사용하면 할수록 점점 도약한다.
④ 현대 사회에서 여성들은 당당하게 자신들의 권리를 주장한다.

[14-15] 다음을 읽고 질문에 답해 보세요.

> 최근 10년간 한국인과 결혼해 한국에 살게 된 여성 결혼 이민자와 한국에 체류하며 농업에 종사하거나 공장에서 일자리를 잡은 (㉠)이/가 급속도로 증가하였다. 그러므로 한국은 이미 작은 지구촌이자 (㉡)(이)라고 말할 수 있다.

14. ㉠에 알맞은 것을 고르세요.
① 귀화자 ② 영주권자
③ 이중 국적자 ④ 이주 노동자

15. ㉡에 알맞은 것을 고르세요.
① 단일 민족 ② 다문화 사회
③ 다문화 가정 ④ 민주주의 국가

문법과 표현

1. 정리하기

다음에서 알고 있는 문법과 표현에 √ 해 보세요.

9-1. □ 가끔 빈집에 혼자 있**을라치면** 돌아가신 어머니 생각이 나곤 해요.
□ 내 동생은 좀 귀엽지만 아주 예쁘**다고 할 것까지는 없어요**.

9-2. □ 한 사람이 피자를 세 조각씩 먹는**다고 치면** 세 판이 필요하다.
□ 내성적인 그가 반장을 하겠다고 나섰**을 리 만무하다**.

10-1. □ 피자를 주문하려**던 차에** 마침 민수가 와서 같이 시켜 먹었어요.
□ 유학을 가지 않**고도** 국내에서 외국어를 잘할 수 있는 획기적인 방법이 나왔대요.

10-2. □ 내일은 태풍이 심하게 분다니 외출을 하지 않는 게 좋**을 성싶다**.
□ **차라리** 가난하게 **살지언정** 남에게 비굴하게 돈을 빌리며 살지는 않겠다.

2. 평가하기

[1-3] 다음 밑줄 친 부분과 바꾸었을 때 의미가 가장 비슷한 것을 고르세요.

1. 내일 모임에 열 명 모두 참석한다고 치면 식당을 미리 예약하는 게 좋겠다.
   ① 참석할지라도 ② 참석함에도 불구하고
   ③ 참석한다고 생각하면 ④ 참석할 리가 없으니까

2. 구두쇠 같은 그 사람이 친구들에게 그렇게 비싼 선물을 사 줬을 리 만무하다.
   ① 사 주기 일쑤다 ② 사 준 게 틀림없다
   ③ 사 주는 게 당연하다 ④ 사 줬을 가능성이 없다

3. 소나기가 올 것 같으니 얼른 집에 가는 게 좋을 성싶다.
   ① 좋을 것 같다 ② 좋을 리가 없다
   ③ 매우 좋지 않다 ④ 좋을 가능성이 없다

[4-8] 다음 (   )에 알맞은 것을 고르세요.

4.

마흔이 넘도록 결혼하지 못한 우리 삼촌은 결혼 이야기를 하면 스트레스를 많이 받는다. 그래서 이번 명절에 친척들이 모였을 때 자신의 결혼 이야기가 (   ) 곧바로 다른 주제로 이야기를 돌리곤 했다.

① 나올라치면 ② 나온답시고
③ 나올 바에는 ④ 나오거니와

5.

내 동생은 공부를 좋아하고 잘하지만 (   ). 그래도 나는 열심히 노력하는 동생이 자랑스럽다.

① 천재인가 보다 ② 천재임에 틀림없다
③ 천재에 불과하다 ④ 천재라고 할 것까지는 없다

6.

내 전공은 한국학이다. 한국에 대해 관심을 (   ) 장학금을 받게 되어 한국에 유학을 올 수 있게 되었다.

① 갖고 있을망정 ② 갖고 있던 차에
③ 갖고 있으면서도 ④ 갖고 있기로서니

7.

나는 어머니가 요리하시는 것을 주의 깊게 보면 나도 잘할 수 있을 거라고 생각했다. 하지만 실제로 요리하시는 것을 (   ) 똑같이 따라할 수 없는 경우가 많았다.

① 봐서 ② 보고도
③ 보던 차에 ④ 볼라치면

8. 그 장군은 목숨을 (   ) 결코 적에게 항복하지 않겠다는 의지로 싸워 결국 전쟁에서 승리했다.

① 잃게끔　　② 잃고자

③ 잃을라치면　　④ 잃을지언정

[9-10] 다음을 읽고 (   )에 알맞은 것을 고르세요.

자동차의 기름이 거의 다 떨어져서 주유소에 기름을 넣으러 갔다. 주유기를 들고 기름을 (㉠   ) 뒤에서 들어오던 차가 내 차를 꽝 박았다. 앗, 차를 산 지 한 달밖에 안 됐는데……. 그런데 머리가 희끗희끗해 보이는 그 차의 운전자는 내 차가 심하게 찌그러진 것을 (㉡   ) 별로 미안해하는 기색이 없이 이렇게 말했다. "보험으로 처리합시다." 차는 고치면 된다고 하더라도 적어도 미안하다는 말은 해야 하지 않는가. 나는 기가 막혀서 말이 안 나왔다.

9. ㉠에 알맞은 것을 고르세요.

① 넣기는커녕　　② 넣으려던 차에

③ 넣었다 치자　　④ 넣을 것도 없이

10. ㉡에 알맞은 것을 고르세요.

① 볼망정　　② 본다든지

③ 보고도　　④ 볼지언정

읽기와 쓰기

1. 다음은 신문 기사의 제목입니다. 가장 잘 설명한 것을 고르세요.

한국전자 다국적 신입 사원들, '피부색은 달라도 우리는 한 가족'

① 한국전자는 여러 국적의 외국인을 신입 사원으로 뽑았다.

② 한국전자는 피부색이 다른 다문화 가족을 지원하기로 했다.

③ 한 가족이나 민족을 이루기 위해서 피부색은 절대적으로 중요한 게 아니다.

④ 피부색이 비슷한 직원을 채용하는 것은 한국전자의 효율적인 운영 전략이다.

[2-3] 다음을 읽고 질문에 답해 보세요.

어린아이에게 엄마가 말한다. "손 씻고 간식 먹을까?" "싫어! 손 안 씻고 간식 먹을 거야." 엄마 말을 듣지 않는 청개구리가 따로 없다.

잠자리를 준비하려고 마음먹고 있던 아내에게 남편이 말한다. "피곤한데 얼른 이불 깔아." 아내는 정성껏 이불을 펴 주려고 하던 마음이 순식간에 사라짐을 느낀다.

숙제를 하려던 아이에게 엄마가 말한다. "어서 숙제 해야지!" 아이는 그 말을 듣고 갑자기 보고 있던 TV를 더 보고 싶은 욕구를 느끼게 된다.

이렇게 우리가 마음먹고 무엇인가를 하려고 하는 순간, 다른 사람이 그 일을 시키면 왠지 더 하기 싫어지는 이유는 무엇일까? 사람에게는 자신의 행동을 자율적으로 결정하고 행동하려는 심리가 있다. 그래서 누군가가 억지로 일을 시키는 경우뿐만 아니라, 그 일을 하지 않아서 지적받는다고 느끼는 경우에 그 일을 아예 하고 싶지 않은 마음이 생기고 오히려 (   ) 마음이 생긴다. 그러므로 가족이나 친구들에게 너무 급하게 문제를 지적하거나 지시하는 행동을 하지 않는 것이 좋을 성싶다.

2. 이 글의 중심 내용으로 가장 알맞은 것을 고르세요.

① 남이 시키기 전에 먼저 자기의 일을 스스로 해야 한다.

② 순종적인 사람은 다른 사람의 지시에 복종하는 것을 좋아한다.

③ 사람은 하려던 일도 다른 사람이 시키면 하기 싫어지는 경향이 있다.

④ 아이는 부정적인 말을 먼저 하므로 긍정적인 말을 강조하여 가르쳐야 한다.

3. (   )에 들어갈 말로 알맞은 것을 고르세요.

① 감사하는

② 의심하는

③ 반항하려는

④ 인정받으려는

[4–6] 다음을 읽고 질문에 답한 후 이야기해 보세요.

흔히 졸업의 의미는 공부가 끝나는 것이라고 생각하지만 다른 각도로 이 문제에 접근할 수 있다. 나는 졸업이란 배움의 시작이라고 생각한다. 우리들은 초등학교부터 중학교와 고등학교를 거쳐 대학교까지 공부하게 된다. (㉠) 그러나 나는 졸업과 입학을 경험하면서 더 할 일이 많아져서 바빠진 데다가 공부는 더 어려워진다는 것을 알게 됐다. 또 대학교를 졸업하더라도 회사에 입사하면 또 다시 배워야 한다. 따라서 졸업이란 그 때까지 배운 것을 바탕으로 배움을 다시 시작하는 것을 의미한다. (㉡)

또한 졸업하면 책임이 더 부여된다. 나이가 들면 들수록 책임이 증가한다. 대학교를 졸업한다면 사회에서 저지른 잘못의 책임을 져야 된다든지 사회에 공헌한다든지 해야 한다. 따라서 졸업 후에는 자유보다 책임이 찾아올 것이다. (㉢)

이러한 이유로 졸업이란 배움과 책임의 시작이라고 말할 수 있다. 이렇게 말하면 힘들 성싶으나 오히려 졸업 후에 더 큰 재미가 기다리고 있다. (㉣) 사회에서 새로운 것을 배우며 맡은 책임을 다하면 학생 시절에 못 느낀 뿌듯함을 느낄 수 있을 것이다.

(리와코, 일본, 2012년 봄학기 6급)

4. 다음 문장이 들어갈 곳을 고르세요.

> 보통 사람들은 지금의 과정을 마치고 졸업하면 더 자유로워질 거라고 믿는다.

① ㉠ ② ㉡ ③ ㉢ ④ ㉣

5. 이 글의 내용과 다른 것을 고르세요.

① 흔히 졸업의 의미는 끝이라고 생각하는 사람들이 많다.
② 졸업을 하면 할 일이 많아져서 바빠지고 공부는 더 어려워질 수 있다.
③ 졸업 후에는 책임져야 할 것이 많아 재미나 뿌듯함을 느끼기는 어렵다.
④ 대학 졸업 후 사회에 나가면 자기가 잘못했을 경우에 스스로 책임을 져야 한다.

6. 여러분은 졸업의 의미를 무엇이라고 생각합니까? 이야기해 보세요.

7. 졸업의 의미에 대해 글을 써 보세요.

흔히 졸업의 의미는 ______________________ 라고 생각하지만 다른 각도로 이 문제에 접근할 수 있다. 나는 ______________________
____
____
____
____
____
____
____.

듣기와 말하기

1. 무엇에 대해 말하고 있는지 맞는 것을 고르세요. track 5

① 농촌 인구의 감소 ② 국제결혼의 문제점
③ 다문화 사회로의 진입 ④ 다문화 가정 지원 대책

[2-3] 다음 대화를 듣고 질문에 답해 보세요. track 6

2. 들은 내용과 일치하는 것을 고르세요.
① 많은 사람이 있을 때 방관자 효과가 나타난다.
② 길에서 싸움을 말리다가 피해를 입는 경우가 많다.
③ 수업 시간에는 방관자 효과가 전혀 나타나지 않는다.
④ 독일과 이탈리아에서는 남에게 부탁하는 일이 거의 없다.

3. 이 대화를 들은 사람의 생각으로 가장 적절한 것을 고르세요.
① 사람의 심리는 개인별로 차이가 많군.
② 어려운 사람을 돕는 것은 자연스러운 일이군.
③ 방관한 것을 처벌하는 것은 매우 비도덕적인 일이군.
④ 길에서 어려움을 당했을 때는 구체적으로 부탁해야겠군.

[4-5] 다음 발표를 듣고 질문에 답해 보세요. track 7

4. 들은 내용과 같은 것을 고르세요.
① 한국은 급속하게 민주화가 되었다.
② 한국은 아직도 경제적인 원조를 받고 있다.
③ 최근 한국의 국가적 위상이 크게 달라졌다.
④ 한국의 경제는 발달했지만 문화는 발달하지 못했다.

5. 여자에 대한 설명으로 맞는 것을 고르세요.

① 어릴 적부터 한국에 대해 잘 알고 있었다.

② 독일 출신의 남자를 만나 국제결혼을 하게 되었다.

③ 한국에 유학을 오려던 차에 펜팔로 한국 친구를 만났다.

④ 한국에 와서 살면서 한국에 대해 매력을 느끼게 되었다.

6. 여러분이 한국에 대해 가지고 있는 이미지는 무엇인지 경험했던 일을 예로 들어 이야기해 보세요.

한국인에 대한 이미지	'한국'이라는 나라에 대한 이미지

사례 소개하기	• ~에 관해서(는) 다음과 같은 예[사례]가 있다 • 실제로/한번은 이런 경험이[경우가] 있었다

XI 대중 매체와 문화

1 표현의 자유와 공공성

어휘 대중문화의 표현의 자유와 규제

문법과 표현
- V-ㄴ/는답시고
- A/V-(으)ㄹ 턱이 없다

읽기와 쓰기
- 대중가요 심의에 대한 사설 읽기
- 대중가요 심의 제도에 대해 자신의 의견 주장하는 글 쓰기

2 대중문화의 위상

어휘 대중문화의 영향력

문법과 표현
- N(으)로 말미암아
- N에 지나지 않다

읽기와 쓰기
- 전국노래자랑이 대중문화에 끼친 영향에 대한 기사 읽기
- 자국에서 오랫동안 사랑받은 프로그램에 대해 소개하는 글 쓰기

1. 표현의 자유와 공공성

어휘

알맞은 말을 골라 대화를 완성해 보세요.

표현의 자유	모방 범죄	선정적이다
조치를 취하다	심의하다	감수성이 예민하다

1. 최근 상영되는 영화에는 심하게 싸우거나 사람을 끔찍하게 죽이는 장면들이 많이 나온다. 영화를 본 청소년들이 영화 내용을 실제로 따라하는 ______________을/를 저지를 우려가 있다는 지적도 있다.

2. 한 여성 뉴스 앵커가 입은 옷이 논란이 되고 있다. 노출이 너무 심해 ______________기 때문에 뉴스에 어울리는 의상이 아니라는 비판이 있는가 하면 별로 문제될 게 없다는 의견도 있다.

3. 가사 중에 술이 나왔다는 이유로 19금 판정을 받은 대중가요가 많아졌다. 그러자 가수들은 대중문화에서 ______________이/가 보장되어야 한다고 주장하고 있다.

4. 우리 어머니는 ______________ 드라마에 슬픈 장면이 나오면 눈물을 흘리시곤 한다. 아버지는 어머니가 소녀 같이 순수한 마음을 가졌다고 말씀하신다.

5. 위중한* 환자들이 병실이 없어 입원하지 못하는 경우가 늘어나자 병원 측은 앞으로 그런 일이 없도록 ______________고 말했다.

* **위중하다:** 병의 상태가 위험할 정도로 나쁘다.

6. 최근 한 영화가 일부 폭력적인 장면으로 인해 청소년 관람 불가 판정을 받았다. 그런데 영화를 ______________ 관계자 간에도 의견 차이가 커 문제가 되고 있다.

어휘 2

밑줄 친 표현의 의미를 설명해 보세요.

주민 등록 번호와 같은 개인 정보가 유출되었을 경우 악용되는 사례가 종종 발생하므로 인터넷에서 개인 정보가 유출되지 않도록 주의해야 한다.

1. 길거리에서 담배를 피울 경우 벌금을 부과하는 제도가 도입되면서 이 문제에 대한 찬반 논란이 뜨거워지고 있다. 흡연자들은 담배를 피울 권리를, 비흡연자들은 담배 연기로부터 건강을 지킬 권리를 주장하고 있다.

2. 정부는 공무원들의 비리를 막기 위해 인터넷에 공무원의 비리를 익명으로 제보하는 시스템을 마련했다.

3. 정부는 경제 위기 극복을 위한 공정회*를 개최해 여론을 수렴한 후 정부 정책에 적극적으로 반영할 계획이다.

* **공정회:** 국회나 행정 기관에서 전문가나 국민들에게 의견을 듣는 회의.

4. 어린이들이 인터넷 게임에 중독된 경우 현실 세계에서의 친구 관계에 무관심해지고 가상 세계에만 집착하게 된다. 이 때문에 컴퓨터를 장시간 사용하는 것이 어린이들의 사회성 발달에 유해하다는 조사 결과가 나와 주목을 받고 있다.

5. 군 가산점 제도 부활에 대한 토론에서 영수는 군필자에게 보상이 필요하기 때문에 합리적이라고 주장했지만 준호는 군대를 갈 수 없는 장애인과 여성을 고려하면 결코 합리적이지 않다며 반론을 제기했다.

6. 연예인들의 사회적 영향력은 매우 크다. 한 유명 연예인이 해병대에 지원하자 많은 사람들이 해병대에 관심을 가지게 되었다.

어휘 3

그림을 보고 주장에 맞는 근거를 써 보세요.

익명	규제하다	악영향을 미치다
폭행을 당하다	범행을 저지르다	여론을 수렴하다

1\.

흉악범의 경우 신상 공개가 필요하다고 생각해요. 왜냐하면 이런 제도가 없으면 또다시 같은 범행을 저지를 가능성이 높기 때문이에요.

2\.

요즘 인터넷에서 악성 댓글로 인한 문제가 많이 생기고 있는데 글을 쓸 때 자신이 누구인지 정확히 밝혀야 한다고 생각해요. 왜냐하면 ______________________________.

3\.

저는 대형 마트의 영업시간을 제한하는 것에 대해 반대해요. 왜냐하면 ______________________________.

4\.

저는 유전자를 변형한 농산물을 생산하는 것에 반대해요. 왜냐하면 ______________________________.

어휘 4

_____에 들어갈 말을 골라 넣으세요.

악용되다	찬반 논란	모방 범죄	폭력적이다

늦은 밤에 혼자 골목길을 걷는 것은 위험하다. 가끔 술 취한 사람들이 시비를 걸며 1.__________ 행동을 할 수도 있기 때문이다. 특히 많은 범죄들이 낮보다는 밤에 일어나기 때문에 조심해야 한다. 최근 흉악 범죄 발생률이 높아지고 있는데 여기에는 대중 매체의 영향도 크다고 생각한다. 왜냐하면 살인과 같은 범죄를 소재로 한 드라마나 영화를 보고 2.__________을/를 저지르는 경우도 많고 범죄 현장을 재현해 보여 주는 프로그램의 경우 원래의 의도와는 다르게 3.__________ 가능성도 있기 때문이다. 그러므로 대중 매체의 영향력을 고려해 프로그램 제작자들이 좀 더 신중하게 방송 프로그램을 만들어야 한다.

문법과 표현 1

V-ㄴ/는답시고

숙제하다	준비하다	공부하다
~~다이어트하다~~	시를 쓰다	가수가 되다

A 대화를 완성해 보세요.

1. 영미가 요즘 살이 많이 빠진 것 같아. 어디 아픈 거 아냐?

   다이어트한답시고 아무것도 안 먹으니 마를 수밖에 없지.

2. 어머니, 미나 숙제 다 했대요?

   글쎄. 아까부터 __________________ 컴퓨터 앞에 앉아 있는데 게임만 하는 것 같아.

3. 민수는 아직도 시인이 되고 싶은가 봐.

   내가 볼 때는 재능이 없는 것 같은데 __________________ 저렇게 취직도 안 하고 있으니 걱정이야.

4. 어머니, 윗집이 왜 이렇게 시끄러워요?

윗집 아들이 __________ 밤낮 노래를 하니 시끄러울 수밖에 없지.

5. 아드님이 고등학교 올라가서도 공부를 열심히 한다면서요?

네 열심히 해요. 그런데 __________ 잠을 줄이더니 부쩍 짜증이 늘었어요.

6. 미나 씨, 뭘 이렇게 많이 만들었어요?

손님이 오시니까 __________ 했는데 맛이 있으려나 모르겠어요.

B 다음과 같이 대화를 완성해 보세요.

> 회원 가입하면 혜택을 준답시고 (회원 가입하면 혜택을 주다) 회원들의 개인 정보를 빼내 판매한 인터넷 회사 관계자가 구속됐대요.
>
> 저도 그 뉴스 봤어요. 요즘 개인 정보 유출이 정말 심각해요.

1. 일부 할인 마트에서 싼 가격을 앞세워 신선하지 못한 식재료나 불량 제품을 팔아서 문제가 되고 있다고 하네요.

__________ (할인해 주다) 품질이 떨어지는 물건을 팔면 안 되죠.

2. 연예인이 되고 싶어 하는 청소년에게 접근해서 __________ (스타로 만들어 주다) 돈을 요구하는 사기가 늘어나고 있대요.

그래요? 어린 학생들이 마음의 상처를 많이 받았겠어요.

3. __________ (대통령의 사촌이다) 이곳저곳에서 돈을 빌린 사람이 경찰에 잡혔대요.

저도 그 뉴스 봤어요. 대통령의 사촌이라는 것만 믿고 돈을 빌려 준 사람한테도 문제가 있다고 봐요.

4. __________ (열렬한 팬이다) 스타를 따라다니며 괴롭히는 사람들이 많아졌대요.

스타에게 관심을 갖는 건 괜찮지만 집착이 심한 건 문제예요.

문법과 표현 2

A/V-(으)ㄹ 턱이 없다

A 다음과 같이 대화를 완성해 보세요.

> 오늘은 민수가 제시간에 올까?
>
> 언제나 약속 시간에 10분씩 늦으니 오늘도 제시간에 올 턱이 없지.

1. 스티브가 주말에 한국어능력시험을 봤다면서? 잘 봤대?

   공부를 전혀 안 했으니 ______________________.

2. 남한과 북한이 5년 안으로 통일이 될 거라는 말이 있어요.

   남한과 북한이 이렇게 정치 체제가 다른데 ______________________.

3. 민수가 그 차를 살까? 정말 맘에 들어 했는데.

   가격이 직장인 3년 치 연봉하고 맞먹는데 ______________________.

4. 건강에 해로우니까 아버지가 담배를 끊으셨으면 좋겠어요.

   20년 동안 매일 피우던 담배를 ______________________.

B 신문 표제를 보고 '-(으)ㄹ 턱이 없다'를 넣어 의견을 써 보세요.

1.

> **정부, 청소년 게임 중독 막는다**
>
> 청소년 자정부터 새벽 6시까지 게임 사이트 접속 못 해

➜ 정부가 청소년들에게 밤 12시부터 새벽 6시까지 게임 사이트에 접속을 못 하게 한다 해도 청소년들의 게임 중독 문제가 쉽게 해결될 턱이 없다.

2. **3월부터 담뱃값 인상**
흡연율을 낮추는 데 도움이 될 듯

➡ 정부가 담뱃값을 인상한다 해도 ______________________________

______________________________.

3. **성범죄자 신상 공개**
범죄 예방 효과 기대

➡ 미성년자를 둔 가정에 성범죄자의 신상 정보를 알려 준다고 해도 ______________________________

______________________________.

* **이전:** 장소나 주소를 다른 곳으로 옮김.

4. **정부 기관의 지방 이전* 추진키로**
국토의 균형 발전에 도움이 될 듯

➡ 정부 기관을 지방으로 이전한다고 해도 ______________________________

______________________________.

* **교습:** 기술이나 학습을 익힘.

5. **학원 심야 교습* 금지키로**
사교육 열풍 사라질 듯

➡ 학원의 심야 수업을 금지한다고 해도 ______________________________

______________________________.

읽고 쓰기 ❀ 다음 사설을 읽고 질문에 답해 보세요.

19금(禁) 대중가요 심의

며칠 전, 인기 아이돌 그룹 비스트의 노래 〈비가 오는 날엔〉이 여성가족부로부터 청소년 유해 매체물 판정을 받았다. 지난 5월 초순 비스트 1집 음반에 수록된 노래였다. 발표된 지 두 달여나 지나서 이 같은 판정을 받았다.

판정 이유가 재밌다. 노랫말 중 '취했나 봐 그만 마셔야 될 것 같아.'라는 부분이 음주를 연상케 한다는 것이다. 바꾸어 말하면, 이 노래는 청소년 유해물인데도 불구하고 두 달여 동안 단속하지 않고 방치된 셈이다. 판정 결과도 짚어 볼 문제지만 유해물 단속의 명분도 없어 보인다.

인디그룹 십센치(10cm)의 곡 〈그게 아니고〉도 마찬가지 사례다. 노래 가사에 '감기약'이 나왔다는 이유로 유해 매체 판정을 받았다. 한 여배우는 트위터를 통해 "청소년들, 약국 가서 감기약 사먹는 건 괜찮고 '감기약'이 들어간 노래는 들으면 안 되는 건가."라며 당혹감을 감추지 못했다.

어찌됐건 이 노래를 포함해 청소년 유해 매체물로 지정된 다수의 곡들은 오후 10시 이전 보도용 프로그램을 제외한 방송 프로그램에서 해당 표현을 삭제한 상태에서만 전파를 탈 수 있게 됐다. 음반 및 음원에도 청소년 구입 금지 스티커를 부착해야만 판매가 가능해졌다. 이를 어겼을 경우 2년 이하의 징역이나 1,000만 원 이하의 벌금형을 받게 된다.

이른바 '19세 이하 금지 스티커'를 붙이지 않는 방법도 없지는 않다. 하지만 문제가 된 가사를 바꿔 다시 녹음해야 한다. 물론 콘서트에서도 가사를 바꿔 불러야 법적인 제재를 피해 갈 수 있다. 그러나 제재를 피하겠다고 울며 겨자 먹기 식으로 바꾼 억지 가사는 전후 내용이 맞지 않는다. 그뿐만 아니라 바뀐 부분이 지나치게 도드라지게 된다. 당연히 곡을 만든 사람도, 부르는 사람도 이도저도 못하는 상황 앞에 허탈감을 감출 수 없게 된다.

이러한 판정 결과에 많은 사람들이 의문을 제기하고 있는 까닭은 그 기준에 공감을 하지 못하기 때문이다. 노랫말에 술이라는 단어가 있다고 유해 매체 판정을 내리는 것은 노래의 전체 맥락을 고려하지 않고 특정 단어에만 얽매여 창작자의 표현의 자유를 저해한다는 것이다. 더구나 요즘 가요의 홍보 주기를 전혀 고려하지 않은 결정이기도 하다. 발표와 동시에 히트 여부가 판가름 나는 가요계의 추세에 역행하고 있다. 여성가족부의 심의가 방송사 심의보다 두 달여나 늦게 발표되고 있는 것이 이러한 불신을 더욱 조장하고 있다. 이미 방송을 통해 히트곡이 된 노래를 청소년 유해 매체물로 판정하는 촌극이 실소를 머금게 하고 있다.

일이 이 지경에 이르면 과연 가요 심의가 절대적으로 필요한가에 대한 의문이 든다. 일선 매체에 있는 음악 프로듀서들의 음악 선곡 역량을 과소평가해서는 안 된다. 충분히 문제가 될 만한 곡들을 걸러 낼 수 있는 전문가들이기 때문이다. 또 청소년들의 눈높이도 무시해서는 안 된다. 술이나 담배 같은 위해 단어가 노래에 들어가 있다고 우려하는 것은 ⓐ벼룩을 잡으려다 초가삼간을 태우는 격이다. 사회적 물의를 일으킬 만한 음악을 만들기 위해 고심하는 창작자가 대체 어디 있겠는가.

송창식의 〈담배 가게 아가씨〉를 듣고 청소년들이 담배를 사서 피우고 전람회의 〈취중진담〉을 듣고 술을 배우게 될 것이라는 기우는 코미디 같은 발상이 아니고 무엇인가. 그간 우리 사회는 대중문화를 대하는 여유를 가르치지 않았다. 노래를 노래로 받아들이지 않고 또 다른 잣대를 들이대 어떤 형태로든 재단하려는 것은 참으로 위험한 발상이다.

서슬 퍼런 군사 정권 시절의 사전 검열 아래서도 우리 가요는 풀처럼 일어서서 대중의 가슴으로 전해져 왔고 또 오늘까지 사랑을 받고 있다. 세월을 견디는 노래는 검열과 심의를 통해 이루어지는 것이 아니다. 창작의 자유와 고통 속에서 태어나 대중이 키워 나가는 것이다. 밟아도 밟아도 일어서는 풀처럼.

서울신문(2011. 8. 4.)

1. '청소년 유해 매체물'로 지정되면 어떤 제재를 받게 됩니까?
   ① 뉴스를 제외한 방송에 나올 수 없게 된다.
   ② 청소년 구입 금지 스티커를 부착해야 판매가 가능하다.
   ③ 2년 이하의 징역이나 1,000만 원 이하의 벌금형을 받게 된다.
   ④ 문제가 되는 가사를 바꿔서 다시 녹음하지 않으면 판매가 불가능하다.

2. ⓐ가 의미하는 것은 무엇입니까?
   ① 노래 가사 때문에 청소년들이 흡연의 유혹에 쉽게 빠지게 된다.
   ② 심의를 받은 노래는 오랫동안 대중들의 사랑을 받게 될 것이다.
   ③ 노랫말에 술이나 담배가 나온다고 청소년들이 음주나 흡연을 한다는 것은 지나친 걱정이다.
   ④ 정부의 심의가 너무 늦게 발표되면 노래를 심의하는 의미가 없으므로 빨리 결과가 발표되는 것이 좋다.

3. 글쓴이가 주장하는 것이 <u>아닌</u> 것을 고르세요.
   ① 청소년에게 유해한 노래의 판정 기준이 불분명하다.
   ② 노래가 유행한 뒤 19금 판정이 나오는 것은 큰 효과가 없다.
   ③ 특정 단어만 보고 노래 전체를 금지하는 것은 표현의 자유를 억압하는 것이다.
   ④ 노래 가사가 사회적인 물의를 일으킬 수도 있으므로 어느 정도의 심의는 필요하다.

4. 여러분의 나라에도 정부 기관에서 대중문화를 심의하는 제도가 있습니까? 여러분은 이에 대해 어떻게 생각합니까? 입장을 정하고 글을 써 보세요.

자신의 입장	
그렇게 생각하는 이유	

2. 대중문화의 위상

어휘 1

서로 관계있는 것끼리 연결하고 문장을 완성해 보세요.

외면을 •	• 달라지다
대리 만족을 •	• 반영하다
분위기를 •	• 느끼다
사회상을 •	• 당하다
위상이 •	• 일으키다
큰 파장을 •	• 조성하다

1. 여행 관련 책들은 아름다운 사진에 자세한 설명을 덧붙여서 진짜로 여행을 떠나는 것 같은 기분이 들게 한다. 여행을 가고 싶지만 시간이 없는 사람들은 이런 책을 읽으면 대리 만족을 느낄 수 있다.

2. 청각 장애 어린이가 성폭행을 당한 사건이 영화로 만들어지면서 가해자를 처벌하라는 여론이 거세지고 있다. 그뿐만 아니라 관련법이 개정되는 등 사회적으로 ________________고 있다.

3. 이번에 우리 회사에서 출시한* 신제품이 우수한 품질에도 불구하고 소비자들에게 ________________고 있다. 소비자 대상 설문 조사 결과 높은 가격 때문에 이 제품 구입을 망설이는 것으로 나타났다.

*출시하다: 상품을 시장에 내놓다.

4. 무명의 배드민턴 선수가 올림픽에서 금메달을 따자 국민들의 관심이 쏠리고 있다. 이 선수는 인터뷰에서 올림픽 후 텔레비전 출연 요청이 이어져 자신의 ________________ 것을 실감한다고 말했다.

5. 정부는 한반도에 평화적인 ________________기 위해 북한과의 정상 회담을 추진하고 북한에 식량을 지원하는 등 많은 노력을 기울이고 있다.

6. 유행어나 신조어*는 ________________는 경우가 많다. 따라서 유행어나 신조어를 분석해 보면 사회의 분위기나 그 사회에 살고 있는 사람들의 사고방식을 알 수 있다.

*신조어: 새롭게 만든 말.

어휘 2

밑줄 친 표현의 의미를 설명해 보세요.

철수가 사람들이 모두 선망하는 기업에 합격하자 철수 어머니는 아들을 무척 자랑스러워 하셨다.

1. 최근 한 청소년이 영화를 모방해 범죄를 저지른 사건이 발생했다. 이와 같이 대중 매체는 청소년에게 미치는 파급력이 크기 때문에 지나치게 폭력적인 영화는 청소년에게 노출되지 않도록 해야 한다.

2. 한국에 처음 온 외국인들은 대부분 매운 음식에 익숙하지 않다. 그러나 일부러 더 매운 음식을 찾아다니는 등 매운 맛에 열광하는 외국인들도 많다.

3. 한 국회 의원이 방송 인터뷰에서 저속한 표현을 써서 사람들의 비판을 받고 있다. 한 시민은 국회 의원은 국민을 대표하는 사람인 만큼 공식적인 자리에서는 지위에 어울리는 올바른 말을 써야 한다고 지적했다.

4. 우리 카페의 게시판에 제품 광고나 기업을 홍보하는 글을 올리면 관리자가 강제로 삭제합니다. 또한 이런 상업적인 글을 2번 이상 올리면 카페 접속*을 자동으로 차단합니다.

* **접속**: 서로 연결돼 있음.

5. 도시의 고층 건물들은 대부분 정육면체나 직육면체 같이 엇비슷한* 모양을 하고 있다. 이렇게 획일적인 모양의 건물들 사이에서 독특한 모양을 자랑하는 이 공연장은 사람들의 눈길을 사로잡는다.

* **엇비슷하다**: 거의 비슷하다.

6. 어린이를 대상으로 한 이 만화 영화는 어린이들 사이에서 선풍적인 인기를 끌고 있다. 또한 이 만화 영화의 주인공을 모델로 만든 상품은 없어서 못 팔 정도이다.

어휘 3

신문 표제를 보고 알맞게 써 보세요.

선망하다	획일적이다	사회상을 반영하다
열광하다	폭발적인 반응	큰 파장을 일으키다
저속하다	외면을 당하다	선풍적인 인기를 끌다

1.

요즘 청소년들은 연예인이라는 직업을 선호하는 것 같다. 연예인들의 화려한 삶을 선망하기 때문인 것 같다.

2.

요즘 극장에서는 코미디나 관객에게 즐거움을 주는 영화가 인기가 있다. 반면에 ______________________________.

3.

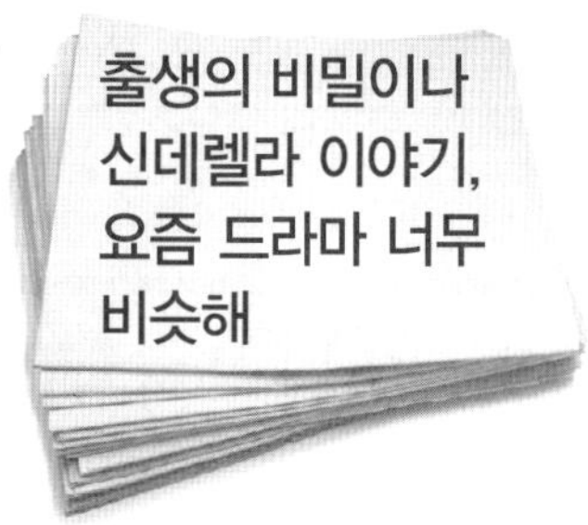

최근 방송사들은 시청자들의 입맛에 맞는 드라마만 제작하고 있다. 그래서인지 ______________________________.

4.

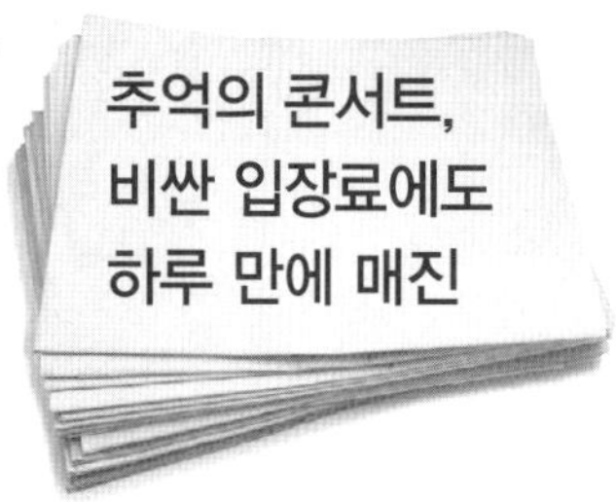

70년대를 이끌었던 가수들이 추억의 콘서트를 열어 화제가 되고 있다. 이 공연은 ______________________________.

어휘 4

빈칸에 들어갈 말을 넣어 보세요.

가 a 동							d
일					c		
시		나					
하							
다		다	b				
	라					마	

가로 열쇠 (⇨)

가	경험하지 못한 일을 간절히 원하고 생각하다
나	다른 것에서 대신 얻는 만족
다	어떤 사람이나 일이 특정한 상황에서 처한 위치나 상태
라	다른 것과 구별되지 않고 모두 같은 성격을 가진, 또는 그런 것
마	이름을 숨김

세로 열쇠 (⇩)

a	둘 이상의 것을 같은 것으로 여기다
b	상품을 사고파는 일로 이익을 얻는, 또는 그런 것
c	욕구나 기대를 충분하게 채우게 하다
d	너무 흥분해 미친 듯이 행동하다

문법과 표현

N(으)로 말미암아

A 대화를 완성해 보세요.

지구 온난화	총파업	~~태풍~~	유가 상승

* **저지대:** 낮은 지역.

* **침수:** 물에 잠김.

1. 앵커 : 김승우 기자, 이번 태풍 피해 현장의 모습을 전해 주시죠.
   기자 : 네, 제주도는 이번 태풍으로 말미암아 많은 피해를 입었습니다. 집과 학교 등의 건물이 무너지고 저지대*의 경우 침수* 피해까지 입었습니다.

2. 앵커 : 요즘 임금 인상 문제로 인해 노조의 시위가 많아지고 있습니다. 박미나 기자, 시위 현장의 모습은 어떻습니까?
   기자 : 네, 이곳은 대한건설 노조가 모여 있는 시위 현장입니다. 대한건설은 현재 ________ ________ 많은 어려움을 겪고 있습니다.

3. 앵커 : 중동 국가들 사이의 분쟁으로 기름값이 또 올라 서민들이 고생하고 있습니다. 홍석준 기자가 취재했습니다.
   기자 : 네, 중동에 불안한 상황이 계속되면서 기름값이 20% 상승했습니다. 이번 ________ ________ 어려움을 겪고 있는 것은 역시 서민들입니다.

4. 앵커 : 김은지 기자, 지구 온난화로 인하여 빙하가 많이 녹고 있다면서요?
   기자 : 네, 나날이 심해지는 ________________ 극지방의 빙하가 빠른 속도로 녹고 있는데요. 해수면이 상승하면서 여러 가지 문제가 발생하고 있습니다.

B '(으)로 말미암아'를 넣어 문장을 써 보세요.

* **변별력:** 좋고 나쁨을 가리는 능력.

1. **수학 능력 시험 난이도 조정 실패, 변별력* 없어**

   ➜ 수학 능력 시험이 난이도 조정 실패로 말미암아 시험의 변별력이 없어 문제가 되고 있다.

* **황금연휴:** 명절이나 공휴일이 이어져 있을 때 이를 비유적으로 이르는 말.

2. **추석 황금연휴*, 해외 여행객 증가**

➜ ________________________________.

3. **매서운 강추위, 독감 환자 급증**

➜ ________________________________.

4. **배춧값 폭등, 식당에서 김치 제공 안 해**

➜ ________________________________.

문법과 표현 2

N에 지나지 않다

A 문장을 완성해 보세요.

~~일부~~　　조연　　모임　　아마추어

* **육아 휴직:** 아이의 육아를 위해 일정 기간 회사를 쉬는 제도.

1. 남자도 육아 휴직*을 쓸 수 있는 제도가 생겼지만 육아 휴직을 쓰는 남자들은 일부에 지나지 않는다.

2. 친구가 아주 화려한 파티가 열린다고 해서 가 봤는데 사람이 열 명밖에 오지 않은 아주 작은 ________________.

3. 우리 반 친구들이 내 피아노 연주 실력이 대단하다고 칭찬했지만 사실 내 실력은 ________________.

4. 내가 좋아하는 배우가 그 영화에 출연한다고 해서 기대하고 봤는데 전체 등장 시간이 5분밖에 안 되고 비중도 아주 적은 ________________.

B '에 지나지 않다'를 넣어 글을 완성해 보세요.

농담 취미 숫자

나의 청소년기를 돌아보면 몇 가지 아쉬운 일들이 있다. 우선 중 · 고등학교 시절, 학교 성적에만 너무 신경 쓰느라 아름다운 추억을 만들지 못한 것이 가장 후회된다. 눈앞의 대학 입시가 너무 크게 느껴져서 하고 싶은 일들은 전혀 못하고 매일 바쁘게만 살았다. 그 시절엔 성적은 1.________________는 사실을 깨닫지 못했다. 그래서 성적에 울고 웃으며 힘들게 살아왔다.

또한 무엇보다 꾸준히 피아노를 치지 못한 것이 아쉽다. 요즘 15년 만에 피아노를 다시 배우고 있는데 손이 굳어서 생각대로 잘 되지 않는다. 초등학교 때부터 친구들이 나에게 재능이 있다고 말하곤 했는데 나는 2.________________고 생각하며 무시했었다. 경영학을 전공하는 나에게 피아노 연주는 3.________________고 생각한다. 하지만 나는 피아노를 연주할 때가 제일 행복하다.

읽고 쓰기

다음 기사를 읽고 질문에 답해 보세요.

전국노래자랑이 대중문화에 끼친 영향

30년간 이어져 온 KBS 1TV 장수 프로그램 '전국노래자랑'이 대중문화에 미친 영향은 무엇일까? 점잔 빼고 있어 봤자 자신만 손해라는 인식 하나는 심어 준 것 같다. 그래서 사람들 앞에서 좀 더 뻔뻔해지는 훈련 효과를 주었다고 할 수 있겠다.

80, 90년대만 해도 나서기 좋아하고 무대에서 망가지는 '전국노래자랑' 출연자에 대한 시선이 곱지만은 않았다. 그런 시각은 적극적으로 나서는 것을 억압하고 체면을 중시했던 우리의 전통 사회 분위기에서 보면 어쩌면 당연한 것이었다.

하지만 일요일 낮 12시 10분이면 어김없이 찾아오는 '전국노래자랑'을 통해 체면을 구기는 것을 마다하지 않는 출연자들을 다년간 반복해서 시청하면서 그런 생각은 점점 무뎌져 갔다. 부끄러운 줄 모르고 흔들어 대는 행동도 별로 미워 보이지 않게 됐다. 이들은 오히려 일상이 무료한 서민들에게 일탈의 기쁨과 해방감, 대리 만족을 안겨 주며 "저렇게 실컷 흔들면서 노래 한번 불러 봤으면 좋겠다."는 생각을 가지게 했다. (…)

'전국노래자랑' 채형석 PD도 "'전국노래자랑'이 노래방 문화에는 확실히 영향을 끼친 것 같다. 사람들이 노래방에서 분장도 하면서 과거보다 활발하게 노는 것은 '전국노래자랑'의 파급 효과 중 하나일 것"이라면서 "심사 위원 앞에서 떨고 주저하는 사람은 예심에서 떨어뜨린다. 예심에서 잘 불렀던 사람도 관객들이 몰리는 본심에서는 음정과 박자를 놓치고 앞이 캄캄해지는 경험을 하게 된다. 그러다 보니 '전국노래자랑'이 자신감 있게 자신을 표현하는 문화를 확산시킨 공은 있는 게 아닐까"라고 설명한다. (…)

MC인 송해는 '전국노래자랑'의 특성을 "높은 사람 없고 낮은 사람 없는, 모두 똑같은 자격으로 나와 자유롭게 말하고 자신을 표현할 수 있는 프로그램"이라고 강조하며 "3살부터 103살까지 출연했다. 103살 노모와 85세 딸이 함께 노래를 부른 것도 기억에 오래 남는다. 10년 전쯤 앵콜과 삼창까지 부른 시각 장애인, 의족을 하고도 열심히 춤을 춘 여자 출연자도 기억난다."고 밝혔다.

그래서인지 '전국노래자랑'은 방송 3사 가요 프로그램 중 가장 높은 시청률을 유지하며 30년을 이어 오고 있다. 만약 특정층을 대상으로 했다면 이처럼 장수하기 어려웠을 것이다.

현대인들은 점점 고향을 잊고 산다. 도시는 물론이고 시골조차도 이웃이 없어진다고 한다. 그런데 '전국노래자랑'을 보다 보면 어릴 적 고향 마을의 향수와 인심이 느껴질 때가 있다. 옆에 앉은 누구와도 허물없이 대화를 나누면서 어우러질 수 있다는 느낌 같은 것이다. '전국노래자랑'은 현대인에게 이웃이나 동네와 같은 사라져 가는 공동체를 복원해 준다는 의미까지 찾을 수 있다.

코리안헤럴드(2010. 3. 29.)

1. 전국노래자랑은 어떤 프로그램입니까?

① 개그 프로그램

② 전통 음악 프로그램

③ 노래 및 장기 자랑 프로그램

④ 고향 마을을 소개하는 프로그램

2. 이 프로그램이 한국 사회에 미친 영향이 아닌 것을 고르세요.

① 이 프로그램은 한국 사람들이 자신감 있게 자신을 표현할 수 있게 했다.

② 이 프로그램은 한국 사람들이 공동체 속에서 자신의 체면을 지키도록 했다.

③ 이 프로그램은 현대인에게 고향에 대한 향수와 공동체 의식을 느끼게 해 줬다.

④ 이 프로그램은 무료한 서민들이 일상을 잊고 해방감과 대리 만족을 느끼게 했다.

3. 이 프로그램의 진행자(MC)는 누가 기억에 남는다고 말했습니까?

4. 여러분 나라에서 오랫동안 사랑받은 방송 프로그램이 있습니까? 그 프로그램은 사회에 어떤 영향을 끼쳤습니까? 메모하고 글을 써 보세요.

전국노래자랑	(　　　　)
• 누구나 자유롭게 참여할 수 있는 프로그램으로 체면을 버리고 자신을 표현하도록 했음. • 한국의 노래방 문화에 영향을 끼침. • 현대인에게 공동체 의식과 고향에 대한 향수를 느낄 수 있게 함.	• • •

XII 과학과 생활

1 환경과 대체 에너지

어휘 환경 보호와 대체 에너지

문법과 표현
- A/V-기로서니
- V-아/어 주십사 (하고)

읽기와 쓰기
- 온실가스 감축에 대한 인터뷰 기사 읽기
- 에너지 문제 해결 방안에 대해 소개하는 글 쓰기

2 생활 속 과학 이야기

어휘 자연 현상과 관련된 과학 용어

문법과 표현
- N인지라
- V-자니

읽기와 쓰기
- 자전거의 원리에 대해 설명하는 글 읽기
- 생활 속 과학적 원리를 소개하는 글 쓰기

1. 환경과 대체 에너지

어휘

❀ 서로 관계있는 것끼리 연결하고 문장을 완성해 보세요.

방사능에 •	• 세우다
화석 연료가 •	• 되다
온실가스를 •	• 줄이다
정전이 •	• 오염되다
원자력 발전소를 •	• 고갈되다*

* 고갈되다: 다 써서 없어지다.

1. 한여름 오후 2~3시 사이에는 가정과 사무실에서 에어컨을 과다하게 사용해 전기 사용량이 급증한다. 그로 인해서 갑자기 전기가 끊어져 <u>정전이 되는</u> 경우도 발생한다.

2. 언젠가는 지금 우리가 쓰고 있는 석탄, 석유와 같은 ____________ 것이다. 이 같은 상황이 오기 전에 우리는 미리 새로운 대체 에너지를 개발해야 한다.

3. 지구의 온도는 과거 어느 때보다 상승했다. 그러므로 자동차 매연에서 나오는 메탄(CH_4)이나 스프레이에서 나오는 프레온(CCl_3F) 가스와 같은 ____________기 위해서 많은 노력을 해야 한다.

4. 산업이 발전하면서 과거에 비해 더 많은 전기가 필요해졌다. 따라서 정부는 핵을 이용해 전기를 만드는 ____________ 전기 공급을 안정화하려고 노력해 왔다.

5. 핵무기는 폭발에 의해 1차적 피해가 발생한다. 그러나 폭발 후에 공기를 통해 지역 전체가 ____________ 것도 심각하고 장기적인 피해이다.

어휘 2

밑줄 친 표현의 의미를 설명해 보세요.

원자력 발전소는 지진 등의 자연재해가 발생하게 되면 방사능이 누출될 가능성이 있다. 방사성 물질이 밖으로 나와 주변 환경을 오염시키면 사람은 물론 식물과 동물도 피해를 입게 된다.

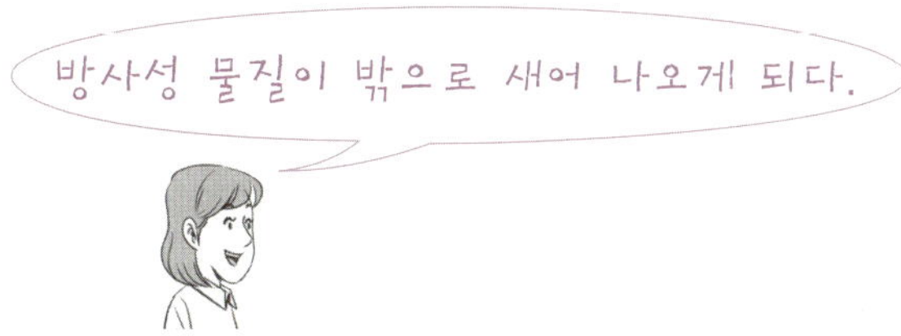

1. 대형 마트의 묶음 상품을 구매하는 것보다 가까운 동네 슈퍼에서 필요할 때마다 낱개로 구매하는 것이 훨씬 더 경제적이다.

2. 세계 여러 나라는 탄소 가스를 배출하는 것을 막기 위해 많은 노력을 기울이고 있다. 왜냐하면 탄소 가스가 줄어들면 지구가 뜨거워지는 것을 막을 수 있기 때문이다.

3. 핵을 이용해 전기를 만드는 원자력 발전소의 가장 큰 문제는 핵폐기물 처리이다. 원자력 발전에 사용되고 난 방사성이 있는 핵물질을 안전하게 보관하기가 어렵기 때문이다.

4. 건조한 지역에 갑자기 많은 양의 비가 쏟아지거나 더운 지역에 눈이 내리는 등의 이상 기후 현상이 세계 곳곳에서 발생하고 있다.

5. 석탄이나 석유를 연료로 이용하면 많은 양의 탄소 가스가 발생하기 때문에 환경 오염이 심각해진다. 오염 물질을 배출하지 않는 대체 에너지를 찾는 것이 무엇보다도 중요하다.

6. 지구 온난화로 인해 극지방의 빙하가 녹고 있다. 삶의 터전이 사라진 북극곰은 멸종 위기에 처해 있다.

어휘 3

신문 표제를 보고 알맞게 써 보세요.

화석 연료	지구 온난화	방사능이 누출되다
온실 가스	대체 에너지	방사능에 오염되다
원자력 발전소	석유와 석탄	태양광, 풍력, 조력

1. **체르노빌, 원자력 발전소 폭발로 오염 심각**

체르노빌에서 원자력 발전소가 폭발하는 사고가 발생했습니다. 원자력 발전소에서 방사능이 누출되어 토양과 건물이 모두 방사능에 오염되었습니다.

2. **대기업, 새로운 에너지 개발 사업 추진**

대기업을 중심으로 새로운 에너지를 개발하는 사업을 시작하고 있습니다. 태양광과 풍력, 조력과 같은 ________________.

3. **정부, 프레온 가스 등 규제하기로**

한국 정부는 올해부터 프레온 가스 및 탄소 가스의 배출을 규제하기로 했습니다. ________________.

4. **G20 정상, 지구를 위해 공동으로 노력하기로**

G20 정상 회의가 오는 11월 호주에서 개최될 예정입니다. ________________.

어휘 4

_______에 들어갈 말을 골라 넣으세요.

지구 온난화 화석 연료 온실가스 이상 기후

최근 1.__________(으)로 인해 오존층이 파괴되면서 남극과 북극의 빙하가 녹기 시작했다. 빙하가 녹으면 극지방의 생태계도 파괴될 뿐만 아니라 해수면도 상승하게 된다. 또한 갑자기 폭우가 쏟아지거나 폭설이 내리거나 하는 2.__________ 현상이 나타나기도 한다. 지구 온난화는 3.__________의 사용과 관계가 깊다. 지구 온난화를 막기 위해서는 석유 등에서 나오는 4.__________ 배출량을 줄이기 위해 석유를 대신할 대체 에너지를 하루 빨리 찾아야 한다.

문법과 표현 1

A/V-기로서니

A 다음과 같이 대화를 완성해 보세요.

스티븐한테 게임 그만하고 공부 좀 하라고 했더니 그 다음부터 내 전화를 안 받아. 화가 많이 났나 봐.

아무리 화가 났기로서니 친구 전화를 안 받아서야 되겠어? 내가 스티븐하고 한번 이야기해 볼게.

1. 벌써 다섯 번이나 시험에 떨어졌어요. 공부하는 것도 너무 힘들고 시험도 어렵고……. 이제 포기할까 봐요.

   아무리 __________________ 그동안 공부한 게 있는데 포기해서야 되겠어요? 다음에는 꼭 합격할 테니까 다시 한번 도전해 보세요.

2. 요즘 아르바이트를 세 개나 하고 있어요. 돈은 좀 모았지만 너무 힘드네요.

   아무리 돈 버는 일이 __________________ 건강을 챙기는 것보다 중요하겠어요? 돈 모으는 것도 좋지만 좀 쉬면서 하세요.

3. 저 사람 좀 봐. 속옷만 입은 것 같아. 더운 날씨에 시원하기는 하겠다.

   아무리 __________________ 공공장소에서 기본적인 예의는 지켜야 되는 거 아니야?

B '-기로서니'를 넣어 댓글을 완성해 보세요.

1. **생활고에 시달리던 20대 엄마, 아이 고아원 앞에 버려**

➜ Re : 아무리 돈이 없기로서니 아이를 버린다는 게 말이 되나? 어떻게 해서든 자기 아이를 책임져야 한다.

2. **대학 졸업생 대기업만 선호, 대기업 취업 못하면 취업 포기**

➜ Re : ____________________? 젊어서는 여러 가지 경험을 쌓는 것이 중요하니까 작은 회사라도 취직을 해서 경력을 쌓아야 된다.

3. **20~30대 통일 반대, 막대한 통일 비용 우려**

➜ Re : ____________________? 통일 비용이 많이 들기는 하겠지만 우리는 한 민족이니까 어쨌든 통일을 해야 된다.

4. **연예인 지망 청소년, 오디션 위해 학업 포기**

➜ Re : ____________________? 청소년들은 앞으로의 진로에 여러 가능성이 있는 만큼 이 시기에 학교를 그만두면 후회하게 될 것이다.

문법과 표현 2

V-아/어 주십사 (하고)

A 메모를 보고 문장을 완성해 보세요.

1. 김 선생님께 설문 조사 부탁 전화.

저희가 통일 의식에 대한 설문 조사를 하고 있는데요. 바쁘신 줄 알지만 설문 조사에 참여해 주십사 부탁드리려고 전화드렸습니다.

* **의뢰:** 남에게 부탁함.

2. 박 교수님께 인턴사원 추천 의뢰*.

저희 회사에서 인턴사원을 뽑는데요. 좋은 학생이 있으면 ______________ 부탁드리려고 메일 드렸습니다.

3. 사장님이 회의에 10분 정도 늦으심. 기다려 달라고 하심.

사장님께서 좀 늦으신다고 합니다. 10분 후면 도착하실 예정이니 조금 ______________ 하셨습니다.

4. 정 선생님께 축제 준비 도움 요청.

저희가 다문화 축제를 기획하고 있는데요. 저희끼리 준비하기가 어려워서요. ______________ 이렇게 찾아왔습니다.

B '-아/어 주십사 (하고)'를 넣어 이메일을 써 보세요.

1. 대학 입학용 추천서

새 메세지

받는 사람: lei@sfl.hs.kr

참조:

제목: 안녕하세요? 왕잉입니다.

권 선생님께,

안녕하세요? 저 왕잉입니다. 제가 이번에 대학에 입학하려고 준비하고 있습니다. ______________ 부탁드리려고 연락드렸습니다. (…)

2. 합격 여부 확인

새 메세지

받는 사람: qa8937@mall.snu.ac.kr

참조:

제목: 합격 여부 문의

안녕하세요? 이번에 경영학과에 지원한 왕잉이라고 합니다. 홈페이지에서 합격자 조회를 하고 싶은데 학교 홈페이지가 열리지 않습니다. 그래서 ______________ 부탁드리려고 이메일을 보냅니다. 제 수험 번호는 20120425LT001입니다.

3. 정전 안내

새 메세지

받는 사람: subak40tong@mail.lei.ac.kr

참조: energy@mail.lei.ac.kr

제목: 교내 정전 안내

학생 여러분께

안녕하세요? 이번 주말에 도서관과 학생 회관의 전기 안전 점검을 실시합니다. 오는 13일 토요일에는 도서관이 정전될 예정이고, 14일 일요일에는 학생 회관이 정전될 예정입니다. 이번 주말에 도서관이나 학생 회관을 이용할 학생들은 ______________ 부탁드리려고 안내 메일을 드립니다. 이점에 유의하시어 불편이 없으시길 바랍니다.

읽고 쓰기

다음 인터뷰 기사를 읽고 질문에 답해 보세요.

[인터뷰] 레스터 소장 "온실가스 배출 안 줄이면 우리에게 미래는 없다."

"온실가스 배출이 심각한 현 에너지 경제 체제를 바꾸지 않으면 우리에게 미래는 없습니다."

세계적인 민간 환경 연구 기관 월드워치연구소 설립자이자 환경학자인 레스터 브라운(77 · 사진) 미국지구정책연구소장은 11일 한국기후변화센터 창립 3주년 기념 국제 심포지엄에 앞서 열린 기자 간담회에서 기후 변화의 심각성에 대해 이같이 말했다.

생태계 보존을 위해 오는 2020년까지 세계 이산화탄소 배출량을 80% 줄이자는 플랜B를 주창한 브라운 소장은 "전 세계가 한 방향으로 노력하지 않으면 성취하기 어려운 야심 찬 목표가 분명하다."며 "그러나 북극의 빙하가 녹아 전체 해수면이 1m 상승하면 방글라데시의 농경지가 50% 줄고 세계 2위 쌀 수출국인 베트남의 메콩델타 지역 침수 등으로 인한 농작물 가격 상승, 해안 국가들의 침수로 1억 명 이상의 기후 이민자가 발생한다. 온난화로 인한 티핑 포인트(tipping point · 급격한 변화의 시점)를 현재로서는 추정하기 어렵지만 임계점을 넘어서면 인류는 멸망의 길에 들어서고 만다."고 경고했다.

이산화탄소 배출량 감축에 드는 지나친 비용 부담과 짧은 기간을 두고 터져 나오는 반대 의견에 대해 그는 일본의 진주만 공격으로 인한 군수품 확충을 예로 들어 설명했다. "1941년 일본의 진주만 공격으로 피해를 입은 루스벨트 대통령은 몇 개월 만에 자동차 생산 지역을 탱크 · 비행기 등 군수품 제조 공장으로 바꿨다. BAU(Business As Usual · 지금 같은 추세가 이어질 경우의 온실가스 배출 전망치)로는 인류의 문명을 지속시킬 수 없다. 짧은 기간에 현 에너지 경제 체제를 바꿀 수 있으며 이미 전 세계 주요 도시들이 화석 연료를 줄이기 위한 행동에 들어갔다. 미국은 화력 발전소 492개 중 71개를 수년 내에 폐쇄해 석탄 사용을 11% 정도 줄여 갈 계획이다."

화력 발전을 대체할 에너지로 그는 풍력 발전을 특히 강조했다. "지난 10년간 풍력 발전은 매년 30%씩 성장해 왔다. 이 정도의 효율이 나오는 대체 에너지는 아직 없다. 풍력 발전은 이미 덴마크 전체 전력의 25%, 독일 북부 지역 전력의 40~60%를 공급하는 등 잠재력이 엄청나다. 중국 광저우에 조성되고 있는 풍력 발전 단지가 완성되면 38,000MW의 전기를 매년 확보하게 되는데 이는 폴란드나 이집트의 전체 전력을 충당할 정도다."

그는 원자력 에너지에 대해서는 반대 입장을 보였다. "원자력 에너지는 결코 경제적이지 않다. 폐기물을 처리하는 비용이 발전소 건설 비용에 이를 정도로 거대하다. 원자력을 대체 에너지로 주도하는 국가는 대부분 사회 간접 자본이 독점적인 경우가 많은데 결국 시민의 세금 부담이 커질 수밖에 없다."

현실적인 실천 방안도 제시했다. 브라운 소장은 "움직임을 감지하는 모션 센서와 LED를 결합한 조명을 설치하면 현재 전력 소비의 90%를 절감할 수 있다. 또 자동차의 내연 기관을 전기로 바꾸면 전체 에너지 사용의 3분의 2를 줄일 수 있다. 특히 풍력 발전으로 얻은 전기로 자동차를 충전한다면 휘발유보다 5배 이상 경제성이 높아진다."고 설명했다. 그는 이어 "자동차 수를 줄이기 위해 도시 교통 체계를 바꿔야 할 때가 왔다."며 "과거에는 자동차가 중요한 이동 수단이었지만 이제는 세계 인구의 80%가 도시에 밀집해 소음, 교통 정체, 환경 오염의 주범이 되고 있다. 자동차 중심에서 인간 친화적인 교통 체계로 바뀌야 한다."고 말했다.

서울경제(2011. 10. 11.)

1. 레스터 소장의 핵심 주장은 무엇입니까?

① 지구 온난화는 아직 걱정할 수준은 아니다.

② 자동차 수를 줄이기 위해 도시 교통 체계를 바꿔야 한다.

③ 온실가스의 배출을 줄이지 않으면 우리에게 미래는 없다.

④ 여러 에너지 중에서 원자력 에너지가 가장 깨끗하고 안전하다.

2. 극지방의 빙하가 녹아 해수면이 상승하면 어떤 결과가 나타나는지 연결해 보세요.

① 방글라데시	•	•	메콩델타 지역이 침수된다.
② 베트남	•	•	주거지 침수로 인해 1억 명 이상의 기후 이민자가 발생한다.
③ 해안 국가들	•	•	농경지가 50%로 줄어든다.

3. 레스터 소장의 의견이 아닌 것은 무엇입니까?

① 2020년까지 이산화탄소 배출량을 80% 줄이는 것은 불가능하다.

② 세계 주요 도시들은 화석 연료 사용을 줄이기 위해 노력해야 한다.

③ 풍력 발전이 화력 발전을 대체할 에너지로 가장 적합하다고 생각한다.

④ 원자력 에너지는 폐기물 처리 비용이 많이 들기 때문에 경제적이지 않다.

4. 윗글에서 에너지를 절약하는 현실적인 실천 방안으로 언급한 것을 모두 고르세요.

① 쓰레기 재활용
② 인간 친화적인 교통 체계
③ 도시에 집중된 인구의 분산
④ 자동차 중심의 교통 체계
⑤ 모션 센서와 LED를 결합한 조명
⑥ 자동차의 내연 기관을 전기로 교체

5. 에너지 문제와 그 해결 방안을 메모하고 이에 대한 자신의 의견을 써 보세요.

에너지 문제

해결 방안

2. 생활 속 과학 이야기

어휘

✿ 알맞은 말을 골라 문장을 완성해 보세요.

반사되다	직진하다	승화하다
분산되다	흡수하다	열전도율이 높다

1. 어렸을 때 거울에 빛이 ______________ 성질을 이용해 친구들과 거울로 상대방 얼굴을 비추며 장난을 치곤 했다.

* 나프탈렌

2. 드라이아이스는 고체 상태에서 액체 상태를 거치지 않고 곧바로 기체 상태로 변하는데 이렇게 ______________ 물질의 다른 예로 나프탈렌*을 들 수 있다.

3. 급하게 몸을 움직이다가 책상 위에 놓았던 컵에 담긴 물을 쏟았다. 그런데 마침 그 옆에 내놓은 두루마리 화장지가 물을 다 ______________ 버렸다.

* 뒤집개

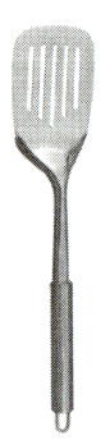

4. 철로 만든 뒤집개*는 ______________기 때문에 손잡이 부분이 플라스틱이나 실리콘으로 되어 있다.

5. 서울대학교 정문에 가려면 남부순환도로에 있는 지하철 2호선 서울대입구역에서 관악구청 방향으로 ______________ 1km쯤 가면 된다.

6. 정부는 수도권에 일산, 분당 같은 신도시를 개발했다. 그 결과 서울로 집중된 인구가 ______________는 효과가 나타났다.

어휘 2

밑줄 친 표현의 의미를 설명해 보세요.

한국어 교실이 모두 포화 상태라서 더 이상 학생들의 입학을 허용할 수 없다.

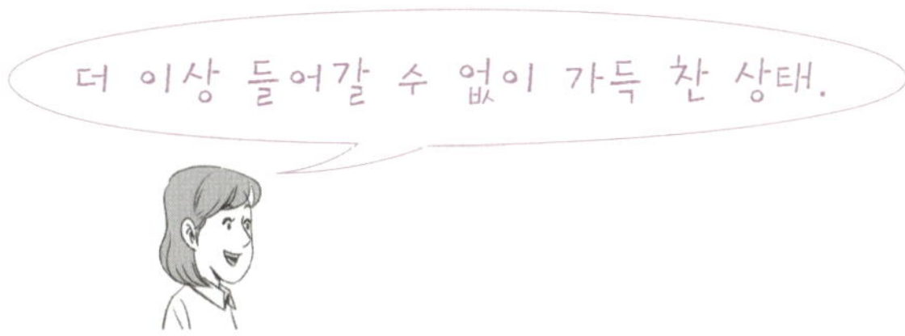

1. 도시의 공기가 깨끗하지 못한 이유는 대기 중에 먼지, 매연, 배기가스 등이 들어 있기 때문인데 이로 인해 호흡기 질환이나 알레르기 질환이 심해지기도 한다.

2. 조용한 호수에 돌을 던지면 파동이 생기면서 물결이 가장자리로 퍼져 나간다.

3. 고산 지대를 여행하다 보면 고산병으로 고생하는 경우가 있다. 이것은 높은 지역으로 올라갈수록 공기의 밀도가 낮아져서 뇌에 산소를 공급하기 어렵기 때문이다.

4. 얼음판 위를 질주하는* 쇼트트랙* 경기에서는 코너를 돌 때 특히 조심해야 한다. 왜냐하면 원심력이 강하게 작용하여 조금만 잘못하면 밖으로 튕겨 나갈 수 있기 때문이다.

* **질주하다:** 빠르게 달리다.

* **쇼트트랙**

5. 물속에 서 있으면 다리가 짧아 보이는 이유는 빛이 굴절되기 때문이다. 빛은 성질이 다른 두 물질의 경계면에서 꺾이는 성질이 있는데 공기와 물의 경계면에서 빛이 꺾여 비스듬하게 보이므로 다리가 실제보다 짧아 보이는 것이다.

6. 달리던 버스가 갑자기 서면 승객들이 모두 앞쪽으로 몸이 쏠리고 정지했던 버스가 갑자기 출발하면 모두 뒤쪽으로 몸이 쏠리는데 이것은 관성의 법칙으로 설명할 수 있다.

어휘 3

❀ 그림을 보고 상황을 설명해 보세요.

액체	구심력	대기	월식
원심력	고체	일식	수증기

1.

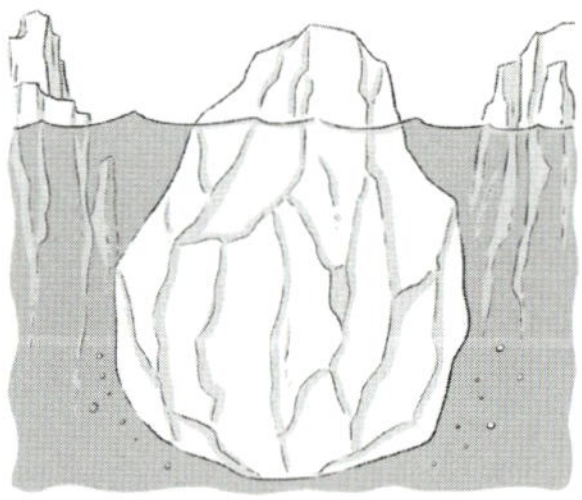

물과 얼음은 같은 물질이지만 물질의 상태가 다른 것이다. 즉 물은 액체 상태이고 얼음은 고체 상태다.

2.

낮에 갑자기 해가 가려지면서 어두워지는 현상이 나타날 때가 있다. 이것은 ______________________.

3.

추운 겨울날 도심의 건물에서는 과도한 난방으로 인해 하얀 연기가 피어오른다. 이것은 ______________________.

4.

세탁기의 탈수 기능을 이용하면 빨래의 물기를 쉽게 없앨 수 있다. 이것은 ______________________.

어휘 4

_______에 들어갈 말을 골라 넣으세요.

고체 액체 기체 중력 원심력 구심력

- 고드름은 왜 생길까? 고드름은 겨울철의 낮은 온도로 인해 물이 흘러 떨어지면서 얼어붙은 것이다. 즉, 고드름은 1._______(인) 물이 2._______(인) 얼음이 된 것이다.
- 물은 왜 위에서 아래로 떨어지는 것일까? 지구의 중심에는 물체를 잡아당기는 3._______이/가 존재한다. 공중에서 물체를 떨어뜨리면 모두 지표면으로 떨어지는 것도 모두 이 힘에 의해서이다.
- 팽이는 어떻게 해서 넘어지지 않고 돌 수 있을까? 팽이는 회전할 때 중심축이 생기는데, 그 축을 기준으로 원 중심으로 향하는 4._______와/과 원 밖으로 향하는 5._______이/가 균형을 이루게 된다. 따라서 팽이가 밖으로 튕겨 나가지 않고 계속 회전할 수 있게 된다.

문법과 표현 1

N인지라

A 문장을 완성해 보세요.

전례가 없는 일이다 아직 학생이다 아직 사용 전이다
본격적인 휴가철이다 겨울은 겨울이다 20년 지기 친구이다

1. 민수와 철수는 20년 지기 친구인지라 서로의 마음을 잘 안다.
2. 여행을 가려고 했는데 _______ 표를 구하기가 어려웠다.
3. 아무리 예년보다 따뜻하다고 해도 _______ 외투를 꼭 걸쳐야 한다.
4. 스티븐이 능력이 뛰어나다고 하지만 _______ 선뜻 채용하겠다는 회사가 없다.
5. 안마기 사용 후기가 좋아서 구입했지만 _______ 좋은 제품인지 잘 모르겠다.
6. 입사한 지 얼마 안 된 신입 사원을 과장으로 승진시키는 것은 _______ 회사 내에서 반대하는 목소리가 높다.

B 문장을 완성해 보세요.

1. 자연재해에는 정부도 속수무책인지라 (속수무책이다) 매일 눈이 10cm씩 쌓이는 데에는 제설 작업에 한계가 있다.

2. 그 여배우는 나이에 대한 기자의 질문에 인간이 늙는 것은 ________ (당연지사이다) 별로 개의치 않는다고 했다.

3. 우리 오빠는 학교에서는 물론 회사에서도 사교성이 떨어지는 ________ (독불장군이다) 언제나 사람들에게 인기가 없었다.

4. 라디오 음악 방송을 듣는 사람들이 줄면서 프로그램마다 청취율이 ________ (도토리 키 재기이다) 모든 방송사가 청취율 높이기에 고심하고 있다.

5. 직장인들은 월급은 정해져 있는데 카드값 내고 공과금 내고 나면 남는 게 하나도 없다고 말한다. 직장에 다녀도 ________ (밑 빠진 독에 물 붓기이다) 돈을 모을 수 없다고 했다.

문법과 표현 2

V-자니

A 문장을 완성해 보세요.

~~야단을 맞고 있다~~ 가까이서 보고 있다 순서를 기다리고 있다
혼자 걷고 있다 타지마할을 직접 보고 있다

1. 동료의 실수로 인해 직장 상사로부터 야단을 맞고 있자니 억울하다는 생각이 들었다.

2. 사람이 없는 어두운 골목길을 ________ 무서운 기분이 들었다.

3. 유명한 여배우를 ________ 아름다움에 눈을 뗄 수가 없었다.

4. 유네스코 세계 문화유산으로 등재된 인도의 ________ 그 규모에 압도되는 것 같았다.

5. 입사 면접을 보기 위해 ________ 긴장감과 함께 두려움마저 느껴졌다.

B 문장을 완성해 보세요.

한국에서 명절을 혼자 보내다	~~1년 동안 공부하던 학교를 떠나다~~
아무 준비 없이 시험을 보다	5년 동안 다니던 회사를 그만두고 이직을 하다
만난 지 한 달 만에 결혼을 하다	

1. 1년 동안 공부하던 학교를 떠나자니 시원하면서도 섭섭한 마음이 들었다.

2. ______________________ 어찌할 줄 몰라 정말 눈앞이 캄캄했다.

3. ______________________ 고향에 있는 가족들 생각에 눈물이 났다.

4. ______________________ 너무 아쉬워서 나도 모르게 눈물이 났다.

5. ______________________ 너무 성급한 선택이 아니었나 하는 후회가 들었다.

읽고 쓰기 ❁ 다음 설명하는 글을 읽고 질문에 답해 보세요.

자전거가 쓰러지지 않는 이유

최근 친환경적인 교통수단으로 자전거가 각광 받고 있다. 대기 오염을 줄이고 유류비를 절감할 수 있으며 건강에도 도움이 되기 때문에 이미 유럽에서는 정부 차원에서 자전거 타기에 많은 지원을 하고 있다.

일반적으로 자전거는 두 개 바퀴로 만들어져 있기 때문에 달리지 않으면 똑바로 서 있을 수가 없다. 두 바퀴의 자전거가 달릴 때 쓰러지지 않는 데에는 과학적 원리가 숨어 있다. 그 원리에 대해 생각해 보도록 하자.

◆ 팽이의 원리

운동하는 물체는 관성을 지니고 있다. 회전 운동도 관성을 가지고 있어 회전하는 물체는 계속 회전하려고 하는데 이를 회전 관성이라고 한다. 돌고 있는 팽이는 이 회전 관성 때문에 회전축을 유지하려고 하기 때문에 쓰러지지 않게 된다. 이러한 팽이의 원리는 자전거 두 바퀴에도 적용된다. 자전거가 빠르게 달릴수록 수평인 회전축을 지닌 두 개 바퀴가 큰 회전 관성을 지니게 되어 중심을 유지하기가 쉬워진다.

◆ 자전거가 넘어지지 않게 하려면?

자전거 타는 법을 배우고 나면 본능적으로 자전거가 기우는 쪽으로 핸들을 틀면 넘어지지 않음을 알게 된다. 핸들을 틀어서 중심을 잡을 수 있는 것은 두 가지의 역학적 원리 때문이다.

① 원심력

원운동을 하는 물체는 원 중심의 반대 방향으로 힘을 받게 되는데 이를 원심력이라고 한다. 달리던 자전거가 왼쪽으로 쓰러지려고 할 때 핸들을 왼쪽으로 틀면 순간적으로 원운동을 하게 된다. 자연적으로 쓰러지려는 쪽의 반대 방향인 오른쪽으로 원심력이 생겨 중심을 유지할 수 있게 된다.

〈그림 1〉

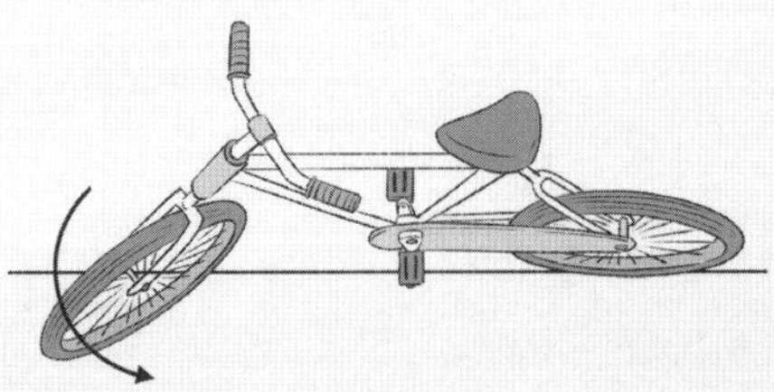

〈그림 2〉

② 무게 중심

자전거가 거의 멈춘 상태에서도 쓰러지는 쪽의 반대 방향으로 핸들을 틀면 어느 정도 중심을 유지할 수 있다. 이는 원심력이 아니라 무게 중심의 이동 때문이다. 자전거는 두 개의 바퀴와 지면이 닿는 점을 연결한 직선상에 무게 중심이 있을 때 서 있을 수 있다. 자전거가 왼쪽으로 쓰러지려고 할 때 ______ⓐ______ 쓰러지지 않는다. <그림1>을 보면 자전거 프레임에 연결된 핸들축보다 핸들이 안쪽에, 바퀴가 바깥쪽에 위치함을 알 수 있다. 따라서 핸들을 왼쪽으로 틀면 핸들축이 <그림2>에서와 같이 앞바퀴와 뒷바퀴가 지면에 닿는 점을 연결한 선의 오른쪽에 위치하게 되기 때문에 쓰러지지 않고 중심을 잡을 수 있다.

매일경제신문(2007. 9. 1.)

1. 팽이가 넘어지지 않고 도는 원리는 무엇입니까?
   ① 원 중심 방향으로 힘을 받아서
   ② 원 중심의 반대 방향으로 힘을 받아서
   ③ 회전 관성 때문에 회전축이 유지되어서
   ④ 회전축이 일정한 속도로 원 운동하기 때문에

2. ⓐ에 들어갈 말은 무엇입니까?
   ① 쓰러지는 쪽으로 핸들을 틀면
   ② 무게 중심을 왼쪽으로 이동시키면
   ③ 무게 중심을 오른쪽으로 이동시키면
   ④ 핸들을 뒷바퀴와 일직선으로 놓으면

3. 다음 중 이 글의 설명과 다른 것을 고르세요.
   ① 자전거가 빠르게 달릴수록 중심을 유지하기가 쉬워진다.
   ② 원운동을 하는 물체는 원 중심 방향으로 원심력을 받는다.
   ③ 달리는 자전거가 쓰러지려고 할 때 쓰러지는 쪽으로 핸들을 틀면 중심을 잡을 수 있다.
   ④ 자전거는 두 바퀴가 땅에 닿는 점을 연결한 선 위에 무게 중심이 있을 때 쓰러지지 않는다.

4. 다음 중 하나를 골라 조사하고 글을 써 보세요.

세탁기의 탈수 원리 　　스키장에 가면 얼굴이 더 잘 타는 이유

주제	
조사한 내용	

복습 6

어휘

1. 정리하기

다음에서 알고 있는 어휘에 √ 해 보세요.

11-1.

- ☐ 익명
- ☐ 모방 범죄
- ☐ 찬반 논란
- ☐ 표현의 자유
- ☐ 사회적 영향력
- ☐ 선정적이다
- ☐ 폭력적이다
- ☐ 규제하다
- ☐ 반박하다
- ☐ 심의하다
- ☐ 악용되다
- ☐ 유해하다
- ☐ 폭행을 당하다
- ☐ 조치를 취하다
- ☐ 반론을 제기하다
- ☐ 범행을 저지르다
- ☐ 악영향을 미치다
- ☐ 여론을 수렴하다
- ☐ 감수성이 예민하다

11-2.

- ☐ 폭발적인 반응
- ☐ 상업적이다
- ☐ 획일적이다
- ☐ 선망하다
- ☐ 열광하다
- ☐ 저속하다
- ☐ 동질감을 형성하다
- ☐ 분위기를 조성하다
- ☐ 사회상을 반영하다
- ☐ 외면을 당하다
- ☐ 위상이 달라지다
- ☐ 파급력이 크다
- ☐ 선풍적인 인기를 끌다
- ☐ 큰 파장을 일으키다
- ☐ 대리 만족을 느끼다

12-1.

- ☐ 단전 / 정전
- ☐ 석유 / 석탄
- ☐ 화석 연료
- ☐ 대체 에너지
- ☐ 핵폐기물
- ☐ 온실가스
- ☐ 이산화탄소
- ☐ 이상 기후
- ☐ 원자력 발전소[원전]
- ☐ 수력 / 화력 / 원자력 / 풍력 /조력 / 태양광
- ☐ 지구 온난화
- ☐ 경제적이다
- ☐ 방사능이 누출되다
- ☐ 방사능에 오염되다
- ☐ 탄소 가스를 배출하다

12-2.

- ☐ 관성
- ☐ 중력
- ☐ 구심력 / 원심력
- ☐ 밀도
- ☐ 파동
- ☐ 대기
- ☐ 수증기
- ☐ 고체 / 액체 / 기체
- ☐ 월식 / 일식
- ☐ 포화 상태
- ☐ 굴절되다
- ☐ 반사되다
- ☐ 분산되다
- ☐ 승화하다
- ☐ 직진하다
- ☐ 흡수하다
- ☐ 열전도율이 높다 / 낮다

2. 평가하기

[1-4] 다음 (   )에 알맞은 것을 고르세요.

1. 경찰은 피서객의 안전을 위해 해수욕장에서 술을 마시는 것을 (   )로 했다.
① 반박하기 ② 규제하기 ③ 심의하기 ④ 제기하기

2. 최근 조사 결과 청소년들이 가장 (   ) 직업은 가수, 배우와 같은 연예인인 것으로 나타났다.
① 선망하는 ② 반영하는 ③ 형성하는 ④ 구현하는

3. 지구환경회의에서 각국의 정상들은 지구 온난화의 원인이 되는 (   )의 배출을 줄이기 위한 방안을 논의했다.
① 온실가스 ② 핵폐기물 ③ 화석 연료 ④ 대체 에너지

4. 검은색 옷을 입으면 흰색 옷을 입은 것보다 더 따뜻한 이유는 검은색이 빛을 (   ) 때문이다.
① 반사되기 ② 흡수하기 ③ 굴절되기 ④ 승화하기

[5-8] 다음 밑줄 친 부분과 바꿔 쓸 수 있는 말을 고르세요.

5. 정부는 인터넷 게임이 청소년의 지능 발달에 <u>부정적인 영향을 끼친다는</u> 연구 결과를 근거로 청소년의 인터넷 접속 시간을 제한하기로 했다.
① 조치를 취한다는 ② 범행을 저지른다는
③ 악영향을 미친다는 ④ 감수성이 예민하다는

6. 최근 하고 싶은 말을 마음껏 하는 인물을 주인공으로 한 드라마가 인기를 끌고 있다. 시청자들은 이 드라마를 보며 <u>주인공이 된 것처럼 통쾌한 기분을 경험하는</u> 것 같다.
① 파급력이 큰 ② 외면을 당하는
③ 위상이 달라지는 ④ 대리 만족을 느끼는

7. 지진 때문에 원자력 발전소가 운행을 멈췄다. 원자력 발전소 인근 도시에서는 갑자기 전기가 끊기는 바람에 여러 가지 피해가 발생했다.

① 정전이 되는 ② 방사능에 오염되는
③ 원전이 건설되는 ④ 이상 기후가 나타나는

8. 달에서는 지구에서보다 몸무게가 덜 나간다. 이것은 달에서는 지구보다 중심 쪽으로 끌어당기는 힘이 작기 때문이다.

① 관성 ② 중력 ③ 구심력 ④ 원심력

[9–11] 다음 ( )에 공통적으로 들어갈 단어를 고르세요.

9.

그 나라는 전쟁을 ( )서 다른 나라의 땅을 빼앗았다.
그 가수의 노래는 세계적으로 열풍을 ( )고 있다.
그는 문제를 ( ) 책임을 지고 사장직에서 물러났다.

① 불다 ② 빚다 ③ 일으키다 ④ 발생시키다

10.

예년보다 긴 연휴 때문에 귀성 차량이 ( ) 고속도로가 덜 복잡했다.
부상자들은 다섯 군데 병원에 ( ) 치료를 받고 있다.
힘이 ( )지 않고 한곳으로 모일 수 있는 방법을 찾아야 한다.

① 수렴되다 ② 분산되다 ③ 집중되다 ④ 누출되다

11.

다이어트를 하겠다고 ( ) 식사량을 줄이면 안 된다.
그 사람은 이유를 따져 보지도 않고 ( ) 화를 냈다.
정부가 정책을 발표하면 ( ) 반대부터 하는 사람들이 있다.

① 무턱대고 ② 마지못해 ③ 하필이면 ④ 하마터면

[12–13] 다음 밑줄 친 부분이 어색한 것을 고르세요.

12. ① 그 사람은 두 번 세 번 불러야 기꺼이 오곤 한다.
② 무심코 한 말이 다른 사람에게 상처를 줄 수도 있다.
③ 출근 시간에 도로가 꽉 막혀서 차가 움직이지 않는다.
④ 비행기 시간에 늦지 않을까 걱정이 돼서 황급히 집을 나섰다.

13. ① 그 영화는 관객들을 숨죽이게 하는 매력이 있었다.
② 그는 복권에 당첨되자 매료돼서 아무 말도 할 수 없었다.
③ 요즘에는 책의 내용보다는 그럴싸한 제목의 책들이 인기가 있다.
④ 아이돌 가수들은 화려한 춤과 노래로 팬들을 순식간에 빨아들였다.

[14–15] 다음을 읽고 질문에 답해 보세요.

원자력 발전소 건설에 대한 찬반 논란이 뜨겁다. 원전 건설에 찬성하는 사람들은 원전의 경제성에 주목한다. 그러나 원전 건설에 부정적 의견을 가진 사람들은 원전 건설 비용과 핵폐기물 처리 비용을 고려하면 원전이 경제적이지 않다고 (㉠   ). 한편 체르노빌이나 후쿠시마 원전의 사고로 인해 (㉡   ) 원전의 안전성에 대한 우려도 커지고 있다.

14. ㉠에 알맞은 것을 고르세요.
① 배출한다　　② 반박한다
③ 방지한다　　④ 동일시한다

15. ㉡에 알맞은 것을 고르세요.
① 원전이 건설되자　　② 탄소 가스를 배출하자
③ 방사능이 누출되자　　④ 화석 연료를 사용하자

문법과 표현

1. 정리하기

다음에서 알고 있는 문법과 표현에 √ 해 보세요.

11-1. □ 다이어트를 **한답시고** 계속 굶다가는 건강을 해치기 쉬워요.
□ 항상 늦잠을 자는 민수가 새벽에 운동을 했을 **턱이 없어요.**

11-2. □ 지난번 태풍 피해로 **말미암아** 채소와 과일 가격이 급등했다.
□ 약속 시간에 늦을 때마다 차가 막혔다고 말하는 것은 변명**에 지나지 않는다.**

12-1. □ 아무리 돈이 없**기로서니** 점심 먹을 돈도 없겠어?
□ 이번 행사 때 좀 도**와주십사 하고** 연락을 드렸습니다.

12-2. □ 아침 7시가 되어도 겨울**인지라** 밖이 어둡기만 하다.
□ 어두운 밤길을 걷고 있**자니** 작은 소리에도 놀라게 된다.

2. 평가하기

[1-3] 다음 밑줄 친 부분과 바꾸었을 때 의미가 가장 비슷한 것을 고르세요.

1. 현재 세계적인 상황으로 볼 때 단기간에 경제가 좋아질 턱이 없다.
① 좋아질 성싶다　② 좋아질 뿐이다
③ 좋아질 리가 없다　④ 좋아진다고 할 것까지야 없다

2. 그 부부는 성격 차이로 말미암아 결국 이혼을 하게 되었다.
① 차이를 통해　② 차이를 위해
③ 차이에 관해　④ 차이로 인해

3. 남녀평등이 실현되었다고 하지만 아직도 국회 의원 중 여성 의원의 비중은 15%에 지나지 않는다.
① 15%나 된다　② 15%에 불과하다
③ 15%와 맞먹는다　④ 15%는 말할 것도 없다

[4-8] 다음 (   )에 알맞은 것을 고르세요.

4.

김 교수님께 세미나에 (   ) 연락을 드렸지만 아무런 답을 받지 못했다.

① 참석하실세라
② 참석할라치면
③ 참석하신 가운데
④ 참석해 주십사 하고

5.

철수는 예술에 대해 잘 (   ) 잘난 척하다가 상식적인 질문에 대답을 못 해서 망신을 당했다.

① 알게끔
② 알망정
③ 안답시고
④ 안다손 치더라도

6.

아무리 드라마 같이 화려한 인생을 산다고 해도 배우도 (   ) 일상의 작은 일에 행복을 느낀다.

① 사람인지라
② 사람이랍시고
③ 사람이기로서니
④ 사람임에도 불구하고

7.

자식의 대학 합격을 위해 입시 관계자에게 뇌물을 준 학부모가 사람들의 비난을 사고 있다. 사람들은 아무리 자식을 좋은 대학에 (   ) 부정을 저지르면 되겠느냐고 비난하고 있다.

① 보내고 싶건 간에
② 보내고 싶기로서니
③ 보내고 싶다 뿐이지
④ 보내고 싶을 바에는

8.

> 여성들은 출산 후에 다니던 회사를 그만두는 경우가 적지 않다. 아이를 낳고 회사에 나가자면 아이를 돌봐 줄 사람이 필요한데 남의 손에 아이를 ( ) 마음이 놓이지 않아 복직을 포기하는 경우가 많다고 한다.

① 맡기자니 ② 맡겼던들
③ 맡긴다든지 ④ 맡기거니와

[9–10] 다음을 읽고 ( )에 알맞은 것을 고르세요.

> 한 가수가 자신의 새 앨범에 자발적으로 '19금' 표시를 해 화제가 되고 있다. 이 가수는 "한 앨범으로 활동할 수 있는 기간은 보통 한 달 정도이다. 이번 앨범에 '19금'으로 판정받을 우려가 있는 가사가 있는데 심의 결과를 (㉠) 앨범 활동 기간이 크게 줄 것 같아 불가피했다."고 그 이유를 밝혔다. 한편 현재의 대중가요 심의 제도가 유명무실하다는 비판의 목소리도 높다. 노래가 '19금' 판정을 받더라도 청소년들이 유튜브와 같은 인터넷 사이트를 통해 쉽게 해당 노래를 접할 수 있기 때문이다. 따라서 대중문화 심의는 실질적인 효과가 없는 (㉡) 비판을 받고 있다.

9. ㉠에 알맞은 것을 고르세요.
① 기다리자니 ② 기다린답시고
③ 기다릴지언정 ④ 기다리기로서니

10. ㉡에 알맞은 것을 고르세요.
① 제도일 턱이 없다는 ② 제도면 다행이라는
③ 제도인 적이 없었다는 ④ 제도에 지나지 않는다는

읽기와 쓰기

1. 다음은 신문 기사의 제목입니다. 가장 잘 설명한 것을 고르세요.

열대야 관성 효과, 낮에 켠 에어컨 밤까지 계속

① 열대야 탓에 밤에 잠을 못 자는 사람들이 많다.
② 열대야 덕분에 에어컨 판매가 계속 증가하고 있다.
③ 열대야 때문에 낮에 켰던 에어컨을 밤에도 끄지 않는다.
④ 열대야를 이기기 위해 밤새워 일하는 사람들이 늘고 있다.

[2-3] 다음을 읽고 질문에 답해 보세요.

* **안압:** 눈의 압력

사람의 안압*은 보통 아침엔 높고 저녁엔 낮아진다. 국내 연구진이 안압이 하루 동안 변화하는 것이 중력의 영향이라는 사실을 우주인을 통해 처음으로 확인했다. 우주에서 8일 동안 생활한 사람의 안압은 지상보다 평균 26% 높았고 아침보다 저녁 안압이 낮은 일반적인 패턴도 사라졌다고 한다. 중력이 있는 지상에서는 혈액이 보통 다리 쪽에 많고 머리엔 적은데, 무중력 상태에선 혈액이 머리로 몰리면서 안압이 상승했기 때문이다.

건강한 사람도 잘 때는 (   ). 누워 있으면 중력의 영향으로 다리 쪽에 혈액이 많은 균형 상태가 깨지기 때문이다. 그러나 연구진은 안압의 변화 때문에 문제가 생기는 경우는 거의 없다고 밝혔다.

2. 이 글의 중심 내용으로 가장 알맞은 것을 고르세요.

① 사람의 안압은 하루 동안 큰 변화가 없다.
② 건강한 생활을 위해서는 안압을 낮추는 것이 중요하다.
③ 하루 동안 안압이 변화하는 것은 중력의 영향 때문이다.
④ 눈 건강을 위해 우주와 같은 생활 환경을 만드는 것이 좋다.

3. (   )에 들어갈 말로 알맞은 것을 고르세요.

① 안압에 변화가 없다.

② 안압이 조금 올라간다.

③ 안압이 낮아지게 된다.

④ 안압을 잘 관찰해야 한다.

[4-6] 다음을 읽고 질문에 답한 후 이야기해 보세요.

선거에서 투표율을 높이는 데 스타들의 투표 독려가 큰 영향을 미치고 있다. 스타들의 정치적 영향력은 점점 확대되고 있고 예전보다 사회 문제에 적극적으로 목소리를 내는 스타들도 많아졌다. 이렇게 스타들의 정치적 영향력이 커진 데에는 SNS가 큰 역할을 했다는 분석이다.

과거에는 스타들이 발언권을 행사할 수 있는 창구도 없었을 뿐더러 정치적 발언을 하는 것을 상당히 민감해했다. 정치적 논란에 휩싸이면 활동에 제약을 받기 때문이다. (㉠) 지금도 그런 논란은 여전히 존재하고 외압에 의해 프로그램에서 퇴출되는 사례도 있다. 하지만 SNS의 보편화는 '목소리를 낸다'는 것에 대한 부담을 일정 부분 덜어 줬다. (㉡) 스타들은 SNS를 통해 언제든 자신의 생각을 얘기할 수도 있고, 논란에 적극적으로 대응할 수도 있다. 실시간으로 쌍방향 소통을 하면서 스타와 팬의 거리도 가까워졌다. (㉢) 자연스럽게 스타들의 영향력도 커졌다. 실제로 한 포털 사이트에서 실시한 설문 조사 결과 과반수의 사람들이 투표 독려에 가장 많은 영향을 주는 인물로 연예인과 방송인을 꼽았다.

그러나 이를 바라보는 정치권의 시선은 곱지 않다. 스타들의 SNS를 통한 투표 독려가 투표 결과에 미치는 영향 또한 커졌기 때문이다. (㉣) 그러나 SNS를 규제하는 것은 표현의 자유를 침해하는 것이라는 의견이 팽팽하게 대립하고 있다.

4. 윗글에서 다음 문장이 들어가기에 가장 알맞은 곳을 고르세요.

이에 따라 선거 기간 동안 SNS를 통해 투표 인증 사진을 올리거나 특정 후보를 지지하는 글을 올리는 것을 규제해야 한다는 의견이 제기되었다.

① ㉠ ② ㉡ ③ ㉢ ④ ㉣

5. 이 글의 내용과 다른 것을 고르세요.

① 스타들의 정치적 영향력은 과거보다 훨씬 커졌다.

② SNS 때문에 팬들은 스타와 거리감이 있다고 느낀다.

③ 최근에도 정치적 논란 때문에 활동에 제약을 받는 연예인이 있다.

④ 스타들의 투표 인증 사진을 보고 투표를 하러 가는 사람들이 많아졌다.

6. 여러분은 스타의 영향을 받은 일이 있습니까? 이야기해 보세요.

7. 스타의 영향력에 대해 글을 써 보세요.

과거와 달리 스타가 우리 생활에 미치는 영향력은 매우 크다. ______

듣기와 말하기

1. 무엇에 대해 이야기하고 있는지 고르세요. track 8

① 지구 온난화의 심각성
② 온실가스의 종류와 역할
③ 온실가스를 줄이기 위한 방법
④ 해수면 상승과 온실가스의 관련성

[2-3] 다음 대화를 듣고 질문에 답해 보세요. track 9

2. 여자의 태도로 맞는 것을 고르세요.
① 상대방에게 조언을 구하고 있다.
② 상대방의 의견을 무조건 무시하고 있다.
③ 근거를 들어 자신의 주장을 뒷받침하고 있다.
④ 상대방의 의견에 동의하고 해결 방법을 찾고 있다.

3. 남자의 생각으로 가장 알맞은 것을 고르세요.
① 여름철에는 전기 수요가 급증한다.
② 원전 건설은 전기 공급에 도움이 안 된다.
③ 전기 사용을 줄이기 위해 전기 요금을 올려야 한다.
④ 발전소를 건설하기 전에 먼저 전기를 절약해야 한다.

[4-5] 다음 논평을 듣고 질문에 답해 보세요. track 10

4. 들은 내용과 같은 것을 고르세요.
① 인터넷 실명제 때문에 자살하는 사람도 있었다.
② 인터넷 실명제는 큰 효과가 있는 것으로 나타났다.
③ 인터넷 실명제는 악성 댓글을 막기 위해 시행되었다.
④ 인터넷 실명제는 표현의 자유를 보장하기 위한 제도이다.

5. 여자의 주장으로 맞는 것을 고르세요.

① 악성 댓글을 게시하는 사람들을 처벌해야 한다.

② 헌법 재판소의 판결은 시대와 맞지 않는 것이다.

③ SNS에 대한 규제는 표현의 자유를 침해하는 것이다.

④ 인터넷 실명제는 개인의 명예 보호를 위해 필요한 제도이다.

6. 인터넷 실명제에 찬성 또는 반대로 입장을 정해 토론해 보세요.

■ 악성 댓글로 인해 피해를 보는 사례가 증가하고 있으므로 규제해야 한다.

■ 표현의 자유를 침해하는 일이므로 인터넷 실명제를 시행하면 안 된다.

주장 제시하기	• 제가 생각하기에는 ~는 것 같습니다. • ~에 대한 제 생각을 말씀 드리자면 ~다고 생각합니다. • 저는 ~을 해야 한다고 봅니다.
주장의 근거 제시하기	• ~에 따르면[의하면] • 제가 ~은 바에 의하면[바로는] • ~에서도 알[확인할] 수 있듯이
동의하기	• ~다는 의견에 전적으로 동의합니다. • 저도 같은 입장[생각/의견]입니다. • 제가 말씀드리고자 하는 것도 바로 그 점입니다.
반박하기	• 일리가 있기는 하지만 ~다는 점에서는 문제가 있습니다. • 제 의견은 좀 다릅니다[저는 좀 다른 생각을 가지고 있습니다]. • 한편으로는 그럴 수도 있겠지만 ~다는 점에서는 받아들이기가 어렵습니다.

XIII 한국 사회의 문제

1 대학 교육의 정체성

어휘 교육의 목적과 내용

문법과 표현
- V-(으)ㄴ 끝에
- 어디 N뿐인가(요)?

읽기와 쓰기
- 젊은이들에게 조언하는 글 읽기
- 후배, 젊은이들에게 조언하는 글 쓰기

2 인구와 사회 문제

어휘 인구 변화와 사회 문제

문법과 표현
- V-느니만 못하다
- V-아/어 봤자[봤댔자]

읽기와 쓰기
- 수필 「난 은퇴를 기다린다, 요리사 꿈을 꾸며」 감상하며 읽기
- 은퇴 후 자신의 노후 계획에 대해 소개하는 글 쓰기

1. 대학 교육의 정체성

어휘

알맞은 말을 골라 문장을 완성해 보세요.

사원 연수	실무 능력	인성 교육
경쟁력을 갖추다	스펙을 쌓다	인재를 양성하다

1. 서울전자에서는 IT 분야를 이끌어 갈 ______________기 위해 전문 교육 프로그램을 마련했다. 이 프로그램의 참가 비용은 무료이며 교육을 받은 사람은 취업 시 가산점을 받을 수 있다.

2. 회사는 이번에 입사하는 신입 사원을 대상으로 일주일 동안 ______________을/를 실시할 예정이다. 신입 사원들은 이 기간 동안 회사 업무에 대한 교육과 사업장 방문 등의 일정을 거치게 될 것이다.

3. 학교 폭력이 심각한 사회 문제가 되면서 학교 교육에서 ______________이/가 강조되어야 한다는 의견이 제기되고 있다. 아이들에게 경쟁에서 무조건 이길 것만을 강요하기보다는 남에 대한 배려나 자기 겸손을 가르쳐야 한다는 것이다.

4. 요즘 대학생들은 원하는 기업에 취업하기 위해 좋은 학점, 어학 성적, 자격증과 같은 ______________는 데 상당한 노력을 기울이고 있다.

5. 우리 회사에서는 이번에 신입 사원을 뽑을 때 학력이나 학점보다는 실제 업무를 얼마나 잘 수행할 수 있는지에 더 큰 비중을 두었다. ______________이/가 있는 인재를 뽑기 위해 업무와 관련된 실기 시험을 실시했고 그 결과 현장에 바로 투입할 수 있을 정도의 능력을 가진 직원을 뽑게 되었다.

6. 농산물 수입이 증가하면서 농촌의 어려움이 더 커지고 있다. 수입 농산물에 맞서 우리 농산물이 ______________기 위해서는 소비자들의 입맛에 맞는 새로운 품종을 개발하고 유기농 농산물을 재배하는 등 농산물을 특성화시켜야 한다.

어휘 2

밑줄 친 표현의 의미를 설명해 보세요.

남들이 하는 대로 따라하지 않고 남과 구별되는 상품을 개발하려면 창의력이 필요하다.

새로운 생각을 해내는 능력.

1. 우리 기관에서는 교육의 수준을 높이기 위해 관련 전공 학위를 취득하고 10년 이상의 경력을 쌓아 전문성을 갖춘 교사들이 수업을 하도록 하고 있다.

2. 경기 불황의 영향으로 일자리가 점점 줄어들고 있다. 이 때문에 취업률이 높은 대학이나 학과의 인기가 날로 높아지고 이런 대학의 입학 경쟁 역시 치열해지고 있다.

3. 신입 사원 모집에서 학력이 아닌 능력을 중심으로 선발하자는 인식이 확산되면서 서류 전형을 없애고 필기와 면접시험만으로 사원을 채용하는 사례가 늘고 있다.

4. 대학은 진리를 탐구하는 곳이다. 새롭게 무언가를 알아 가는 즐거움을 깨닫고 보편적인 원리를 찾아내는 과정을 통해 인간과 사회를 이해하는 것이 대학 교육의 목적이다.

5. 전문가들은 사고력을 기르는 방법으로 독서를 추천한다. 독서를 하면 배경지식이 쌓이고 그것을 바탕으로 다양한 측면으로 생각하는 힘을 기를 수 있기 때문이다.

6. 새로 등산을 시작하는 사람들은 어떤 것을 준비해야 할지 잘 모르는 경우가 많은데 등산 관련 서적뿐만 아니라 인터넷을 통해서도 등산에 필요한 기본적인 지식을 습득할 수 있다.

어휘 3

그림을 보고 알맞게 써 보세요.

창의력	스펙을 쌓다	인재를 양성하다
실무 능력	경쟁력을 갖추다	지식을 습득하다
인성 교육	사고력을 기르다	전문성을 갖추다

1.

취업 준비생

저는 좋은 회사에 취직하고 싶어요. 그래서 저는 대학에 다니는 동안 학점과 어학 점수, 자격증과 같은 스펙을 쌓았어요.

2.

학부모

요즘 아이들은 공부만 중요하게 생각하고 남을 배려하는 마음은 없는 것 같아요. 저는 학교에서 ______________________.

3.

기업 임원

요즘 신입 사원과 일을 해 보면 자기 생각은 없고 시키는 일만 잘하는 것 같습니다. 대학에서 ______________________.

4.

대학 교수

대학은 취업만을 준비하기 위한 곳이 아닙니다. 학생들은 대학에서 ______________________.

어휘 4

❀ ______에 들어갈 말을 골라 넣으세요.

진리를 탐구하다 채용하다 스펙을 쌓다 창의력 실무 능력

요즘 대학생들은 대학을 다니는 동안 전공이나 교양 공부보다는 학점과 어학 능력과 같은 1.________는 데 힘쓴다고 한다. 기업이 신입 사원을 2.________ 때 이런 항목을 선발 조건으로 요구하는 경우가 많아서 원하는 기업에 들어가기 위해서는 어쩔 수 없다는 것이 대학생들의 반응이다. 기업은 기업대로 불만이 많다. 기업의 인사 담당자들은 요즘 대학 졸업자들은 남이 시키는 일만 잘할 뿐이고 3.________이/가 있는 인재는 찾기 어렵다고 생각한다.

그러나 기업이 출신 대학이나 어학 시험 고득점자 등 몇 개의 기준만 가지고 사원을 뽑는 경향이 있는 것도 사실이다. 실제 업무를 수행하는 데 필요한 4.________을/를 명확히 정하고 면접을 강화해 이런 능력을 갖춘 사람을 뽑는다면 대학생들이 더 이상 스펙에 목매지 않아도 될 것이다.

문법과 표현 1

V-(으)ㄴ 끝에

A 대화를 완성해 보세요.

고생하다 뒤지다 노력하다 청혼하다 아르바이트를 하다

1. 나나가 드디어 원하던 회사에 취직을 했대.

   정말 오랫동안 고생한 끝에 합격했구나. 언제 만나서 축하 파티를 해야겠네.

2. 선생님, 제가 처음 한국에 왔을 때는 한국어를 하나도 몰랐는데 이번 TOPIK 시험에서 6급을 받았어요. 그동안 가르쳐 주셔서 감사합니다.

   정말 잘됐네요. 저는 스티븐 씨가 열심히 ____________ 좋은 결과를 얻게 된 것이라 생각해요.

3. 정 선생님이 다음 달에 결혼을 하신다면서요?

네, 10년 동안 여자 친구에게 계속 ________________ 결국 결혼 승낙을 받으셨대요.

4. 목걸이를 잃어버렸다고 걱정하더니 어떻게 찾았어?

하루 종일 집안을 샅샅이 ________________ 옷장 서랍 속에서 발견했어.

5. 민수야, 대학 등록금이 없어서 걱정하더니 어떻게 마련한 거야?

응, 방학 동안 하루도 안 쉬고 열심히 ________________ 다행히 등록금을 마련했어.

B '-(으)ㄴ 끝에'를 넣어 글을 완성해 보세요.

고민하다	노력하다	지켜보다

같이 한국어를 공부하는 내 친구는 인기가 참 많다. 낯선 사람과도 편하게 이야기해서 만나는 사람마다 쉽게 친구가 되는 것 같다. 하지만 나는 정반대다. 낯선 사람을 만나면 오랫동안 그 사람을 1.__________ 조심스럽게 말을 꺼낸다. 그래서인지 다른 사람들도 나를 조심스럽게 대한다. 난 내 성격에 대해서 진지하게 고민을 하기 시작했다. 며칠 동안 2.__________ 친구에게 내 고민을 이야기했다. 친구는 내 말을 조용히 듣더니 미소를 띠며 말했다. 자신도 예전엔 나와 비슷한 성격이었는데 유학을 하는 과정에서 많은 친구들을 만나면서 인간관계 맺는 법을 배웠다고 한다. 그리고 오랫동안 3.__________ 지금과 같은 성격을 갖게 되었다고 했다. 그 말을 듣고 나도 앞으로 인간관계의 폭을 넓히기 위해 더 노력해야겠다는 생각이 들었다.

문법과 표현 2

어디 N뿐인가(요)?

A 다음과 같이 대화를 완성해 보세요.

> 옛날엔 TV나 신문을 보아야만 뉴스를 알 수 있었는데 요즘은 인터넷이 발달해서 서울뿐만 아니라 다른 지역 소식도 금방 알 수 있어요.
>
> 네, 어디 지역 소식뿐인가요? 전 세계에서 일어나는 일을 실시간으로 알 수 있어 더 편리하죠.

1. 65세 이상의 노인들은 지하철을 무료로 이용할 수 있다면서요?

   ________________? 박물관이나 고궁도 무료로 이용할 수 있어요.

2. 요즘 월급은 그대로인데 기름값이 많이 올라 걱정이에요.

   ________________? 생필품 가격도 모두 올라서 생활비가 많이 들어요.

3. 일자리가 없어서 취직을 못하는 대졸자*가 많아졌다면서요?

   ________________? 대학원을 졸업하고도 일자리를 찾기 어려운 경우도 있어요.

4. 예전엔 딸기를 초여름에만 먹었는데 요즘은 겨울에도 먹을 수 있네요.

   ________________? 농업 기술이 발달해서 사계절 내내 먹을 수 있는 과일이 많아졌어요.

* **대졸자:** 대학을 졸업한 사람.

B 신문 표제를 보고 대화를 완성해 보세요.

1. **치열한 취업난, 대학생들 학점, 어학 능력, 자격증 중시**

   요즘 대학생들은 예전 학생들보다 더 학점을 중시한다면서요?

   어디 학점뿐인가요? 어학 능력과 자격증도 중시하고 있어요.

2. **연휴 맞아 고속버스와 기차 운행 횟수 늘려**

연휴를 맞아 고속버스 운행 횟수가 늘어난다면서요?

______________________________.

3. **올겨울 독감 유행, 신종 플루 발생 가능성 높아**

올겨울 독감이 유행이라면서요?

______________________________.

4. **한류의 인기, 아시아를 넘어 유럽으로 확산**

아시아에서 한류의 인기가 아주 많다면서요?

______________________________.

읽고 쓰기 ❀ 다음 글을 읽고 질문에 답해 보세요.

미래의 주역, 젊은 학생들에게

정운찬(전 서울대 총장)

(가) 오늘날 한국의 고등 교육, 대학의 위기는 도대체 어디에서 기인한 것일까요? 어떤 분들은 교수진을 탓하고 어떤 분들은 학생들의 수준을 탓합니다. 정부의 교육 정책에서 문제의 원인을 찾기도 합니다. 이런 모든 것이 위기의 요인들임은 분명합니다만, 보다 근원적으로 위기의 성격을 바라볼 필요가 있다고 봅니다.

(나) 저는 우선 대학 본연의 위상과 역할을 중시하는 상식적인 접근이 필요하다고 생각합니다. 즉 대학을 대학답게 만드는 길을 찾는 것이 필요합니다. 대학이라는 제도가 존재해야 할 이유가 무엇인지, 그 본래적인 의미를 재확인하는 작업에서 시작할 필요가 있다고 봅니다.

(다) 저는 대학이 우리 사회에 '진리'의 존재와 그 불멸의 가치를 알려 주는 지성의 산실이 되어야 한다고 생각합니다. 대학이 고답적이고 폐쇄적인 상아탑의 역할에 자족해서도 안 되겠지만, 그렇다고 세속적인 이해관계에 좌우되는 공리주의에 지배되어서도 안 될 것입니다. 저는 대학의 이런 정체성을 위협하는 안팎의 어떤 요구나 강요에도 흔들리지 말고 대학이 스스로를 지켜 나가야 한다고 생각합니다.

(라) 우리 대학의 현실과 관련해 말씀드리면서 다소 무거운 '위기'에 관해 말씀드렸습니다. 그러나 위기(危機)는 글자 그대로 위험과 기회를 동시에 의미합니다. 저는 우리 대학이 처해 있는 위기에서 기회와 가능성에 더 무게를 싣고 싶습니다. 이러한 가능성을 실현하는 데는 미래의 주역이 될 젊은 학생들의 역할이 중요합니다. 힘들고 고단한 때일수록 우리는 새롭게 시작되는 미래에 희망을 가집니다. 젊은 학생 여러분이 학문에 대한 열정과 발랄한 심성으로 그 희망을 채우기를 바랍니다.

(마) 대학에서 여러분이 꿈꾸고 도전하게 될 많은 것 가운데 가장 중요한 것은 말할 것도 없이 학생으로서의 본분인 진리를 탐구하는 일입니다. 아무런 걱정 없이 오로지 학문에만 몰입할 수 있는 시기는 여러분이 학교를 졸업한 이후에는 주어지지 않을 것입니다. 그것은 대학에서 여러분이 가지게 될 값진 특권이라고 생각합니다. 저는 여러분이 누릴 학문의 즐거움이 보다 폭넓고 창의적이기를 바랍니다.

(바) 세계화와 정보화로 대변되는 여러분의 21세기는 늘 새로움과 변화를 추구하는 자세를 요구합니다. 이러한 시대에 여러분이 준비해야 할 것은 고정 관념을 깨뜨리고 모험을 두려워하지 않는 유목민의 정신입니다. 21세기 유목민은 정착하지 않는 떠돌이를 의미하는 것이 아닙니다. 특정한 가치 지향을 벗어나 다양한 가치와 사고를 통합하는 자유로운 창조 정신을 말합니다. 여러분의 진리 탐구를 향한 열정이 모든 경계를 넘나드는 자유로운 창조 정신을 바탕으로 세계로 뻗어 나가기를 기대합니다.

〈김용준 외 48인, 스무 살에 선택하는 학문의 길, 2005〉

1. 이 글의 중심 내용을 다음에서 골라 넣으세요.

공리주의와 대학의 위기	진리 탐구에 바탕을 둔 변화와 창조 정신
대학의 위기와 대학 정체성 확립	추구하는 학문에 대한 열정과 진리 탐구

(가), (나), (다)	① ______________________	대학의 위기 상황에서의 젊은이들의 자세
(라), (마), (바)	② ______________________	

2. 글쓴이의 생각이 아닌 것을 고르세요.
① 대학은 현재 위기 상황에 놓여 있다.
② 대학 위기의 원인은 교수와 학생 때문이다.
③ 대학이 위기를 극복하려면 대학의 정체성을 찾아야 한다.
④ 대학은 사회의 세속적인 이해관계의 지배를 받아서는 안 된다.

3. 이 글의 내용과 다른 것을 고르세요.
① 대학생의 본분은 진리를 탐구하는 것이다.
② 대학 시절은 학문에만 몰입할 수 있는 좋은 시기이다.
③ 대학생들이 자유로운 창조 정신은 있지만 학문에 대한 열정이 없다.
④ 대학생들은 진리 탐구의 과정에서 개방적이고 창의적인 사고를 할 필요가 있다.

4. 21세기에 요구되는 것은 무엇입니까?

5. 이 글을 읽은 독자의 반응으로 적절한 것을 고르세요.
① 대학이 진리 탐구를 하지 않아 위기에 빠졌겠군.
② 대학이 직업 교육도 함께 병행하는 것이 좋겠군.
③ 대학은 세계화 시대에 기업이 원하는 인재를 길러내야겠군.
④ 대학은 대학생들이 자유로운 창조 정신을 기르도록 유도해야겠군.

6. 여러분이 선생님이라면 학생(대학생, 고등학생)들에게 어떤 충고를 하고 싶습니까? 메모하고 글을 써 보세요.

젊은 학생들에게	( )
• 다양한 경험을 통해 창의력과 사고력 기르기(다양한 경험은 인생을 살아가는 데 가장 중요한 자본임) • 인성과 가치관 정립하기(선입견과 고정 관념을 가진 사람은 성숙할 수 없음)	• •

2. 인구와 사회 문제

어휘 1

서로 관계있는 것끼리 연결하고 문장을 완성해 보세요.

출산을	마련하다
노후 대책을	장려하다
생산성을	늘어나다
정년을	진입하다
평균 수명이	높이다
고령화 사회로	연장하다

1. 정부는 아이 낳기를 꺼리는 부부들에게 출산 비용과 아동의 교육비를 지원하는 등 출산을 장려하기 위해서 여러 대책을 마련하고 있다.

2. 한국은 2000년에 이미 전체 인구에서 65세 이상의 노인 인구가 차지하는 비율이 7% 이상이 되어 ______________.

3. 한국인의 수명은 여자 83.8세, 남자 76.8세로 나타났다. 1980년의 여자 70세, 남자 61.8세와 비교하면 급격하게 ______________ 것을 알 수 있다.

4. 군대에서도 ______________기로 해 눈길을 끌고 있다. 국방부는 '20년 근무' 보장을 검토하고 있는 것으로 알려졌다. 군인이 계급별 정년에 구애받지* 않고 20년까지 근무한 후 군인 연금을 받을 수 있도록 하는 방안이 검토되고 있다.

* **구애받다:** 방해가 되거나 영향을 받음.

5. 의학의 발달로 100세 장수 시대를 맞이하게 되었다. 은퇴하는 모든 사람이 즐겁게 노년을 맞이하는 건 아니다. 은퇴가 코앞이지만 ______________ 못해 걱정인 사람들이 많다.

6. 일주일에 35시간으로 근로 시간이 줄어들면 근로자는 근로 만족도가 높아지고 기업은 ______________ 수 있다는 연구 결과가 나왔다. 실제로 휴대폰 부품을 만드는 우영전자는 근로 시간을 줄이자 부품의 불량률이 줄어들고 근로 집중도도 높아졌다고 한다.

어휘 2

밑줄 친 표현의 의미를 설명해 보세요.

수명이 늘어나면서 노년기의 삶에 대한 관심도 많아지고 있다. 따라서 노인들의 여가 및 건강 등과 관련된 실버산업이 크게 성장하고 있다.

1. 전통적으로 한국에서는 큰아들이 결혼하여 늙은 부모를 부양해 왔으나 최근에는 분가해 따로 사는 경우도 많다.

2. 한국 전쟁 직후 피란*을 온 사람들이 모여 곳곳에 빈민촌을 형성하게 되었고 빈민촌 주민들 대부분이 일 없이 놀거나 일용직, 고물 수집 등으로 어렵게 생계를 꾸려 나갔다.

* **피란:** 난리를 피하여 옮김.

3. 국민체육진흥공단은 국제 대회에서 선수들의 경기력을 향상시키기 위해 공로가 인정되는 선수들에게 지급되는 연금을 인상하기로 했다. 선수들은 국제 대회 성적에 따라 매월 최저 30만 원에서 최대 100만 원까지 연금을 받게 된다.

4. 결혼이 늦어지고 아이를 낳지 않거나 적게 낳아서 사회의 노동력이 줄어들고 있다. 지금과 같이 출산을 꺼리는 현상이 지속된다면 한국은 일할 사람이 부족하게 될 것이다.

5. 아버지는 고등학교 교사셨는데 작년에 퇴직하셨다. 그런데 이제 그만 쉬실 법도 한데 요즘은 청소년 상담 센터에서 자원봉사를 하고 계신다.

6. 경로 우대 제도는 만 65세 이상 노인들이 철도와 지하철 등의 교통 요금, 공원, 고궁, 극장 등의 공공시설 이용 요금, 목욕과 이발 등의 서비스 요금 등에서 일부 할인이나 무료 혜택을 받는 제도이다.

어휘 3

❁ 다음 제도에 대해 써 보세요.

연금	퇴직하다	부양하다
저출산	출산율	정년을 연장하다
생산성	노후대책	생계를 꾸려나가다
고령화 사회	복지 제도	출산을 장려하다

1. **임금 피크제**

임금 피크제는 일정 수준 이상으로는 임금을 주지 않는 제도입니다. 즉 어느 정도의 연령이 된 근로자의 임금을 줄이는 대신 정년까지 고용하는 제도입니다.

2. **경로 우대 제도**

경로 우대 제도는 사회와 국가 발전에 힘쓴 노인들에게 보답하고자 공공시설을 무료로 이용하는 혜택을 주거나 요금을 할인해 주는 제도입니다. ______________________________.

3. **기초 노령 연금 제도**

기초 노령 연금 제도는 65세 이상 노인 중에서 소득 수준 하위 70%에 속하는 노인들에게 일정한 금액의 돈을 지급하는 제도입니다. ______________________________.

4. **국민연금 제도**

국민연금 제도는 나이가 들어 소득이 없어질 때를 대비하여 미리 일정한 돈을 적립한 후 월급처럼 돌려받는 제도입니다. 이 제도는 ______________________________.

어휘 4

✿ ______에 들어갈 말을 골라 넣으세요.

정책	생산성	저출산	평균 수명	복지 비용

1. 의학 발달로 사람들의 __________ 이/가 늘어나서 많은 사람들이 과거보다 더 오래 살게 되었어요.

2. 노인 인구는 증가하는 반면에 __________ (으)로 출산율은 그에 미치지 못해 사회가 전체적으로 늙어 가고 있지요. 그래서 국가의 __________ 이/가 떨어져 경제 발전에 걸림돌이 되기도 해요.

3. 그리고 노인 인구가 증가하면서 국가가 보조해야 할 의료비, 교통비 등의 각종 __________ 이/가 증가하고 있는 것도 문제 중의 하나예요.

4. 앞으로 한국도 저출산 고령화 사회에 대한 다양한 __________ 을/를 세우고 추진해 나가야겠어요.

문법과 표현 1

V-느니만 못하다

A 다음과 같이 대화를 완성해 보세요.

> 다이어트 또 실패했어. 이번엔 고기만 먹는 다이어트를 해 봐야겠어.
>
> 너처럼 다이어트를 한답시고 계속 음식을 먹다 말다 하면 건강을 해치게 돼. 그런 식으로 다이어트를 하는 건 안 하느니만 못해.

1. 이번 달부터 비타민을 먹어 볼까 하는데 어떤 제품이 좋을까?

   건강한 사람이 비타민을 오래 먹는 것은 ____________________. 의사가 먹으라고 하거나 영양이 부족한 경우가 아니라면 오히려 몸에 안 좋을 수도 있대.

2. 벌써 12시네. 수요일에 시험이라서 이거 다 읽어야 되는데 졸려서 글자가 잘 안 보여.

그렇게 졸면서 공부하는 건 ____________________. 푹 자고 내일 맑은 정신으로 하지 그래?

3. 녹차가 건강에 좋고 다이어트 효과도 높대. 그래서 오늘부터 물 대신 녹차를 마시기로 했어.

뉴스에서 보니까 녹차에는 카페인이 많이 들어 있어서 너무 많이 마시면 ____________________. 하루에 한 잔 정도만 마시는 게 좋을 것 같아.

4. 요즘 매일 한 시간씩 한강에서 자전거를 타요. 야외에서 운동하니까 기분도 상쾌하고 더 건강해지는 것 같아요.

요즘같이 황사가 심한 날에는 ____________________. 공기 중에 오염 물질이 많아서 호흡기 질환을 유발할 수도 있거든요.

B '-느니만 못하다'를 넣어 글을 완성해 보세요.

말하다	혼자 살다	모자라다	굶다

우리 사무실에는 나를 쫓아다니는 남자 직원이 있다. 퇴근 후에도 몇 번씩 문자를 보내고 주말에는 같이 저녁을 먹거나 영화를 보자고 한다. 지나친 것은 1.____________고 자꾸 그러니까 부담스럽기 짝이 없다. 어머니는 여자는 자기를 좋아해 주는 사람을 만나야 한다며 진지하게 생각해 보라고 하신다. 하지만 마음에 없는 사람과 결혼하는 것은 평생 2.____________고 생각한다.

어느 날 점심시간에 갑자기 약속이 취소되어 밥을 혼자 먹어야 하는 상황이 되었다. 내 사정을 알게 된 그 남자가 같이 점심을 먹자고 했지만 불편한 사람과 점심을 먹는 것은 3.____________는 생각에 거절했다. 그 남자는 눈치 없이 어디 아프냐면서 병원에 가 보자고 했다. 이렇게 계속 불편한 마음으로 지내는 것은 솔직하게 4.____________ 것 같아서 사실대로 이야기했다. 그 뒤로 그 남자는 더 이상 나를 쫓아다니지 않게 되었다. 그런데 왠지 모르게 허전해지는 이 마음은 무엇일까?

문법과 표현 2

V-아/어 봤자[봤댔자]

A 다음과 같이 대화를 완성해 보세요.

> 수강 신청해야 되는데 깜박 잊고 있었네. 빨리 컴퓨터실에 가야겠다.
>
> 지금 <u>해 봤자</u> 소용없을 걸. 5시에 마감하는데 벌써 6시가 넘었잖아.

1. 우리 애 생일 파티를 하려고 음식을 준비했는데 모자라지 않을까요?

   아이들이 ______________ 얼마나 먹겠어요? 이 정도면 충분해요.

2. 나나 씨가 내일 귀국한다던데. 지금이라도 늦지 않았으니까 좋아한다고 고백해 보지 그래?

   이제 와서 ______________ 무슨 소용이 있겠어? 그냥 평생 마음에 간직하면서 살고 싶어.

3. 우리 학교 기숙사를 새로 짓는대. 기숙사 안에 운동 시설은 물론이고 노래방에 영화관도 있대.

   아무리 시설 좋은 기숙사를 ______________ 무슨 소용이야? 우린 곧 졸업인데.

4. 벌써 퇴근 시간이네요. 김 대리님, 퇴근 안 하세요?

   집에 일찍 ______________ 할 일도 없고 기다리는 사람도 없는데요, 뭐. 나는 조금 더 있다 갈게요.

B '-아/어 봤자'를 넣어 댓글을 완성해 보세요.

1\. **출산율 높이기 위해 맞벌이 부부에게 양육비 지원**

➜ Re : 양육비를 지원해 봤자 출산율이 높아지지는 않을 것 같아요. 지원금보다는 맞벌이 부부가 아이를 양육할 수 있도록 보육 시설을 확충하는 게 더 필요하다고 생각해요.

2\. **정부의 관리 감독 소홀로 원전 사고 발생, 정부에 대한 비난 여론 거세**

➜ Re : ______________________. 이미 일어난 일이니 빨리 대책을 세우는 게 시급해요.

3\. **연구 결과 감기약 큰 효과 없어, 휴식이 가장 효과적**

➜ Re : 사람들에게 알려진 것과 달리 ______________________. 감기에 걸리면 푹 쉬어야 나을 수 있어요.

4\. **정부의 일자리 늘리기 노력 수포로, 청년층의 대기업 선호 여전**

➜ Re : 정부가 청년층의 실업을 해결하기 위해 ______________________. 청년들은 여전히 중소기업보다 대기업을 선호하고 있어요.

읽고 쓰기

❁ 다음 수필을 읽고 질문에 답해 보세요.

난 은퇴를 기다린다, 요리사 꿈을 꾸며

유상호(한국투자증권 사장)

은퇴를 하면 나는 제일 먼저 요리 학원에 등록할 생각이다. 그리고 요리사가 될 것이다. 아내는 20여 년 전 미국 유학 시절 때 딸아이를 낳았다. 물론 문화의 차이겠지만 힘든 출산을 마친 아내에게 당시 미국의 병원에서 내온 산모 음식은 빵 조각과 수프가 전부였다. 장모님이 오시기로 했지만 시간이 필요했고 그때까지 계속 빵만 먹게 할 수는 없었다. 조금이라도 산후 조리를 시켜야겠다는 생각에 나는 직접 미역국과 밥을 해 병원으로 나르기 시작했다. 그런데 음식을 해 보니 의외로 재미있었다. 똑같은 재료로 똑같은 시간에 수많은 사람이 요리를 해도 백이면 백 그 맛과 모양이 다르다. 이건 가장 창조적인 예술 행위의 하나가 아닌가. 이게 내 요리 인생의 시작이었다. 그 후에 영국 런던으로 전근을 가게 됐는데 7년 넘게 주말이면 수퍼에서 장을 보고 요리를 했다. 즐거웠다. 일요일 아침 정성껏 음식을 준비한 후 아내와 딸을 깨워 함께 식사하는 아침 시간의 풍경이야말로 내가 느껴 본 최고의 행복이었다.

그러나 10여 년 전에 한국으로 돌아오고 회사에서도 부사장, 사장이라는 직위를 맡게 된 이후부터는 나는 이 좋아하는 요리를 제대로 해 본 적이 별로 없다. "아빠, 1년에 한두 번 어쩌다 하는 건 취미가 아니에요."라는 딸아이의 말이 맞을지도 모른다. 그래서 나는 다시 자유로워질 은퇴를 기다린다.

요리를 배우게 되면 우선 상대적으로 간단하고 여러 사람이 나누어 먹기 편리한 이태리 요리부터 시작하는 게 좋을 것이다. 가족이나 가까운 벗들을 초대해 내가 직접 만든 음식을 대접한다는 것은 예나 지금이나 정말 즐거운 일이다. 이들과 함께 할 나만의 공간을 따로 만들어 내가 만든 음식에 술까지 한잔 곁들인다면 세상에 무엇이 부러울까.

은퇴 후 또 다른 계획도 있다. 나만의 방법으로 전 세계를 두루 여행하는 것이다. 나는 여행을 다른 사람보다 수배 더 즐기는 방법을 알고 있다. 좋아하는 취미와 인연이 있는 여행지를 찾는 것이다.

나는 어릴 때부터 광적으로 영화를 좋아했다. 그중에서도 가장 좋아했던 영화를 꼽으라면 주저 없이 뮤지컬 영화의 대명사로 불리는 '사운드 오브 뮤직'이다. 1991년 이 영화의 배경인 오스트리아의 잘츠부르크를 처음 찾았을 때 느꼈던 짜릿함은 아직도 잊을 수가 없다. 촬영 배경이 된 장소들을 둘러볼 때마다 영화의 장면들이 그대로 살아나는 듯한 아찔한 감흥에, 그 이후 오스트리아 인근을 지나칠 때마다 잘츠부르크를 찾았으니 벌써 일곱 번도 넘게 간 것 같다.

그 이후 여행을 떠나기 전에는 해당 지역을 배경으로 찍은 영화를 미리 골라서 보고 떠나곤 했다. 요리를 취미라고 여기고 있고 스스로 미식가로 자처하는 사람으로서 각 지방 고유의 전통 음식을 찾아 그에 얽힌 스토리까지 챙겨 가며 먹는 것은 여행이 주는 또 다른 별미였다. 그래서 은퇴 후에는 '영화와 함께 하는 세계 여행, 식도락과 함께 하는 세계 여행'이라는 제목의 책도 한번 써 보고 싶다.

요즘 내 스트레스 해소법은 이렇게 신나는 노후 생활을 상상하는 것이다. 그러면 온몸에 엔도르핀이 절로 솟는 것을 느낀다. 상상을 통해서라도 지금의 생활이 풍요로워진다면 그 또한 좋은 일이 아니겠는가. 또 이런 계획을 갖고 있다는 것이 현실의 힘든 상황을 버텨 나갈 수 있는 원동력이 되고 더 열심히 살 수 있는 힘이 된다면 일석이조가 아닐까.

나는 오래전부터 인생의 장기 계획의 하나로 은퇴 후 인생을 설계하는 데 많은 시간을 할애해 왔다. 앞으로 현직에 얼마나 더 있을지 몰라도 조만간 평균 수명이 90을 훌쩍 넘어설 수도 있다고 하니 은퇴 후의 삶이 어쩌면 진짜 인생이라는 생각이 들었기 때문이다. 지금과는 다른 차원의 새로운 사회생활이나 나 자신만을 위한 시간, 그리고 가족들과 함께 추억 만들기 등 그 어느 것 하나 소중하고 신나지 않은 것이 없다. 그래서 나는 은퇴가 기다려진다.

왜 우리나라에서는 자발적으로 후계자에게 자리를 물려주고 은퇴하거나 아니면 새로운 자리에 연연해하지 않는 멋진 CEO나 리더를 찾아보기 어려운 걸까. 사람의 욕심이 끝이 없어서일 수도 있겠지만 아마 은퇴 후의 멋진 인생을 미리미리 준비해 두지 못해서는 아닐까 싶다. 현직에서의 부담이나 스트레스보다 더 나은 삶이 기다리고 있다면 두려울 것이 없을 것이다. 은퇴 후의 내 꿈은 '행복을 나눠 주는 요리사'다. 그러다 혹시 누가 알겠는가? 영화를 테마로 한 레스토랑을 차리게 돼 주방장 겸 레스토랑 CEO가 될지.

조선일보(2010. 1. 13.)

1. 글쓴이는 은퇴 후 어떤 계획을 세우고 있습니까?

2. 글쓴이가 요리를 시작하게 된 계기는 무엇입니까?

① 영국 런던에서 주말마다 가족들의 식사를 챙겨 주었다.

② 오스트리아의 잘츠부르크에서 요리를 배우기 시작했다.

③ 유학 시절에 아내의 산후 조리를 위해 음식을 만들었다.

④ 간단한 이태리 요리를 만들어 가족과 친구들을 초대했다.

3. 윗글의 내용과 일치하지 않는 것을 고르세요.

① 글쓴이는 은퇴 후 인생을 설계하는 데 많은 시간을 할애해 왔다.

② 글쓴이는 요즘 노후 생활을 상상하며 스트레스를 해소하고 있다.

③ 글쓴이는 '영화와 함께하는 세계 여행'이라는 책을 쓰기 시작했다.

④ 글쓴이는 회사에서 직위가 높아지면서 요리를 자주 해 보지 못했다.

4. 여러분은 은퇴 후에 노후를 어떻게 보내고 싶습니까? 메모하고 글을 써 보세요.

나의 노후 계획

그 이유

XIV 한국의 정치와 경제

1 한국의 정치와 민주화

어휘 독재와 민주화 운동

문법과 표현
- V-(으)랴 V-(으)랴
- V-(으)ㄹ세라

읽기와 쓰기
- 민주주의에 대해 설명하는 글 읽기
- 자국의 정치 체제와 문제점에 대해 설명하는 글 쓰기

2 한국의 경제와 성장 과정

어휘 빈곤과 경제 발전 과정

문법과 표현
- N을/를 불문하고
- V-(으)ㄴ/는 이상

읽기와 쓰기
- 한국 경제 성장에 대한 기사 읽기
- 자국의 경제 발전을 위해 필요한 요소에 대한 의견 쓰기

1. 한국의 정치와 민주화

어휘 1

알맞은 말을 골라 문장을 완성해 보세요.

선출되다	취임하다	고문하다
언론을 통제하다	정권을 연장하다	시위하다

1. 한국의 대통령은 투표로 ________________. 이렇게 국민이 뽑은 대통령은 5년 동안 국가의 지도자로 일하게 된다.

2. 지난 주말 5만 명의 대학생들이 물가 상승률보다 높은 등록금 인상률에 항의해 서울광장에 모여 데모를 했다. 최근 대학교의 일방적인 등록금 인상에 반대해 ________________ 대학생들이 점차 늘고 있다.

3. 북한 전문가 서재덕 씨는 북한의 핵무기 개발은 ________________기 위한 수단이라고 말했다. 대내외적으로 강력한 힘을 보여 줌으로써 자신들의 정치권력을 계속 유지하고자 한다는 것이다.

4. 나는 결혼식을 앞두고 웨딩드레스를 입기 위해 다이어트를 하고 있다. 그런데 내 앞에서 나를 ________________ 듯이 라면을 맛있게 먹고 있는 동생을 보니 얄미웠다.

5. 박정희 대통령은 1963년 12월에 한국의 제5대 대통령에 ________________. 박 대통령은 대통령직을 시작하면서 헌법을 존중하고 국민과 나라의 자유를 지키겠다는 연설을 했다.

6. 독재자들은 모두 ________________다는 공통점이 있다. 이는 신문, 텔레비전 등 매체의 표현의 자유를 제한함으로써 독재에 대한 비판을 막을 수 있기 때문이다.

어휘 2

밑줄 친 표현의 의미를 설명해 보세요.

김 감독은 축구 대표팀의 부진한 성적을 이유로 감독직에서 물러나겠다고 밝혔다. 이날 김 감독은 그동안 대표팀을 응원해 준 국민 여러분께 감사하다는 말을 남겼다.

1. 박정희 대통령은 장기 집권을 위해 1972년 10월에 10월 유신으로 불리는 개헌을 해서 자신의 정치권력을 연장하려고 했다.

2. 한국의 대통령 임기는 5년으로 정해져 있다. 집권하는 5년 동안 국민을 통치하고 나라의 일을 책임진다.

3. 최근 부정을 저지른 은행 직원이 경찰에 붙잡혔다. 이 직원은 은행에 맡기고 오랫동안 찾아가지 않는 노인들의 계좌에서 돈을 훔쳐 낸 혐의를 받고 있다.

4. 보수 성향의 사회 비평가 S 씨는 최근 신작 〈진보 세력이 집권하기 힘든 이유〉를 펴냈다. 이 책에서 S 씨는 야권 세력이 정치적인 권력을 잡을 수 없는 이유에 대해 자기 나름의 시각으로 설명하고 있다.

5. 독재 정권 시절 정부는 신문, 잡지 같은 출판물을 검열해 정권을 비판하는 내용을 싣지 못하도록 했다. 외국 잡지의 경우에 불리한 내용은 해당 부분을 삭제하고 발행했다.

6. 박정희 대통령은 원래는 군인 신분이었으나 쿠데타를 일으켜 대통령이 되었다. 박 대통령은 무력을 사용해 불법적인 방법으로 국가 권력을 잡았다.

어휘 3

신문 표제를 보고 알맞게 써 보세요.

간접 선거 / 직접 선거	부정 선거	정권을 연장하다
물러나다	부정을 저지르다	정권을 잡다[집권하다]
고문하다	시위[데모]하다	언론을 통제하다

1. **1960년 4 · 19 혁명, 부정 선거에 시민 분노**

1960년 4월 19일에 4 · 19 혁명이 일어났다. 정부가 부정 선거를 했다는 것을 안 국민들이 시위를 했다.

2. **1961년 5 · 16 쿠데타, 박정희 대통령 취임**

1961년 5월 16일에 5 · 16 쿠데타가 일어났다. 박정희 대통령은 이 쿠데타로 ______________________.

3. **1980년 5 · 18 광주 민주화 운동, 시위대에 무차별 발포**

1980년 5월 18일에 5 · 18 광주 민주화 운동이 일어났다. 정부는 군인들을 광주로 보내 ______________________.

4. **1987년 6 · 29 선언, 직접 선거 제도 수용**

1987년 6월 29일 노태우 대통령 후보는 6 · 29 선언을 했다. 이 선언을 통해 간접 선거 제도를 포기하고 국민들이 원하는 ______________________.

어휘 4

_______에 들어갈 말을 골라 넣으세요.

임기　　간접 선거　　직접 선거　　독재자

한국의 대통령은 한국 국민들이 원하는 후보에 직접 투표하는 1.__________ 제도로 선출된다. 대통령은 5년 단임제로, 대통령이 되어 집권할 수 있는 2.__________은/는 5년으로 정해져 있고 대통령이 될 수 있는 기회도 1회로 제한된다. 5년 단임제는 3.__________의 장기 집권을 막기 위한 제도이다.

문법과 표현 1

V-(으)랴 V-(으)랴

A 다음과 같이 대화를 완성해 보세요.

요즘 아르바이트한다면서? 할 만해?

말도 마. 처음이라 그런지 아르바이트하랴 공부하랴 너무 힘들어.
(아르바이트하다 / 공부하다)

1. 이번 행사의 목적은 무엇입니까?

   이번 행사는 ______________________ 눈코 뜰 새 없이 바쁜 직장 여성들에게 휴식의 시간을 주기 위해 마련된 것입니다.
   (회사에 다니다 / 아이들을 돌보다)

2. 결혼하니까 어때? 신혼이라 좋지?

   ______________________ 힘들어 죽겠어. 남편이 집안일 좀 같이 해 줬으면 좋겠어.
   (회사 일을 하다 / 집안일을 하다)

3. 나 지난주에 1일 요리 강습 다녀왔잖아. ______________________ 정신이 하나도 없었지만 내가 직접 만든 음식을 먹으니 좋긴 하더라.
   (설명을 듣다 / 음식을 만들다)

   재미있었겠다. 다음에는 나도 데려가 줘.

4. 회장님, 취업을 위해 ____________________ 바쁘게 사는 대학생들에게 한 말씀 해 주시지요.

스펙을 쌓다 / 봉사 활동을 하다

무조건 스펙을 쌓기보다는 기업이 필요로 하는 인재가 어떤 사람인지 먼저 파악하고 그에 맞는 준비를 하는 것이 더 효과적이리라 생각합니다.

B 신문 표제를 보고 '-(으)랴 -(으)랴'를 넣어 댓글을 완성해 보세요.

1. **가사 노동의 경제적 가치 월 161만 원으로 평가, 주부들 불만 토로**

➡ Re : 빨래하랴 청소하랴 집안일이 얼마나 많다고요. 주부들이 하는 일에 비해 가사 노동의 가치를 너무 적게 평가한 것 같아요.

2. **지방 출신 대학생 학비 · 방세 부담 커, 장학금 확대하기로**

➡ Re : ____________________. 지방 출신 대학생에게 장학금을 더 주는 것은 당연하다고 생각해요.

3. **운전 중 휴대 전화 사용하면 집중 못해, 벌금 올리기로**

➡ Re : ____________________. 운전할 때 휴대 전화 사용을 막기 위해 벌금을 더 올려야 해요.

문법과 표현 2

V-(으)ㄹ세라

A 다음과 같이 대화를 완성해 보세요.

앵커 : 김민수 기자, 월요일 출근길 표정 전해 주시죠.

기자 : 네, 저는 서울역 버스정류장에 나와 있습니다. 지금 이곳은 버스를 기다리는 사람들과 버스를 놓칠세라(버스를 놓치다) 정신없이 뛰는 사람들로 인해 매우 혼잡한 상황입니다.

1. 진행자 : 5월인데도 상당히 덥네요. 벌써 바다 수영을 즐기는 사람들도 있다면서요?

   리포터 : 네, 오늘 낮 부산의 한 해수욕장의 풍경입니다. 옷과 신발이 ________(물에 젖다) 망설이던 사람들이 더위를 참지 못하고 바다에 뛰어들어 수영을 즐기는 모습이 종종 포착되고 있습니다.

2. 진행자 : 이번에 출판한 소설의 주인공이 작가님의 어머님과 상당히 비슷하다고 들었는데요.

   작가 : 네, 저희 어머니가 상당히 고생을 많이 하셨는데요. 날도 밝기 전에 ________(가족들이 깨다) 조용조용 밥을 지어 놓으시고는 정작 당신은 아침밥도 못 드시고 새벽일을 나가셨습니다.

3. 앵커 : 이번에는 날씨를 알아보겠습니다. 이유진 리포터.

   리포터 : 밤새 눈이 많이 내린 데다가 쌓인 눈이 얼어붙어 길이 매우 미끄럽습니다. 시민들은 행여 ________(눈길에 넘어지다) 한발 한발 조심스럽게 내딛고 있는 상황입니다.

4. 앵커 : 장애인들의 축제인 동계 스페셜올림픽이 오늘 막을 내리는데요. 자원봉사자들의 활약상을 김나나 기자가 전합니다.

   기자 : 100m를 전력 질주한 선수가 골인하자 ________(감기라도 걸리다) 자원봉사자들이 선수보다 빠른 속도로 뛰어가 담요로 몸을 감쌉니다. 이 같은 자원봉사자들의 뜨거운 성원 덕에 큰 사고 없이 올림픽이 막을 내립니다.

B '-(으)ㄹ세라'를 넣어 글을 완성해 보세요.

밟다　　눈치를 채다　　누가 훔쳐 가다　　망가지다

나는 사진 찍는 것을 좋아한다. 나한테는 카메라가 세 대나 있기 때문에 아내는 더 이상 카메라를 사지 말라고 했다. 그런데 갖고 싶은 카메라가 또 있어서 아내 몰래 비싼 카메라를 샀다. 아내가 1.__________ 카메라를 회사 책상 서랍에 넣어 두고 다녔다. 퇴근을 할 때는 2.__________ 책상 서랍을 꼭 잠갔다.

어느 날 점심시간에 직장 동료가 날씨도 좋으니 공원에 나가서 사진을 찍자고 했다. 나는 별로 내키지 않았지만 그러기로 했다. 카메라가 3.__________ 조심조심 다뤘다. 그런데 갑자기 아이가 뛰어와 부딪히는 바람에 카메라 렌즈에 금이 갔다. 수리비가 꽤 들었는데 후회해 봤자 소용없는 일이었다.

읽고 쓰기

다음 글을 읽고 질문에 답해 보세요.

민주주의를 아십니까?

민주주의는 어원상 인민(원래는 가난한 다수의 사람)을 의미하는 demos와 권력 혹은 지배를 의미하는 kratos의 합성어로서 어원적으로는 '가난한 다수의 지배'를 의미합니다. 이 때문에 고전 시대의 민주주의는 무식하고 가난한 사람들이 수적인 우세에 입각해서 권력을 행사하는 것을 뜻했습니다. 그래서 플라톤과 같이 지식을 중시했던 사람들은 민주주의를 가장 나쁜 정치 체제로 평가했던 것입니다.

그러나 문명이 발전하고 사회가 진화하면서 대다수 인민들은 교육의 혜택을 받기 시작하고 물질적인 여유도 확보해 감으로써 민주주의는 긍정적인 의미로 사용되기 시작했습니다. 그리하여 19세기 중반 이후에는 인민의 자치 능력을 긍정하면서도 그 어원에 충실한 민주주의에 대한 간결한 정의가 등장했습니다. 아마 여러분들은 미국의 링컨 대통령이 1863년 게티스버그 연설에서 제시한 민주주의의 정의를 잘 알고 있을 것입니다. 민주주의는 '인민의, 인민에 의한, 인민을 위한 통치'라는 정의를 말입니다.

이 정의는 다소 현실과 동떨어져 있긴 하지만 민주주의에 대한 가장 간결하면서도 풍부한 정의입니다. 먼저 이 정의는 민주주의 하에서의 정치권력은 인민에게 귀속된다는 주권재민의 의미를 담고 있습니다. 오늘날 인민의 범주에는 모든 남녀 성인들이 포함되어 있으므로 한 나라의 모든 남녀 성인들이 정치권력의 주인이란 의미가 담겨져 있습니다. 다시 말해 정치권력의 원천과 소재가 모든 인민에게 있다는 뜻입니다.

또한 링컨의 민주주의 정의는 정치권력이 인민의 소유일 뿐만 아니라 그 인민에 의해 행사된다는 의미를 포함하고 있습니다. 인민은 자신들이 직접 권력을 행사하거나 그러기가 어려울 때는 대표자들을 선출해서 간접적인 방식으로 권력을 행사할 수 있습니다. 전자는 '직접 민주주의', 후자는 '대의 민주주의'라고 부릅니다. 복잡하고 거대한 현대 사회를 배경으로 볼 때, 현실적으로 대의원들을 통한 간접 민주주의가 보편적이며 유리하다고 할 수 있을 것입니다. 그러나 대의원들이 대부분 인민의 기대에 못 미치기 때문에 요즘은 인민의 직접적인 정치 참여가 다시 분출하고 있는 실정입니다.

어쨌든 민주주의를 인민의 자치라는 관점에서 이해하는 것은 여전히 유효합니다. 그 결과를 떠나서 민주주의는 인민 다수의 합의를 통해 정치 공동체의 문제를 풀어 나가는 정치 원리이기 때문입니다. 근대 이후 인민은 교육을 통해 계몽되었기 때문에 공동체의 문제를 능히 풀어 갈 능력이 있다고 여겨졌습니다. 그런데 이 부분에서 다음과 같은 점이 강조될 필요가 있습니다. 민주주의는 결코 어떤 문제를 풀기 위한 수단에 지나지 않는다는 견해를 경계해야 한다는 점을 말입니다. 만일 민주주의를 어떤 사회 · 경제적인 문제를 해결하기 위한 일정한 절차 혹은 수단이라고만 이해한다면 그런 문제를 해결하기 위한 보다 효율적인 방법이 제시될 경우에 민주주의는 불필요하게 될 수 있습니다. 우리나라에서도 과거의 독재자들이 이런 논리를 사용하여 인민을 우롱했고 독재 체제를 강화시켜 나갔습니다. 그들이 흔히 써먹었던 내용은 경제 성장과 대북 관계였음을 잘 알고 있을 겁니다. 경제 성장을 위해서는 민주주의가 비효율적이므로 경제 성장을 이룰 때까지는 권위주의 정치가 불가피하다고 선전했고 안보를 위해서 민주주의를 제약해야 한다는 주장을 정당화했던 것이지요.

그러나 민주주의는 단순히 사회 · 경제 문제를 해결하기 위한 절차 내지 수단만은 아닙니다. 그렇다면 저들 독재자들의 논리도 옳을 수 있을 테니까요. 민주주의는 무엇보다도 합리적이고 자유로우며 평등한 존재들이 그들의 자유와 평등과 합리성을 실현하기 위해 요구하는 절차이며 질서인 것입니다. 다시 말해 자유롭고 합리적이며 평등한 인간성을 실현하기 위한 필수 불가결한 질서의 원리라는 것입니다. 근대 서구인들은 자신들을 그와 같이 자유롭고 합리적인 존재로 인식했고 그런 인간성을 표현하고 발전시키기 위한 유일한 방법으로 민주주의를 발전시켰던 것입니다. 그러므로 민주주의는 어떤 다른 목적을 위해 존재하는 것이 아니라 일차적으로 자유롭고 평등하며 합리적으로 살아가고자 하는 개인들의 도덕적 특성을 표현하기 위해 존재하는 것입니다. 그런 의미에서 민주주의 그 자체는 고유한 의미와 가치가 있다고 말할 수 있겠습니다.

〈김비환, 데모크라토피아를 향하여, 2000〉

1. 부정적으로 인식되던 민주주의의 의미가 긍정적으로 받아들여진 계기는 무엇입니까?
   ① 인민들이 직접 정치에 참여하는 기회가 대폭 늘어났기 때문이다.
   ② 인민에 의한 정치가 긍정적이라는 평가를 받기 시작했기 때문이다.
   ③ 문명과 사회 제도가 발전하여 자유로운 의사소통이 가능했기 때문이다.
   ④ 인민들이 교육을 받고 경제적인 여유가 생겨 사회적 지위가 높아졌기 때문이다.

2. 윗글의 내용과 <u>다른</u> 것을 고르세요.
   ① 민주주의는 어원상 '가난한 다수의 지배'를 의미한다.
   ② 고전 시대부터 민주주의는 가장 이상적인 정치 형태로 인정받았다.
   ③ 링컨 대통령이 말한 민주주의의 정의에는 주권 재민의 의미가 포함된다.
   ④ 민주주의는 단순히 사회 경제적인 문제를 해결하기 위한 수단은 아니다.

3. 한국의 독재 정치 시절에는 어떤 논리로 민주주의를 억압했습니까?

4. 여러분 나라는 어떤 정치 체제입니까? 정치 체제와 그 정치 체제의 문제점에 대해 글을 써 보세요.

정치 체제	
정치 체제의 문제점	

2. 한국의 경제와 성장 과정

어휘 1

❀ 알맞은 말을 골라 문장을 완성해 보세요.

중산층	실업률	부익부 빈익빈 현상
IMF 경제 위기	외화 획득	경제 개발 5개년 계획

1. 한국은 1962년부터 정부의 주도로 ________________을/를 실시했다. 5년 단위로 이루어진 이 개발 계획으로 인해 한국 경제는 급속히 발전하기 시작했다.

2. 한국 건설 회사들이 중동에 진출한 후, 많은 노동자들이 뜨거운 사막의 땅에 가서 밤낮없이 일하여 월급을 송금했다. 이 중동 진출로 인한 ________________은/는 국가 경제 발전에 큰 도움을 주었다.

3. 요즘 대학교를 졸업하고도 일자리를 찾지 못하는 젊은이들이 늘어나고 있다. 최근 30세 이하의 청년들의 ________________이/가 8%가 넘었다는 보도도 나오고 있다.

4. 1997년 11월 한국 경제에 위기가 닥쳐왔다. 많은 공장이 부도가 나서* 문을 닫게 되었고 수많은 사람들이 일자리를 잃은 채 길거리에 나와 노숙자가 되기도 했다. 이처럼 ________________로 인해 많은 사람들이 경제적으로 고통을 겪었다.

* 부도가 나다: 기한이 되어도 약속 받은 돈을 지불받지 못하게 되다.

5. 자본주의 사회에서는 자유로운 경쟁을 통해 경제 활동이 이루어지므로 부자들은 더 부자가 되고 가난한 사람은 더 가난해지는 ________________이/가 생기기도 한다.

6. 사회가 안정되려면 소득이 높은 상류층이나 소득이 낮은 하류층보다 중간 수준인 ________________의 비율이 더 높아져야 한다. 정부는 이를 고려해 경제 정책이나 제도를 추진해야 한다.

어휘 2

❀ 밑줄 친 표현의 의미를 설명해 보세요.

국민들의 빈부 격차가 커지면 사회적으로 불안정해지기 쉽다.

경제적인 면에서 볼 때 가난한 사람과 부유한 사람 간의 차이.

* **폐허:** 건물 등이 부서져 내려 황폐해진 곳.

1. 한국은 1950년 한국 전쟁을 겪고 나서 전쟁의 폐허* 속에서 대부분의 국민들이 먹을 것이 없어 힘겨워 하던 절대적 빈곤의 시대를 경험했었다.

2. 한국인의 교육열은 한국 사회를 빠르게 발전시킨 원동력이 되었다는 평가를 받는다. 자신은 아무리 고생을 하더라도 자식에게는 더 좋은 교육을 시키려는 교육열은 한국의 고속 성장을 가능하게 한 요인이다.

3. 1960년대 이후 산업화가 진행되면서 해마다 50만 명 이상의 농촌 주민들이 도시로 이주했다. 이러한 이농 현상으로 인해 농촌 인구는 감소하고 도시 인구는 급격히 늘어났다.

* **관건:** 문제 해결의 가장 중요한 부분.

4. 지하자원이 적고 국토가 좁은 나라에서는 인적 자원을 개발하는 것이 국가 발전에 중요하다. 회사의 경우도 마찬가지여서 사람을 잘 관리해 능력을 최대한 발휘하게 하는 것이 회사 발전의 관건*이라 할 수 있다.

5. 아동 센터는 경제적으로 어렵게 살아가고 있는 빈민층 아동의 교육과 식사 등을 맡고 있으며 초등학생은 물론이고 미취학 아동과 중학생을 대상으로 보충 과외 수업도 실시한다.

어휘 3

❀ 신문 표제를 보고 알맞게 써 보세요.

빈부 격차	빈곤의 악순환	원동력
고소득층 / 저소득층	분배하다	상대적 빈곤
국민 소득	빈민층 / 하류층	

1.

상위 1%가 전체 국민 소득의 1/6을 차지하고 있다. 이것은 빈부 격차가 크다는 것을 보여 주는 하나의 사례이다.

2.

부모가 저소득층이냐 고소득층이냐에 따라 사교육비 지출에도 매우 큰 차이가 나고 있다. ____________________.

3.

국민의 60%가 다른 사람과 비교해 볼 때 자신이 가난하다고 느끼는 것으로 나타났다. ____________________.

4.

최근 K 회사가 직급에 관계없이 전 직원에게 똑같이 이익금을 나눠 주어 화제가 되고 있다. ____________________.

어휘 4

❀ ________에 들어갈 말을 골라 넣으세요.

공업	첨단 산업	서비스업	농업	수산업	산업화

한국에서 1.________이/가 시작된 것은 오래된 일이 아니다. 1960년대의 한국은 2.________(이)나 3.________와/과 같은 1차 산업이 60%에 달했다. 그런데 점차 경제가 발전하면서 산업의 형태도 바뀌어서 1970년대 이후 경제 개발 시기에는 공장에서 물건을 만들어내는 4.________이/가 산업의 중심이 되었다. 또한 지금은 컴퓨터나 휴대폰, 반도체 등과 같이 고도의 기술을 필요로 하는 5.________이/가 경제의 중심이 되고 있다.

문법과 표현 1

N을/를 불문하고

A 다음과 같이 문장을 바꿔 보세요.

> 이 디자인은 동양이나 서양에서 모두 인기가 있습니다.
>
> ➜ 이 디자인은 동서를 불문하고 어디에서나 인기가 있습니다.

1. 불고기는 남자든 여자든, 어른이든 어린아이든 하나같이 모두 좋아합니다.
   ➜ 한국의 전통 음식인 불고기는 ________________.

2. 우리 회사는 대학 전공에 관계없이 신입 사원을 채용할 예정입니다.
   ➜ 우리 회사는 ________________.

3. 북한의 인권 문제에 대해 불교에서 기독교, 천주교에 이르기까지 모든 종교인들이 걱정하고 있습니다.
   ➜ 북한의 인권 문제에 대해 ________________.

4. 보수와 진보의 대립은 어느 국가에서든지 존재하기 마련입니다.
   ➜ 보수와 진보의 대립은 ________________.

5. 진정한 지도자는 어떤 이유에서도 말과 행동이 일치해야 합니다.
   ➜ 진정한 지도자는 ________________.

B 대화를 완성해 보세요.

1. 학생 : 장학금은 국적에 상관없이 모두 신청할 수 있습니까?
   선생님 : 네, 장학금은 국적을 불문하고 학생이라면 누구든지 신청할 수 있습니다.

2. 기자 : 대한기업에서는 나이가 많건 적건 간에 능력 있는 인재를 채용한다고 들었습니다.
   사장 : 네, 저희 회사에서는 ______________________.

3. 기자 : 교수님께서는 이번에 언어와 상관없이 1세 이전의 아이들은 비슷한 소리를 낸다는 논문을 쓰셨는데요. 논문에 대해 소개 좀 부탁드리겠습니다.
   교수 : 네, 저는 논문에 ______________________.

4. 사회자 : 건강을 위해서 채소를 많이 먹어야 한다고 하셨는데요. 특히 몸에 좋은 채소의 종류에는 어떤 것들이 있을까요?
   요리사 : ______________________.

5. 학생 : 선생님께서는 소설을 좋아하신다고 하셨는데 어떤 장르를 특히 좋아하세요?
   선생님 : ______________________.

문법과 표현 2 V-(으)ㄴ/는 이상

A 다음과 같이 대화를 완성해 보세요.

> 기자 : 사회생활에서 쉽게 성공하는 비결은 무엇입니까?
> 사장 : 노력하지 않는 이상 성공할 수 없습니다. 노력하지 않고 성공하기를 바라면 안 됩니다.

1. 기자 : 쉽게 살 빼는 방법은 무엇입니까?
   의사 : ______________. 적당한 운동을 하지 않고 다이어트에 성공하기를 바라면 안 됩니다.

2. 기자 : 쉽게 돈 버는 방법은 무엇입니까?
   투자가 : ______________. 땀 흘려 일하지 않고 부자가 되기를 바라면 안 됩니다.

3. 기자 : 진정한 친구를 사귀는 방법은 무엇입니까?

상담사 : ______________________. 진정한 친구를 얻기 위해서는 상대방을 진심으로 대해야 해요. 상대방의 생각에 공감하고 감정을 공유할 때 진정한 우정으로 발전하지요.

4. 학생 : 단기간에 한국어를 잘할 수 있는 방법은 무엇입니까?

선생님 : ______________________. 언어는 많이 연습하는 방법밖에는 없습니다. 될 수 있으면 한국인과 자주 만나고 어울리면서 자연스러운 상황에서 한국어를 사용해 보세요.

B 다음을 보고 '-는 이상'을 넣어 말해 보세요.

1. 한국은 분단국가라는 특수한 상황에 놓여 있습니다. 건강한 대한민국 남자라면 꼭 군대에 가야 합니다.

   한국은 분단국가라는 특수한 상황에 놓여 있습니다. 건강이 허락되는 이상 남자라면 꼭 군대에 가야 한다고 생각합니다.

2. 내일은 국회 의원을 뽑는 총선거일입니다. 만 19세 이상으로 투표권이 있는 사람이라면 반드시 투표해야 합니다.

   ______________________.

3. 납세는 국민의 의무입니다. 직장에 다녀서 소득이 있는 사람이라면 반드시 세금을 내야 합니다.

   ______________________.

4. 대통령은 국민을 먼저 생각해야 합니다. 대통령으로 선출되었다면 반드시 국민과 국가를 위해 책임을 다해야 합니다.

   ______________________.

읽고 쓰기

다음 기사를 읽고 질문에 답해 보세요.

최근 10년 경제 성장 일등 공신 '반도체 · 전자 부품'

금융 위기 여파, 서비스 산업 기여도 급락

반도체와 전자 부품이 최근 10년간 우리의 경제 성장을 이끌어 온 것으로 분석됐다. 반면 서비스 산업은 기여도가 계속 높아지다 지난해 크게 하락한 것으로 나타났다.

대한상공회의소(회장 손경식)는 3일 발표한 '산업 구조의 변천과 정책 과제' 보고서에서 "최근 10년간 경제 성장 기여율이 높은 상위 10대 업종은 제조업 분야에서 반도체 및 전자 부품(12.5%), 일반 기계(5.8%), 자동차(5.2%), 영상 음향 통신(4.8%), 석유 화학(3.9%)"이라고 밝혔다. 서비스 산업 분야에서는 금융 보험(9.7%), 정보 통신 서비스(7.4%), 의료 복지(5%), 도 · 소매(5%), 교육 서비스(4.9%) 순으로 조사됐다.

시대에 따라 기여도가 높은 업종도 변화를 거듭했다. 70년대에는 도소매업(종합 상사)과 섬유가 경제 성장을 이끌었다. 80년대에는 건설(중동 건설 붐)과 백색 가전이, 90년대 이후에는 전기 전자 업종(PC, 반도체, 휴대폰 등)과 정보 통신 서비스 산업이 주된 역할을 도맡았다. 이어 2000년대에는 금융 보험과 운송 장비(자동차, 조선), 기계 등으로 주력 산업이 확대됐다.

이에 반해 서비스 산업의 성장 기여율은 70년대 25.4%에서 2000년대 59.3%까지 높아졌다. 하지만 2010년에는 35.1%로 급락했다. 서비스 산업 중에서도 의료 복지(191.0%), 교육 서비스(83.8%), 금융 보험(45.3%) 등은 최근 10년간 성장 기여율이 대폭 증가했다.

대한상공회의소의 관계자는 "선진국을 보면 후발 개도국의 등장과 함께 대부분 제조업 비중이 축소되고 서비스 산업의 비중이 70% 이상으로 높아졌다."며 "미국, 영국, 프랑스 등은 서비스 산업 중심으로 변신했고 독일과 일본은 제조업 강국의 지위를 유지했다."고 설명했다.

산업 구조에 따라 선진국 사이에서도 명암이 엇갈리고 있다. 미국의 경우 정보 통신과 문화 콘텐츠를 중심으로 지식 기반 서비스 산업을 발전시켰다. 반면 관광 서비스 산업 중심의 프랑스나 금융 서비스 산업 중심의 영국은 별다른 성장 동력을 창출하지 못한 채 경제가 쇠퇴하는 모습을 보여 주고 있다.

제조업이 강한 독일은 수출을 통해 무역 의존도가 63%를 기록하고 통일 이후의 경기 침체도 극복할 수 있었다. 하지만 일본은 엔고에 대응해 내수 확대를 추진한 결과 무역 의존도가 22%까지 떨어진 채 장기 침체 국면에서 벗어나지 못하고 있다.

보고서는 "내수 시장이 협소한 우리나라는 독일을 모델로 삼아 수출 제조업 중심의 성장을 계속해 나가되 일자리 창출 등을 위해 지식 서비스 강국인 미국식 성장 모델을 접목하는 내용의 산업 발전 전략을 추진하는 것이 바람직하다."고 지적했다. 아울러 수출 제조업 중심의 성장을 지속하기 위해 중국과의 기술 격차(2.5년)를 확대하고 동시에 선진국과의 기술 격차(미국 5.4년, 일본 3.8년)를 축소해야 한다고 강조했다.

이와 함께 서비스 산업 발전을 위해 소비 · 투자에 걸림돌이 되는 각종 규제 완화, 제조업 수준의 금융 · 세제 · 수출 지원, 의료 보건, 사업 서비스, 교육 등 고부가 가치 서비스 산업 육성 제조업과 서비스 산업 간 융합 발전 관광 · 의료 · 쇼핑 · 한류 · 스포츠 등을 연계한 외국인 관광객 유치 등을 주문했다.

머니투데이(2011. 11. 2.)

1. 최근 10년간 한국 경제에 대한 설명으로 맞지 않는 것은 무엇입니까?

① 반도체와 전자 부품 제조업이 최근의 경제 성장을 이끌어 왔다.

② 서비스 산업 분야에서는 금융 보험의 경제 성장 기여도가 크다.

③ 다른 선진국처럼 한국도 서비스 산업보다 제조업의 비중이 높은 편이다.

④ 서비스 산업의 성장 기여도는 꾸준히 증가하다가 2010년에 대폭 감소했다.

2. 시대별로 한국 경제 성장에 기여한 산업은 무엇입니까? 연결해 보세요.

1970년대 •	• 금융, 자동차, 조선
1980년대 •	• 도 · 소매업과 섬유
1990년대 •	• 건설과 백색 가전
2000년대 •	• 반도체, 휴대폰

3. 한국 경제가 계속 발전해 나가기 위해서는 어떻게 해야 합니까?

① 수출보다는 국내 시장 중심으로 성장을 지속해야 한다.

② 환율이 떨어질 것에 대비해 무역 의존도를 낮춰야 한다.

③ 일자리를 늘리기 위해 프랑스식 성장 모델을 도입하는 것이 필요하다.

④ 제조업의 수출을 늘리기 위해서는 선진국과의 기술 격차를 줄여야 한다.

4. 여러분 나라의 경제가 계속 발전해 나가기 위해 필요한 것은 무엇입니까? 써 보세요.

경제 발전에 기여한 것	
앞으로의 경제 발전에 필요한 것	

복습 7

어휘

1. 정리하기

다음에서 알고 있는 어휘에 √ 해 보세요.

13-1.

- ☐ 가치관
- ☐ 창의력
- ☐ 인성 교육
- ☐ 사원 연수
- ☐ 실무 능력
- ☐ 취업률
- ☐ 부실하다
- ☐ 채용하다
- ☐ 경쟁력을 갖추다
- ☐ 사고력을 기르다
- ☐ 스펙을 쌓다
- ☐ 인재를 양성하다
- ☐ 지식을 습득하다
- ☐ 진리를 탐구하다
- ☐ 전문성을 갖추다

13-2.

- ☐ 출산율
- ☐ 저출산
- ☐ 평균 수명
- ☐ 고령화 사회
- ☐ 복지 정책
- ☐ 복지 제도
- ☐ 노동력
- ☐ 생산성
- ☐ 연금
- ☐ 실버산업
- ☐ 경로 우대
- ☐ 노후 대책
- ☐ 부양하다
- ☐ 퇴직하다
- ☐ 일자리가 줄어들다
- ☐ 출산을 장려하다
- ☐ 생계를 꾸려 나가다
- ☐ 정년을 연장하다

14-1.

- ☐ 임기
- ☐ 자질
- ☐ 혁명
- ☐ 독재자
- ☐ 장기 집권
- ☐ 간접 선거 / 직접 선거
- ☐ 민주화 운동
- ☐ 물러나다
- ☐ 개헌하다
- ☐ 검열하다
- ☐ 고문하다
- ☐ 선출되다
- ☐ 지배하다
- ☐ 취임하다
- ☐ 시위하다[데모하다]
- ☐ 언론을 통제하다
- ☐ 정권을 연장하다
- ☐ 부정을 저지르다
- ☐ 쿠데타를 일으키다
- ☐ 정권을 잡다 / 집권하다

14-2.

- ☐ 산업화
- ☐ 빈곤의 악순환
- ☐ 빈부 격차
- ☐ 절대적 / 상대적 빈곤
- ☐ 국민 소득
- ☐ 고소득층 / 중산층 / 저소득층
- ☐ 농업 / 수산업 / 공업 / 서비스업 / 첨단 산업
- ☐ 빈민층
- ☐ 실업률
- ☐ IMF 경제 위기
- ☐ 원동력
- ☐ 중화학 공업 / 경공업
- ☐ 상류층 / 중류층 / 하류층
- ☐ 이농 현상
- ☐ 외화 획득
- ☐ 분배하다
- ☐ 인적 자원
- ☐ 부익부 빈익빈 현상
- ☐ 경제 개발 5개년 계획

2. 평가하기

[1-4] 다음 (   )에 알맞은 것을 고르세요.

1. 최근 기업들은 신입 사원 채용 조건으로 성적보다는 실제 회사 업무에 필요한 (   ) 을/를 중시하고 있다.

① 창의력 ② 실무 능력 ③ 인성 교육 ④ 사원 연수

2. 정부는 고령화 사회에 대비하기 위해 노인의 생활에 도움을 줄 수 있는 (   )을/를 마련하겠다고 발표했다.

① 생산성 ② 노동력 ③ 복지 정책 ④ 평균 수명

3. 신임 시장은 시장으로 (   ) 경제 발전 정책을 실시하겠다고 발표했다.

① 개헌하자마자 ② 연장하자마자 ③ 지배하자마자 ④ 취임하자마자

4. 1960년대부터 시작된 (   )(으)로 말미암아 농촌에는 노동력이 부족해지고 도시는 주택난을 겪게 되었다.

① 외화 획득 ② 이농 현상 ③ 상대적 빈곤 ④ IMF 경제 위기

[5-8] 다음 밑줄 친 부분과 바꿔 쓸 수 있는 말을 고르세요.

5. 취업난이 심각해지면서 대학에 입학하자마자 <u>학점과 자격증 등 취업에 필요한 조건을 갖추기</u> 위해 노력하는 학생들이 늘고 있다.

① 스펙을 쌓기 ② 인재를 양성하기
③ 진리를 탐구하기 ④ 사고력을 기르기

6. 한국은 급속히 고령화 사회가 되고 있다. <u>퇴직 시기를 늦추는</u> 것은 고령화 사회에 대비하기 위한 한 가지 방법이 될 수 있다.

① 연금을 받는 ② 정년을 연장하는
③ 노인을 부양하는 ④ 노후 대책을 마련하는

7. 독재자들은 보통 집권 기간 동안 <u>신문과 잡지를 검열하고 자신의 정권에 유리한 기사만 보도하도록 한다</u>.

① 정권을 잡는다 ② 부정을 저지른다

③ 언론을 통제한다 ④ 대통령으로 선출된다

8. IMF 경제 위기 이후 중산층이 줄어들고 하류층이 증가하면서 <u>부자는 더 부자가 되고 가난한 사람은 더 가난해지고 있다는</u> 게 경제 전문가들의 분석이다.

① 산업화가 되고 있다는 ② 절대적 빈곤이 심각해지고 있다는

③ 경제 개발 계획이 실시되고 있다는 ④ 부익부 빈익빈 현상이 심화되고 있다는

[9–11] 다음 (　　　　　)에 공통적으로 들어갈 단어를 고르세요.

9.

> 비자를 (　　　　　)기 위해 출입국사무소에 가야 한다.
> 그 대학은 지원자가 부족해서 입시 원서 제출 기간을 (　　　　　)기로 했다.
> 정부는 강릉에서 속초까지 고속 도로를 (　　　　　)겠다는 계획을 발표했다.

① 확립하다 ② 마련하다 ③ 연기하다 ④ 연장하다

10.

> 아이를 (　　　　　)는 데에는 많은 비용이 필요하다.
> 요즘에는 머리를 길게 (　　　　　) 남자들이 자주 눈에 띈다.
> 평소에 전기를 절약하는 습관을 (　　　　　) 것이 중요하다.

① 기르다 ② 키우다 ③ 고치다 ④ 저지르다

11.

> 작은 정책이라도 국민들에게 (　　　　　)인 도움을 주어야 좋은 정책이다.
> 회사 규칙에는 60세를 정년으로 정하고 있지만 (　　　　　)으로는 55세가 되면 회사에서 퇴직하게 된다.
> 그 사람의 직급은 과장에 불과하지만 회장님의 아들이라는 지위를 이용해 중요한 일에 대해 (　　　　　)인 결정을 내린다.

① 절대적 ② 실질적 ③ 합리적 ④ 장기적

[12-13] 다음 밑줄 친 부분이 어색한 것을 고르세요.

12. ① 시험에 대한 걱정 때문에 좀처럼 잠이 오지 않는다.
② 스포츠계에서 한국의 양궁 실력은 단연 세계 최고이다.
③ 예산 부족 때문에 이 영화에는 소수의 배우가 대거 참여했다.
④ 전체 국민 중 농업에 종사하는 사람의 비율이 점차 줄고 있다.

13. ① 지난해 우리 회사 제품의 판매가 급증해 500억 흑자를 달성했다.
② 앞차를 추월하려고 무리하게 속력을 낸 것이 이 사고의 원인이다.
③ 이번 선거에서 후보들은 불필요한 정부 조직을 개편하겠다고 약속했다.
④ 급속한 경제 발전으로 한국은 원조를 받는 나라에서 해 주는 나라로 전락했다.

[14-15] 다음을 읽고 질문에 답해 보세요.

저출산 문제의 핵심은 인구가 줄어든다는 것이 아니라 (㉠)가 된다는 데 있다. 앞으로 저출산 문제가 계속되면 노인 부양 부담이 급증하고 노동력 부족도 심화될 것이다. 당장 출산율을 높이지 못할 바에는 기존의 노동력이라도 확보해야 한다. (㉡) 위해서는 현재 58세인 정년을 연장할 필요가 있다. 평균 수명이 늘어나고 의료 기술이 발전한 만큼 60세가 넘어도 충분히 일할 수 있는 사람들이 많다. 따라서 정년을 연장해서 노동력을 활용하는 것이 저출산, 고령화 사회에 대비하는 효과적인 방법이 될 것이다.

14. ㉠에 알맞은 것을 고르세요.
① 다문화 사회 ② 민주화 사회
③ 고령화 사회 ④ 산업화 사회

15. ㉡에 알맞은 것을 고르세요.
① 실업률을 높이기 ② 노인 인구를 부양하기
③ 인적 자원을 활용하기 ④ 평균 수명을 연장하기

문법과 표현

1. 정리하기

다음에서 알고 있는 문법과 표현에 √ 해 보세요.

13-1. □ 포기하지 않고 계속 노력**한 끝에** 성공을 이룰 수 있었어요.

□ 유가가 크게 오르고 있습니다. **어디** 유가**뿐입니까**? 가뭄으로 인해 곡물값도 크게 올라 세계 경제가 긴장하고 있습니다.

13-2. □ 마음에 안 드는 사람과 결혼하는 것은 혼자 사**느니만 못하다**.

□ 대기자가 너무 많아서 기다**려 봤자** 상품을 살 수 없을 것이다.

14-1. □ 밀린 빨래하**랴** 청소하**랴** 주말에도 쉴 틈이 없어요.

□ 남이 들**을세라** 목소리를 낮춰 작은 소리로 말했어요.

14-2. □ 남녀노소를 **불문하고** 누구나 재물에 대한 욕심이 있다.

□ 마음에 들지 않더라도 일단 일을 시작**한 이상** 최선을 다해야 한다.

2. 평가하기

[1-3] 다음 밑줄 친 부분과 바꾸었을 때 의미가 가장 비슷한 것을 고르세요.

1. 다른 사람에게 뒤처질세라 새벽부터 밤늦게까지 공부를 계속했다.

① 뒤처질망정 ② 뒤처지던지

③ 뒤처지고서는 ④ 뒤처질까 봐

2. 국내외를 불문하고 이 제품의 인기는 식을 줄 모른다.

① 국내외는 고사하고 ② 국내외를 비롯해서

③ 국내외를 막론하고 ④ 국내외는 제외하고

3. 눈코 뜰 새 없이 일한 끝에 여행에 필요한 돈을 모을 수 있었다.

① 일한 이상 ② 일한 결과
③ 일한 대신 ④ 일한 탓에

[4-8] 다음 ( )에 알맞은 것을 고르세요.

4.

시험 문제가 너무 어려워서 시간을 더 ( ) 다 풀 수 없었을 것이다.

① 줄세라 ② 줘 봤자 ③ 준 끝에 ④ 준 이상

5.

음식의 양이 너무 적어서 ( ).

① 안 먹기 일쑤다 ② 안 먹느니만 못하다
③ 안 먹는다고 할 것까지 없다 ④ 안 먹는 데 지나지 않는다

6.

경제적인 어려움을 겪는 것이 ( ). 유가 인상과 경기 불황으로 여러 나라가 어려움을 겪고 있다.

① 한국과 맞먹는다 ② 한국일 리 만무하다
③ 어디 한국뿐인가 ④ 한국이 다 무엇인가

7.

한국에 유학을 온 외국인 학생들 중에 아르바이트를 하는 학생들이 적지 않다. 이들은 ( ) 누구보다도 바쁘게 생활하고 있다.

① 공부하랴 아르바이트하랴 ② 공부할까 아르바이트할까
③ 공부하든지 아르바이트하든지 ④ 공부하거니와 아르바이트도 하고

8.

> 아무리 하기 싫은 일이라도 일단 (   ) 그것을 지켜야만 신뢰를 쌓을 수 있다.

① 약속을 했던들 ② 약속을 한 이상
③ 약속을 한 대신 ④ 약속을 한 끝에

[9–10] 다음을 읽고 (   )에 알맞은 것을 고르세요.

> 절대적 빈곤의 시대에는 시중에 돌고 있는 자금이 부족했기 때문에 자금을 확보하는 것이 큰 문제였다. 그래서 은행들은 높은 금리를 내세워 고객의 돈을 모으고 비싼 이자를 받고 기업에 돈을 빌려 줬다. 그러나 지금은 낮은 금리 탓에 은행에 돈을 (㉠   ) 이자를 많이 받기 어렵다. 그래서 은퇴 자금을 은행에 예금하기보다는 이를 활용해 투자를 하거나 사업을 하는 사람이 늘었다. 그러나 경기 불황으로 투자한 돈을 잃을 위험도 높아져 (㉡   ) 경우도 생기고 있다.

9. ㉠에 알맞은 것을 고르세요.

① 맡겨 봤자 ② 맡긴 이상
③ 맡기려고 들면 ④ 맡기는 가운데

10. ㉡에 알맞은 것을 고르세요.

① 투자를 안 하자 ② 투자를 안 한다 뿐인
③ 투자를 안 하게끔 하는 ④ 투자를 안 하느니만 못한

읽기와 쓰기

1. 다음은 신문 기사의 제목입니다. 가장 잘 설명한 것을 고르세요.

재계 "정년 연장 법제화 반대, 세대 간 갈등 심화"

① 노동자 측은 정년 연장을 법으로 정해야 한다고 주장하고 있다.

② 노동자 측은 정년 연장을 법으로 정할 경우 청년층의 일자리가 감소할 것이라고 한다.

③ 기업에서는 정년 연장에 찬성하며 법을 개정해서라도 시행해야 한다고 주장하고 있다.

④ 기업들은 세대 간 갈등이 심화될 것을 우려해 정년 연장의 법제화에 동의하지 않고 있다.

[2-3] 다음을 읽고 질문에 답해 보세요.

정년 연장에 대한 논의가 뜨거워진 것은 정치권이 국민의 환심을 사기 위해서가 아니다. 일본과 독일이 정년을 연장하고 영국은 아예 정년을 폐지하는 등 정년 연장은 이미 세계적인 추세이며 한국이 급속도로 고령화 사회가 되고 있는 것도 한 이유이다. 50대 후반에 접어든 베이비 부머 세대의 은퇴가 시작되면서 충분히 일할 수 있는 노동력을 활용하지 못하고 있는 현재의 상황도 한몫한다.

그러나 정년 연장에 대한 우려의 목소리도 크다. 정년 연장을 법으로 정할 경우 기업, 특히 중소기업의 부담이 커질 것이라는 것이다. 50대 사원의 임금이 신입 사원의 2 ~ 4배에 이르는 현 상황에서 정년을 연장할 경우 기업의 인건비 부담은 피할 수 없다. 따라서 정년 연장을 위해서는 임금 피크제의 도입이 시급하다. (   ) 현재의 임금 체계를 유지할 경우 정년 연장을 반길 기업은 없을 것이기 때문이다. 정년을 연장하되 임금을 적정 수준에서 유지하는 임금 피크제야말로 현재의 경제 여건을 고려한 효과적인 방법이 될 것이다.

2. 이 글의 중심 내용으로 가장 알맞은 것을 고르세요.

① 고령화 사회의 문제점을 해결할 방법이 필요하다.
② 정치권은 정년 연장에 대해 긍정적인 자세를 가져야 한다.
③ 노동력을 제대로 활용하기 위해서는 기업의 인식 전환이 필요하다.
④ 임금 피크제를 도입해 정년 연장에 대한 기업의 부담을 줄여야 한다.

3. (   )에 들어갈 말로 알맞은 것을 고르세요.

① 오래 일하면 임금이 상승하는
② 임금에 따라 보너스를 지급하는
③ 임금을 일정 수준으로 유지하는
④ 오래 일하더라도 임금이 상승하지 않는

[4-6] 다음을 읽고 질문에 답한 후 이야기해 보세요.

한국은 유례없이 짧은 시간에 급속한 경제 성장을 이뤄 내 세계 여러 나라의 부러움을 사고 있다. 개발 도상국들은 한국의 경제 성장 과정에서 배울 점을 찾고자 연구하고 있다. 한국이 이토록 짧은 기간에 큰 발전을 이룰 수 있었던 원동력은 무엇일까?

경제 전문가들이 꼽는 첫 번째 원동력은 수출 중심의 정책이다. 한국의 경제 개발 초기에 당시 서구 선진국들은 국내 소비를 충당할 수 있도록 개발 도상국들에 수입 대체 전략을 권했지만 한국은 거꾸로 수출 중심 전략을 선택했다. 정부는 수출과 관련된 산업을 적극적으로 육성했고 기업은 정부의 정책에 적극 협력했다. (㉠)

다음으로 정부 주도의 경제 발전 계획을 들 수 있다. 독재자의 리더십 아래 국가의 모든 역량을 경제 발전에 쏟아 부은 것이 성장 동력이 되었다는 것이다. (㉡) 독재 정치로 말미암아 민주주의의 발전이 지체됐다는 평가도 있지만 이로 인해 지금의 한국이 있게 되었다는 것은 부인할 수 없는 사실이다.

마지막으로 한국 경제 성장의 가장 큰 원동력으로 인적 자원 활용과 기회 균등을 꼽을 수 있다. 한국은 천연자원이 부족한 나라이나 인적 자원만큼은 세계 최고이다. (㉢) 문맹률이 1%에도 못 미치고 높은 교육열을 자랑한다. 누구에게나 학교에 갈 기회를 줘 인적 자원을 키우고 공개경쟁으로 고위 공무원이나 사회 지도층을 키워 인적 자원을 활용한 것이 오늘날의 한국을 만들었다. (㉣)

4. 윗글에서 다음의 문장이 들어가기에 가장 알맞은 곳을 고르세요.

> 정부와 기업이 협력하면서 수출에 매진한 결과 현재와 같은 무역 강국이 탄생한 것이다.

① ㉠　　② ㉡　　③ ㉢　　④ ㉣

5. 이 글의 내용과 다른 것을 고르세요.

① 개발 도상국들은 한국의 경제 성장 모델을 배우고자 한다.
② 한국은 선진국의 권유에 따라 수출 중심 정책을 실시했다.
③ 한국 사람들의 높은 교육열은 경제 성장에 크게 기여했다.
④ 독재 정치는 한국의 경제 발전에 긍정적으로 작용했다는 평가를 받고 있다.

6. 여러분 나라의 경제 발전을 위해 무엇이 가장 중요하다고 생각합니까? 이야기해 보세요.

7. 경제 성장의 원동력에 대해 글을 써 보세요.

경제 발전을 위해서는 어떤 조건이 필요할까? 우리 나라의 경우에는 ______________________________

____.

듣기와 말하기

1. 무엇에 대해 말하고 있는지 맞는 것을 고르세요. track 11

① 지도자의 역할 ② 지도자의 자질

③ 지도자와 선거의 관계 ④ 지도자가 되기 위한 방법

[2-3] 다음 대화를 듣고 질문에 답해 보세요. track 12

2. 남자의 태도로 맞는 것을 고르세요.

① 상대방의 주장에 적극 찬성하고 있다.

② 상대방의 의견을 무조건 무시하고 있다.

③ 사례를 들어 자신의 의견을 뒷받침하고 있다.

④ 상대와의 의견 차이를 인정하고 합의점을 찾고 있다.

3. 여자의 생각으로 가장 알맞은 것을 고르세요.

① 한 단체가 이끌어 나가는 것이 효율적이다.

② 지역 주민의 이해관계가 대립할 경우 지도자가 해결해야 한다.

③ 발전 계획을 세우는 것보다 계획을 추진해 나가는 게 중요하다.

④ 지역 경제 발전을 위해 주민들의 의견을 적극적으로 반영해야 한다.

[4-5] 다음 논평을 듣고 질문에 답해 보세요. track 13

4. 들은 내용과 같지 않은 것을 고르세요.

① 요즘은 취업 경쟁이 매우 치열하다.

② 스펙이란 좋은 학점이나 자격증을 따는 것을 말한다.

③ 동아리 활동을 하는 것은 취업에 도움이 되지 않는다.

④ 신입생을 유치하기 위해 취업이 잘 된다고 광고하는 대학도 있다.

5. 여자의 생각으로 가장 알맞은 것을 고르세요.
① 대학은 사회에 필요한 인재를 기르는 곳이다.
② 취업에 성공하기 위해서는 스펙을 쌓아야 한다.
③ 좋은 회사에 취업하기 위해서는 대학을 꼭 졸업해야 한다.
④ 대학 시절은 가치관을 정립하고 인생의 목표를 설정하는 시기이다.

6. 여러분은 바람직한 대학 교육이 무엇이라고 생각합니까? 토론해 보세요.

- 취업에 필요한 전문성을 갖추는 것
- 진리를 탐구하고 사고력을 기르는 것

주장 제시하기	• 제가 생각하기에는 ~는 것 같습니다. • ~에 대한 제 생각을 말씀 드리자면 ~다고 생각합니다. • ~ 사례를 보더라도 • ~에 따르면[의하면]
주장의 근거 제시하기	• ~에 따르면[의하면] • 제가 ~은 바에 의하면[바로는] • ~에서도 알[확인할] 수 있듯이
동의하기	• ~다는 의견에 전적으로 동의합니다. • 저도 같은 입장[생각/의견]입니다.
반박하기	• 일리가 있기는 하지만 ~다는 점에서는 문제가 있습니다. • 제 의견은 좀 다릅니다[저는 좀 다른 생각을 가지고 있습니다].
상대방 의견 확인하기	• 즉 ~ 다는 말씀이시죠? • 그러니까(결국) ~ 다는 말이지요? • ~다고 말씀하셨는데, 이것을 ~으로 받아들여도 되겠습니까?
요약, 정리하기	• 한마디로 말씀드리자면 ~다는 것으로[~다 이렇게] 요약할 수 있습니다. • 지금까지의 논의는 ~다는 것으로[~다 이렇게] 정리해 볼 수 있겠습니다.

XV 지형과 방언

1 지형과 사회

어휘 지형적 특색 표현하기

문법과 표현
- A/V-(으)니/느니 A/V-(으)니/느니 (하다)
- A/V-건만

읽기와 쓰기
- 풍수지리사상에 대해 설명하는 글 읽기
- 명당에 대한 자신의 의견 쓰기

2 다양한 한국어의 모습

어휘 한국의 지역 방언

문법과 표현
- V-는 것이 고작이다
- A/V-(으)ㄹ 따름이다

읽기
- 제주 방언에 대해 설명하는 글 읽기
- 방언을 보존하는 방법에 대한 자신의 의견 쓰기

1. 지형과 사회

어휘

알맞은 말을 골라 문장을 완성해 보세요.

완만하다	가파르다	단조롭다	한반도
복잡하다	접하다	동고서저	오대양 육대주

1. 섬이 넓지 않고 경사가 ______________ 도보나 자전거로도 충분히 섬을 한바퀴 돌 수 있다.

2. 한국전자는 해외 사업 조직 기능을 강화함으로써 동남아 일부 지역을 넘어 ______________ 전 세계를 대상으로 사업을 확대했다.

3. 꾸불꾸불 해안선이 복잡한 서해와는 달리 동해는 해안선이 ______________ 섬도 많지 않다.

4. 대한민국은 아시아 대륙의 동쪽 끝 ______________에 있는 나라로 삼면이 바다로 둘러싸여 있는데 서쪽으로는 황해를 사이에 두고 중국이 있으며 동쪽으로는 동해를 사이에 두고 일본이 있다.

5. 한국은 삼면이 바다에 ______________ 풍부한 해산물을 바탕으로 일찍이 염장* 기술이 발달했다. 여기서 탄생한 것이 젓갈이다. 젓갈은 한국의 대표적인 발효 식품이다.

* **염장:** 소금에 절여 저장함.

6. 관절염 환자의 경우에는 줄넘기, 축구, 농구, 배구 등의 고강도 운동을 피하고 경사가 ______________ 코스로 등산을 하는 것도 삼가는 것이 좋다.

어휘 2

❀ 밑줄 친 표현의 의미를 설명해 보세요.

태국 북부 산악 지대에 자리한 치앙마이는 태국의 여느 지방과는 여러모로 다른 독특한 곳이다.

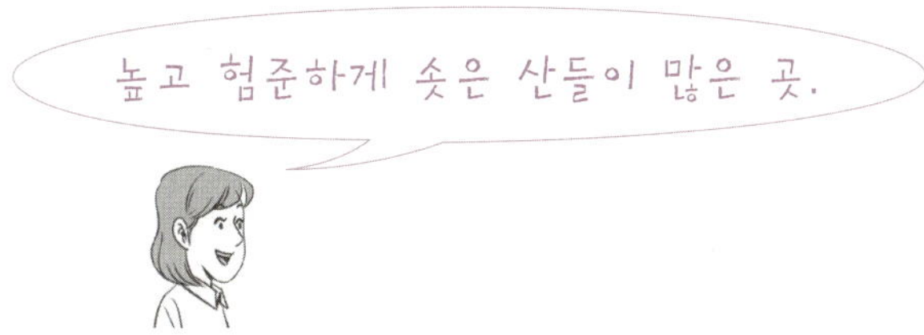

1. 동해와 서해의 가장 큰 차이점은 갯벌과 염전이다. 수심이 낮고 조수 간만의 차이가 큰 서해에서 염전이 발달했다.

2. 정부는 실종 지점이 해안선 인근일 것이라면서 섬 근처를 집중적으로 수색하고 있다고 밝혔다.

3. 우리는 가을빛을 머금은 비옥한* 나주평야와 영산강 근처에 있는 캠핑장에서 가족들과 즐거운 휴가를 보냈다.

* **비옥하다:** 땅이 걸고 기름지다.

4. 이곳은 한류와 난류가 만나는 해역이라 플랑크톤이 풍부해 황금 어장을 형성하고 있기 때문에 이곳을 두고 두 나라 간 경제적 이해관계가 대립되기도 한다.

5. 최근 50여년 사이 중국 서부 고원 지대의 빙하가 5분의 1가량 줄어든 것으로 조사됐다. 큰 강 대부분의 수원(水原)인 서부 고원 빙하가 사라지면서 물 부족과 함께 사막화 현상이 가속화 될 것으로 우려된다.

6. 지난달 교육부에서는 도서 지방의 아이들에게 연령별로 읽을 수 있는 다양한 종류의 책을 무료로 보내 주는 행사를 진행했다.

7. 폭우로 일부 하천이 범람하면서 주변 지역에 침수 사태가 발생하고 도로가 끊겨 도시 기능이 사실상 마비됐다.

어휘 3

그림을 보고 알맞게 써 보세요.

분지	지형	해안지역	대륙
갯벌	반도	동고서저	

1.

지구 위 땅들은 생긴 모양이 아주 다양하다. 어떤 곳은 높이가 높고 경사가 가파르지만 어떤 곳은 경사가 완만하다. 또 어떤 곳은 높은 산으로 둘러싸여 사발처럼 오목하지만 어떤 곳은 높은 곳에 있는데도 넓고 평평하다. 이렇게 다양한 지구 표면의 땅 모양을 1)________________(이)라고 부른다. 한국의 지형적 특징 중 하나는 2)________________(이)라는 것인데 이로 인해 산은 동쪽에 많지만 평야는 서쪽에 많고 큰 강 중에는 동쪽에서 서쪽인 황해로 흐르는 것이 많다. 또한 한국 땅은 3)________________로 삼면이 바다로 둘러싸여 있는데 서해안과 남해안을 살펴보면 해안선이 들락날락 매우 복잡하고 동해안은 그에 비하면 해안선이 단조롭다.

2.

한국은 삼면이 바다인데 그렇다면 1)________________의 사람들은 어떻게 살아갈까? 이곳에서는 고기잡이를 주로 하는 어촌 마을이 발달하기도 하지만 큰 항구와 부두 주변의 공장을 중심으로 도시가 발달하기도 한다.

또한 갯벌이 있는 곳에선 낙지, 조개, 게들을 잡기도 하는데 요즘엔 갯벌을 흙으로 메워 논밭이나 공장 터를 만드는 간척 사업도 많이 한다. 그런데 2)________________(이)가 수질 오염을 방지하는 역할도 하고 또 다양한 생명이 살아가는 생명 창고이기도 해서 간척 사업에 반대하는 목소리가 높다.

어휘 4

❀ __________에 들어갈 말을 골라 넣으세요.

산간 지역　　평야　　고원　　연안　　어장　　산맥

한국 국토의 30%를 차지하고 있는 1.__________에는 옛날부터 물을 구하기 쉽고 농사가 잘 되어 사람들이 많이 모여 살았으며 최근에도 생활하기에 편리하기 때문에 도시가 발달해 있다. 하지만 국토의 70%를 차지하는 높고 비탈진 2.__________에도 사람들이 마을을 이루며 살고 있는데 이들은 농사지을 땅이 좁고 물이 부족하기 때문에 벼농사보다는 밭농사를 짓는다. 또한 고위 평탄한 3.__________에서는 서늘한 기후를 이용하여 한여름에 높은 기온에서 자라기 어려운 배추나 무를 재배하는데 이것을 고랭지 농업이라고 한다. 그리고 고위 평탄면의 풀밭을 이용해 가축을 키우는 목장도 있고 또 지하자원을 캐는 광산도 있다. 최근에는 휴식이나 여가 생활을 위해 산에 있는 스키장이나 삼림욕장을 찾는 사람들도 늘어나고 있다.

문법과 표현 1

A/V-(으)니/느니 A/V-(으)니/느니 (하다)

A 다음과 같이 문장을 바꿔 보세요.

> 이번 프로젝트는 예정대로 진행되나요?
>
> 아직 잘 모르겠어요. 계획이 잘못 되었느니 돈이 모자라느니 하면서 말이 많더라고요.

1. 지난 주말에 남자 친구가 너희 집에 인사갔다면서? 부모님이 뭐라고 하셔?

   부모님이 ______________________.

2. 정부의 노인 복지 정책안에 대한 정치인들의 의견은 어떻습니까?

   ______________________ 반대하고 있습니다.

3. 이번 주말에 고향에 다녀왔다면서요? 그런데 얼굴이 왜 그래요?

고향에 있는 주말 내내 ______________________ 부모님 잔소리만 듣고 왔어요.

4. 지난번에 산 오토바이 왜 안 타고 다녀요?

친구들이 ______________________.

B 'A/V-(으)니/느니 A/V-(으)니/느니 (하다)'을 넣어 문장을 완성해 보세요.

헤어지다   술을 사다   못생기다   오르다   야근을 하다

2015년 12월 31일

올해의 마지막 날이다. 오랜만에 나간 대학 동창회에서 대학교 때 사귀었던 경수를 만났다. 돈을 많이 벌었는지 우리들한테 1. ______________ 밥을 사느니 하면서 허풍을 쳤다. 내가 경수와 사귈 때 친구들이 얼굴이 2. ______________ 키가 나보다 작으니 해서 헤어졌는데 이렇게 달라지다니……. 친구들과 하는 이야기를 들어 보니 경수네 고향 집 주변이 개발되었다고 한다. 땅값이 이십 배가 3. ______________ 그 땅을 팔아서 강남에 건물을 샀느니 하는 알 수 없는 소문들이 파다하게 퍼졌다. 집에 11시쯤 돌아왔는데 남편은 아직도 퇴근하지 않았다. 남편이 12시쯤 술에 취해 들어와서 4. ______________ 회식을 했느니 하며 변명을 늘어놓는다. 이 남자가 정말……. 딸아이 방에서 새벽녘에 울음소리가 들려 들어가 보니 남자 친구 때문에 아무 일도 못하겠느니 남자 친구와 5. ______________ 하면서 대성통곡을 한다. 정말 피곤한 하루이다.

문법과 표현 2

A/V-건만

A 다음과 같이 이야기해 보세요.

> 수상 소감 한 말씀 부탁드립니다.
>
> 제가 여러 모로 많이 부족하건만 이렇게 저를 항상 사랑해 주시고 응원해 주셔서 감사드립니다.

1. 미나 씨 부모님께서 지금 하는 일을 반대하신다고 들었어요. 그래서 그 직장을 그만두었어요?

   아니요, ______________________________.

2. 매일 도서관에서 공부하는 것을 봤어요. 성적이 많이 올랐지요?

   아니요, ______________________________.

3. 햇살이 좋던데 밖이 따뜻하지요?

   아니요, ______________________________.

4. 구조 대원들이 밤낮으로 생존자들을 찾고 있다고 들었습니다. 구조 작업은 어떻게 되어 가고 있습니까?

   국민 여러분께 죄송할 따름입니다. 구조대원들이 ______________________________

   ______________________________.

B 다음과 같이 신문 기사에 알맞은 댓글을 써 보세요.

여당은 6대강 건설을 추진하기로 결정
환경 단체, 국민들의 반대에도 추진

ㄴ RE : 환경 단체와 국민들이 그렇게 반대했건만 여당은 6대강 건설을 추진하네요. 정말 할 말이 없네요.

1.

여전히 출산율 세계 최저
정부, 출산 장려 정책에 100억 들여

ㄴ RE : ____________________. 이렇게 가다가는 인구 문제가 정말 심각해지겠어요.

2.

한국의 흡연율은 21.6%로, 세계 14위
정부, 담뱃값 2,000원 인상

ㄴ RE : ____________________. 담뱃값이 문제가 아니라 사람들의 인식이 변해야 돼요.

3.

[단독 보도] 세계적인 피아니스트 클레오, 암으로 사망
세계 최고의 의료진이 28시간 수술했지만 끝내…….

ㄴ RE : ____________________. 정말 좋아하는 피아니스트였는데 삼가 고인의 명목을 빕니다.

* **압수 수색:** 소유자로부터 강제로 물품을 거두어 구석구석 뒤지어 찾음.

4.

진심 없는 사과에 여론은 냉담

대진항공 부사장 대국민 사과, 국민들 여전히 분노

ㄴ RE : ______________________. 한동안은 저 이야기로 시끄럽겠어요.

읽고 쓰기

다음 글을 읽고 질문에 답해 보세요.

좋은 땅은 존재하는가?

풍수지리와 명당

옛날부터 우리 선조들은 명당에 묻혀야만 자신의 대(代)에서 안녕과 부귀영화를 누릴 뿐만 아니라 자기가 죽은 후에도 후손들에게 해를 끼치지 않는다고 생각했다. 이러한 생각은 풍수지리사상에 바탕을 두고 있는데 풍수지리사상(風水地理思想)이란 땅의 성격을 파악하여 좋은 터전을 찾는 사상으로 산수의 형세와 방위 등의 환경적인 요인을 인간의 길흉화복과 관련지어 집과 도읍 및 묘지를 가려잡아야 한다는 자연관 및 세계관을 말한다. 현대 사회에서는 명당을 찾아 수도를 정하고 조상의 묘를 쓰는 것이 미신처럼 생각될 수도 있지만 인류의 시작을 따라가 보아도 그곳에는 큰 강과 드넓은 평야라는 명당의 개념이 있었다. 이후 사람들은 단순히 물과 먹을 음식을 얻기 위해서만이 아니라 그 이상의 의미로 명당을 찾아다녔다.

풍수지리사상은 우리나라에 삼국 시대 때 도입되어 신라 말 승려 도선에 의하여 발전하게 된 후 고려 시대에 전성기를 이루면서 조정과 민간에 널리 보급되었다. 그 후 조선 시대를 거치면서 오늘에 이르기까지 인간 생활은 풍수지리사상에 의하여 많은 영향을 받았는데 크게 다음과 같은 세 가지로 정리가 가능하다.

첫째, 고려가 개성을, 조선이 한양을 도읍지로 정한 것을 보면 풍수지리사상 입장에서 보면 개성과 한양은 거의 완벽한 '명당' 자리이다. 이는 한 국가의 창업 과정에 있어서 도읍을 정하는 데 풍수지리사상이 매우 큰 영향을 미쳤음을 알 수 있다.

둘째, 풍수지리사상은 유교의 조상 숭배 사상과 결합하여 풍수의 길지에 묘지를 선정하는 데 적극 활용되었으며 동족촌의 형성 원인도 풍수지리사상과 관련이 크다.

셋째, 우리나라의 지형적 환경과 함께 전통적인 농경 취락의 입지 형태인 '배산임수(뒤로는 산을 등지고 앞으로는 물이 있음)'의 촌락 입지 유형 발달에도 큰 영향을 미쳤다. 이 장소는 우리나라의 농업 조건과 기후 조건을 고려해 볼 때 현대적 의미의 취락 입지 조건과도 그 맥락을 같이 하고 있다.

그리고 풍수의 자연 현상과 변화는 인간의 행복과 직결된 것으로 보았기 때문에 풍수지리사상은 환경 결정론적 입장이 강하다고 할 수 있다. 따라서 인간의 사고 체계와 생활양식에 커다란 변화를 초래하였음이 사실이다. 풍수지리사상은 한국인의 의식 깊숙이 자리 잡은 민간 신앙임과 동시에 자연 환경에 대한 우리 민족의 경험 철학을 내포한 전통 지리 사상으로서 그 의의가 매우 크다.

〈(주)신원문화사, Basic 고교생을 위한 지리 용어사전, 2002〉

1. 풍수지리사상에 대한 설명으로 바르지 않은 것을 고르세요.
   ① 조선 시대 이후 유교의 영향으로 미신으로 생각되어 왔다.
   ② 고려 시대에 전성기를 이루면서 조정과 민간에 널리 보급되었다.
   ③ 풍수지리사상은 땅의 성격을 파악하여 명당을 찾는 것을 말한다.
   ④ 풍수지리사상 입장에서 보면 개성과 한양은 거의 완벽한 '명당'이다.

2. 풍수지리사상은 묘지를 정할 때 어떤 영향을 주었습니까?

3. 이 글을 읽은 독자의 반응으로 적절하지 않은 것을 고르세요.
   ① 환경과 인간의 삶은 밀접한 관계가 있군.
   ② 인간은 주어진 환경에 맞서 싸우는 강한 존재이군.
   ③ 풍수지리사상은 경험을 바탕으로 한 전통 지리 사상이군.
   ④ 과거 나라의 수도를 정할 때도 풍수지리사상이 사용되었군.

4. 한 나라의 수도와 묘지 정할 때 풍수지리사상에서 말하는 명당이란 어떤 지형적 조건을 말하는 것일까요?

5. 여러분은 명당이 존재한다고 생각하십니까? 아래에 간단히 메모해 보고 자신의 생각을 담은 한 편의 글을 써 보세요.

명당은 존재하는가?	
그 이유는?	

2. 다양한 한국어의 모습

어휘

서로 관계있는 것끼리 연결하고 문장을 완성해 보세요.

표준어를	담겨 있다	실제 모양을 확실하게 이해하여 알게 되다
의식을	파악하다	사람의 마음에서 일어나는 여러 가지 감정이나 분위기가 들어 있다
정서가	보전하다	생각, 의견, 사상 등을 나타내다
실태를	제정하다	한 나라에서 공통으로 쓰이는 언어를 정하다
문화를	반영하다	문화를 온전히 보호해서 유지하다

1. 최근 복고 열풍이 불면서 90년대 ______________ 드라마나 영화가 유행하고 있다.

2. 이번 설문 조사에서 여대생의 47%가 결혼을 꼭 해야 하는 것은 아니라고 답했다. 이러한 결과는 결혼에 대한 여대생들의 달라진 ______________.

3. 지역마다 언어가 달라 생기는 의사소통의 불편함을 줄이기 위해 국민들이 공통적으로 쓸 ______________.

4. 최근 영화의 불법 다운로드 파일이 인터넷을 통해 확산되면서 경찰은 이 파일들이 어떻게 만들어지고 배포되는지 ______________.

5. 경북 안동시에서는 안동의 ______________ 계승하기 위해 교육과 문화 관련 예산을 더욱 늘리기로 했다.

어휘 2

❁ 밑줄 친 표현의 의미를 설명해 보세요.

한국은 제주도를 포함해 크게 7개의 방언 지역이 있다.

한 언어에서 사용 지역에 따라 달라지는 말.

1. 90년대와 비교해 최근 가요 시장에는 많은 가수들이 쏟아져 나오고 있지만 음악은 점점 획일화되고 있다는 느낌을 지울 수 없다.

2. 국내에 거주하는 외국인들이 증가함에 따라 그들의 문화적 다양성을 지키기 위한 여러 정책들이 시행되고 있다.

3. 국제회의에서는 모든 국가들이 대등한 자격을 갖는다. 국토의 면적이나 경제력, 인구수 등에 따라 발언권이 달라지는 것은 아니다.

4. 우리 조상들의 독립 정신은 앞으로도 계속해서 계승해 나가야 할 것이다.

5. 서울 출신 배우 이서진 씨는 부산을 배경으로 한 영화를 촬영하기 위해 서울 억양을 고치는 연습을 계속해 왔다고 한다.

어휘 3

❁ ________ 에 들어갈 말을 골라 넣으세요.

자연적으로 형성되다	고유문화	의식을 반영하다
획일화되다	문화를 보전하다	

교통과 통신의 발달로 각 지역이 쉽게 영향을 주고받을 수 있게 됨에 따라 각 지역의 1.________ 이/가 많이 2.________ 있다.

한국어에는 표준어의 원칙이 되는 서울말 외에도 지역마다 3.________ 방언들이 존재한다. 그런데 이러한 방언 역시 조금씩 사라져 가고 있어 안타까울 따름이다. 방언은 그 지역 사람들의 문화와 4.________. 따라서 5.________ 한국 언어문화의 다양성을 높이기 위해 사라져가는 방언을 지키고 계승하려는 노력이 필요할 것이다.

문법과 표현 1

V-는 게 고작이다

A 다음과 같이 대화를 완성해 보세요.

> 부모님께 자주 연락드리세요?
>
> 자주 연락드리기는요. 한 달에 한두 번 전화드리는 게 고작이에요.

1. 요즘 회사 일이 너무 바빠서 가족들과 여행은커녕 집에도 일주일에 한두 번 ______________________________.

   건강을 잘 챙기세요.

2. 내년 판매율은 어떻게 될 것이라고 예상하십니까?

   내년 역시 경기가 좋지 않다는 분석이 있기 때문에 올해보다 2% 정도 늘 것으로 ______________________________.

3. 러시아어를 아주 잘 하신다면서요?

   아니에요, 러시아 친구에게 한 달 정도 ______________________________.

4. 밀가루 가격은 하락하고 있는데 과자값은 얼마나 내렸습니까?

   이 핑계 저 핑계 대면서 100원 ______________________________.

B 〈보기〉와 같이 대화를 완성해 보세요.

* **폐지:** 쓰고 버린 종이.

> 기자 : 폐지* 가격이 크게 떨어지면서 폐지를 팔아 근근이 살아가는 노인들의 겨울나기도 갈수록 힘들어지고 있습니다. 하루 종일 폐지를 모아도 3,000원을 버는 게 고작입니다.

1. 앵커 : 한반도의 지진에 대한 우려가 커지고 있지만 전국 공공시설의 지진 대비는 제대로 이루어지지 않고 있는 것으로 나타났습니다.
   기자 : 정부가 지난해 전국 16개 시도의 지진 대비 실태를 조사한 결과 지진 발생 시 매뉴얼을 가지고 있는 곳은 ______________________.

* **홧김:** 화가 치미는 날카로운 기세.

2. 앵커 : 부부 싸움을 하던 40대 남성이 홧김*에 집에 불을 질렀다 경찰에 붙잡혔습니다.
   기자 : 지난 18일, 부부 싸움을 하던 김 모 씨가 거실에 불을 질렀습니다. 김씨가 불을 지른 이유를 조사해 보니 ______________________.

3. 앵커 : 한 공기업이 해외 자원 투자에 쏟아 부은 돈이 10조 원이 넘지만 수익은 10억원에 불과한 것으로 나타났습니다.
   기자 : 지난 2009년부터 2012년까지 이 기업이 해외에 투자한 금액은 12조 원. 하지만 올해까지 벌어들인 수익은 ______________________.

* **어획량:** 수산물을 잡은 양

4. 앵커 : 수온이 올라감에 따라 동해 어민들의 명태 어획량*이 급감하고 있다는 소식입니다.
   기자 : 동해에서 20년째 명태를 잡아온 유한성 씨. 10년 전만 해도 한 번 바다에 나갈 때마다 1톤이 넘게 잡았지만 올해는 ______________________.

문법과 표현 2

V-(으)ㄹ 따름이다

A 다음과 같이 대화를 완성해 보세요.

> 똑같은 실수가 벌써 몇 번째입니까?
>
> 드릴 말씀이 없습니다. 그저 죄송할 따름입니다.

1. 김철수 씨를 범인이라고 생각하시는 증거가 있습니까?

   증거는 없지만 여러 가지 정황을 바탕으로 ______________(짐작하다).

2. 너희 하숙집 밥이 그렇게 맛이 없다면서?

   대신 하숙비가 싸잖아. 주는 대로 ______________(먹다).

3. 가요계에 10년 만에 돌아와 이번에 대상까지 받으셨는데 소감 한 말씀 해 주십시오.

   이렇게 여러분들 앞에 다시 설 수 있는 것만으로 ______________(감사하다).

4. 그 드라마 참 재미있었는데 벌써 끝났네.

   나도 참 재밌게 봤는데 ______________(아쉽다).

B 문장을 완성해 보세요.

이 헤어스타일의 인기는 오래가지 않을 거예요. 이것은 그저 유행이에요.
→ 이 헤어스타일은 그저 유행일 따름이에요.

1. 괴로움은 외부의 조건에 영향을 받아서 생기는 것이 아니에요. 자신이 스스로 만드는 것이에요.
→ ______________________.

2. 저희 할머니는 자식들 외에 다른 것에는 아무것도 관심이 없으셨어요. 항상 자식들을 위해서 사셨어요.
→ ______________________.

3. 누군가를 좋아해서 하는 행동도 너무 지나치면 범죄예요.
→ ______________________.

4. 어떤 일에서 성공하느냐 못하느냐는 다른 조건으로 결정되는 것이 아니에요. 무엇보다 자신이 얼마큼 노력하느냐에 달려 있어요.
→ ______________________.

읽고 쓰기

다음 글을 읽고 질문에 답해 보세요.

사라질 위기에 처한 제주어

2010년 12월에 유네스코는 제주 사람들이 쓰는 '언어'를 '아주 심각한 위기에 처한 언어(Critically Endangered Language)'로 분류했다. 제주 방언이 전 세계 6천 여 개의 언어 중에서 '죽음 직전에 와 있는 언어'라는 의미이다. 이것은 우리가 제주 방언을 잘 보전하지 못한 데 대한 일종의 경고로 받아들여야 한다.

문화는 의식주 등의 물질문화뿐만 아니라 세계관이나 사고방식과 같은 정신문화를 포함한다. 언어는 이와 같은 '문화'와 깊은 관련을 맺고 있다. 첫째, ⓐ언어에는 어떤 사회가 만들어낸 문화가 반영되기 때문에 언어를 잘 살펴보면 그 사회의 문화적 특징을 읽어낼 수 있다. 둘째, 언어에는 언어를 사용하는 집단의 과거, 현재의 정신세계가 반영된다. 따라서 지금 ⓑ우리가 사용하고 있는 언어는 우리 조상들로부터 이어져 온 정신세계이다. 그러므로 방언이 잘 보전된다는 것은 해당 방언 사회의 경험과 정신 및 정체성이 보전된다는 것을 의미한다.

언어 생태계도 생물 생태계와 같이 언어들이 서로 균형을 유지하기도 하고 생존 경쟁을 하기도 한다. ⓒ일정한 언어 생태계에 외부로부터 제 2의 언어가 들어오면 언어가 변화되거나 소멸된다. 특히 언어의 소멸은 그 언어를 사용하는 인구수와 관계가 있다. 현재 제주도의 출생률은 계속 감소하고 있고 유학 및 취업으로 등의 이유로 육지로 이주하는 청년들은 늘어나고 있기 때문에 제주도의 인구는 최근 10년 동안 감소 추세에 있다. 이는 제주의 기층문화를 이루는 방언 구사 가능 인구의 감소를 의미한다.

유네스코로부터 '아주 심각한 위기에 처한 언어'로 분류된 제주 방언을 보존하는 일은 우리에게 주어진 과제이다. 이 과제에 대해 우리는 다음과 같은 일들을 실시해야 한다.

〈강정희, 제주 방언 연구의 생태언어적 가치, 제주도연구 제36집, 2011〉

1. 이 글의 내용과 일치하지 않는 것은 무엇입니까?

① 유네스코는 제주 방언이 사라질 수 있다고 경고했다.

② 제주 방언을 구사할 수 있는 인구는 계속 늘어나고 있다.

③ 언어에는 그 언어를 사용하는 집단의 문화가 반영되어 있다.

④ 언어는 다른 언어와 경쟁하면서 새로 생기기도 하고 사라지기도 한다.

2. ⓐ~ⓒ 중 다음의 내용과 가장 관계있는 것은 무엇입니까?

한국 사람들은 쌀을 주식으로 하는데 한국어에서 쌀과
관련된 단어는 다음과 같이 다양하게 나타납니다.

벼

쌀

밥

죽

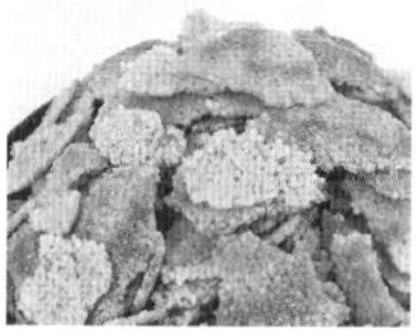
누룽지

숭늉

떡

식혜

① ⓐ ② ⓑ ③ ⓒ

3. 제주 방언이 소멸되고 있는 이유는 무엇입니까?

4. 이 글의 마지막 문장에 이어질 내용에는 어떤 것들이 있을까요? 써 보세요.

부록

듣기 지문

복습 4

[1] Tr2 p.40

남자 : 한국은 1950년 한국 전쟁을 겪고 휴전한 후에 더욱 심한 이데올로기의 대립을 보였습니다. 남한에서는 반공 교육이 학교에서부터 철저하게 이루어졌고 북한에서도 반자본주의, 공산주의 사상 교육이 이루어졌습니다. 남한과 북한의 이데올로기는 시간이 지나면서 더욱 큰 차이를 보였습니다. 남한과 북한은 외형적으로는 같은 민족이지만 지난 반세기 이상을 분단되어 살면서 사상적인 면에서 다른 길을 걸어왔던 것입니다.

[2–3] Tr3 p.40

사회자 : 최근 사회적으로도 논란이 되고 있는 문제인데요. '군 가산점 제도, 필요한가'라는 주제로 토론을 시작하겠습니다.

여자 : 군 가산점 제도는 이미 1999년에 폐지된 제도입니다. 그 이유는 군대에 가고 싶어도 가지 못하는 장애인, 여성이나 군미필자에게 차별이 되었기 때문입니다. 이와 같은 이유로 저는 군 가산점 제도에 반대합니다.

남자 : 저는 군 가산점 제도에 찬성하는 입장입니다. 한국 남자들은 20대에 군대에 가게 되는데 인생에서 가장 중요한 시기를 군대에서 보내게 됩니다. 그 시간에 대한 보상이 필요하지 않을까요?

여자 : 저는 보상이 필요하지 않다는 것이 아닙니다. 그렇지만 보상으로 취업 시 가산점을 주는 것이 문제가 된다고 봅니다. 국가를 위해 수고한 이들에게는 학자금 대출 이자를 면제해 준다든지 군대에서 취업 관련 교육을 실시한다든지 하는 보상을 해 주는 게 적절하다고 생각합니다.

남자 : 그런 방법은 군 가산점 제도보다 직접적인 효과가 적습니다. 국가를 위해 청춘을 바친 남성들에게 효과적인 보상을 하기 위해서는 군 가산점 제도를 부활시켜야 합니다.

[4–6] Tr4 p.40

여자 : 줄리앙 씨, 한국에 와서 불편한 점 있었어요?

남자 : 네, 생활하는 데 크게 불편한 점은 없었지만 사고방

식이나 문화가 달라서 당황했던 적이 많아요.

여자 : 언제 그런 차이를 느꼈어요?

남자 : 제가 회사에 출근한 첫날 부장님이 저를 보자마자 나이가 몇 살이냐고 물으시더니 한참 어리다면서 계속 반말을 하시는 거예요. 그리고 여자 친구가 있느냐, 가족 관계는 어떻게 되느냐 등등 프랑스에서는 생각지도 못했던 질문을 많이 하셔서 당황했어요.

여자 : 그랬군요. 아마도 부장님이 줄리앙 씨와 친해지고 싶어서 그런 개인적인 질문을 하셨을 거예요. 한국 사람들은 그 사람의 개인사를 잘 알고 있어야만 가깝다고 생각하는 경향이 있거든요. 지금은 어때요?

남자 : 네, 지금은 저도 이해하게 됐어요. 그리고 부장님과도 많이 친해졌어요.

복습 5

[1] Tr 5 p.98

남자 : 한국이 점점 다문화 사회가 되고 있습니다. 지하철을 타 보면 외국인을 적지 않게 볼 수 있으며 농촌에서도 농촌 총각과 결혼한 외국 여성을 쉽게 찾아볼 수 있습니다. 작년 통계청 발표에 의하면 한국의 국제결혼 비율은 전체 결혼의 10% 이상으로 나타났고 귀화자도 계속해서 증가하는 추세라고 합니다. 서로의 차이점을 인정하고 받아들이려는 열린 마음이 무엇보다도 필요한 때입니다.

[2-3] Tr 6 p.98

여자 : 최근 지하철에서 폭행 사건이 일어났는데 시민들의 무관심으로 한 사람이 크게 다친 일이 있었지요. 왜 이렇게 시민들이 무관심한 반응을 보였을까요?

남자 : 다른 사람의 일에는 신경 쓰지 않는 사람들이 많고, 또 나 아닌 다른 누가 도움을 주겠지 하고 방관하는 심리도 있는 것 같아요.

여자 : 맞아요. 뉴스에서 봤는데 버스에서 승객과 기사 아저씨 사이에 일어난 말다툼이 몸싸움으로까지 커졌는데요. 버스의 승객들 중 누구 하나 나서서 말리는 사람이 없었어요.

남자 : 네. 그건 사람의 심리와 깊은 관계가 있다고 봐요. 수업 시간에 선생님이 누가 발표해 보겠느냐고 물었을 때 대부분의 학생들이 누군가는 하겠지 하고 나서지 않는 경우가 많잖아요. 이게 바로 방관자 효과죠.

여자 : 사실 혼자 있으면 책임지고 할 일도 사람들이 많을 때는 서로 미루게 되죠.

남자 : 그래서 독일, 이탈리아 등에서는 다른 사람이 어려움에 처했을 때 이를 외면하면 처벌하는 법을 만들었다고 해요. 또 많은 사람들이 있는 곳에서 도움이 필요할 때에는 구체적으로 한 사람을 보면서 도와달라고 부탁을 하는 것이 더 효과적이라는 연구 결과도 있어요.

[4-6] Tr 7 p.98

여자 : 저는 스위스에서 온 마리나라고 합니다. 오늘은 제가 한국에 살면서 느낀 한국의 이미지에 대해 말씀드리려고 합니다. 저는 독일에서 유학하던 중 한국 남자를 만나 사랑하게 되었고 결국 그 사람과 결혼해서 한국에 오게 되었습니다. 사실 그때까지 저는 한국이라는 나라가 어디에 있는지, 어떤 나라인지 아는 것이 하나도 없었습니다. 또한 저희 부모님은 한국 전쟁만을 기억하고 계셔서 한국을 전쟁 후 원조를 받으면서 살던 아주 가난하고 작은 나라로 생각하고 계셨습니다. 그래서 처음엔 결혼도 쉽게 허락하지 않으셨습니다. 그런데 제가 한국에 와서 살다 보니 최근에는 한국의 위상이 달라졌음을 많이 느낍니다. 한국은 짧은 기간 동안 경제 발전이 이루어져서 원조를 받던 나라에서 원조를 하는 나라로 거듭났고 이제 명실상부한 선진국이 되었습니다. 스위스의 부모님들도 이제는 한국을 가난하고 작은 나라가 아닌 경제도 발전하고 문화도 발달한 나라로 생각하게 되셨습니다. 저는 한국인을 사랑할 뿐만 아니라 한국이라는 나라에 대해서도 매력을 느낍니다.

복습 6

[1] Tr 8 p.152

여자 : 해수면 상승과 이상 기후 등 지구 온난화 문제가 날로 심각해지고 있는 가운데 지구 온난화의 주범이라고 알려진 온실가스를 줄이기 위한 노력이 필요한 상황입니다. 온실가스의 80%를 차지하는 이산화탄소는 석유나 석탄 같은 화석 연료를 태우는 과정에서 발생하므로 화석 연료의 사용을 줄이면 온실가스 배출

을 줄일 수 있습니다. 이를 위해 대중교통을 이용하고 불필요하게 소비되는 에너지를 줄이는 것이 중요합니다. 또한 온실가스를 배출하지 않는 대체 에너지를 개발해야 할 것입니다. 숲이 파괴되는 것을 막고 나무를 많이 심어 온실가스를 흡수하게 하는 것도 좋은 방법입니다.

[2-3] Tr 9 p.152

남자 : 최근 원자력 발전소의 방사능 누출 사고 때문에 원전 건설 허가 기준이 까다로워지면서 국내 원전 건설이 지연되고 있는 상황입니다.

여자 : 큰일이군요. 곧 여름철이라 전기 수요가 급증할 텐데 전력 공급에 문제가 생기지는 않을지 걱정입니다. 지금 건설 중인 원전의 공사를 서둘러서라도 전기 공급에 문제가 없도록 해야 할 것 같습니다. 안 그러면 대규모 정전 사태를 또 겪을 수도 있지 않습니까?

남자 : 지난번과 같은 대규모 정전 사태를 막기 위해서라도 필요한 만큼 전기를 공급하는 것은 꼭 필요한 일입니다. 그러나 발전소 건설을 서두르기에 앞서 전기 사용을 줄일 수 있는 방법을 찾아야 합니다.

여자 : 저도 같은 생각입니다. 우리나라의 전기 사용료는 다른 나라에 비해 터무니없이 싼데요. 이렇게 전기 사용료가 싸다 보니 전기 사용을 너무 쉽게 생각하는 경향이 있습니다. 에너지 낭비도 심각하고요. 하지만 전기 사용료를 올리면 경제에 미칠 영향이 크기 때문에 무턱대고 사용료를 올릴 수도 없지요.

남자 : 네, 그래서 전기 절약에 대한 홍보와 인식 전환이 필요합니다. 에너지 절약 운동을 벌여서 전기를 절약하는 가정에 에너지 점수를 주고 전기 사용료를 깎아 주는 방법은 어떨까요?

[4-5] Tr 10 p.152

여자 : 얼마 전 헌법 재판소는 인터넷 실명제가 헌법에 위배된다는 판결을 내렸습니다. 인터넷 실명제는 개인 정보 공개나 악성 댓글로 인한 피해 사례가 잇달아 발생하면서 2007년부터 시행된 제도로, 인터넷 게시판에 익명으로 댓글을 게시하는 것을 막는 제도입니다. 2008년 한 여배우가 악성 댓글에 따른 정신적 고통을 호소한 뒤 스스로 목숨을 끊은 사건이 발생하자 실명제는 상당수의 웹 사이트로 확대되었습니다.

하지만 헌법 재판소는 인터넷 실명제의 효과가 크지 않다고 판단했습니다. 인터넷 실명제 도입 이후 명예 훼손 등 불법 정보 게시가 감소했다는 증거가 없다는 것이죠. 실명제 실시 이후 게시된 글에 비방과 욕설 정도는 줄어들지 않았고 오히려 표현의 자유를 제한했다는 연구도 있습니다.

헌법 재판소는 인터넷에 익명으로 자신의 의견을 표현하는 것은 자유로운 여론을 형성해 민주주의를 더욱 발전시킨다고 평가했습니다. 이는 부작용이 있을지라도 인터넷 공간에서 개인이 갖는 표현의 자유가 더 보호받아야 할 가치라는 뜻으로 해석할 수 있습니다.

최근 트위터나 페이스북 등 SNS에 대해 심의, 규제해야 한다는 의견이 제기되고 있는데요. 정부의 정책이나 시사 문제에 대해 자신의 의견을 자유롭게 표현하는 것은 자유 민주주의 국가에서 꼭 필요한 일입니다. 헌법 재판소의 이번 판결은 표현의 자유를 보호해야 한다는 중요한 가치를 담고 있으며 SNS를 규제하자는 의견에 대한 반대 근거로 활용될 수 있을 것이라 생각됩니다.

복습 7

[1] Tr 11 p.206

남자 : 선거철이 다가오면서 어떤 후보가 한 나라의 지도자로 적합한지 따져 보는 유권자들이 늘고 있습니다. 선거권을 가진 국민들을 대상으로 지도자는 어떤 능력을 갖춰야 하는지 설문 조사를 실시했습니다. 그 결과 우리 국민들은 지도자의 조건으로 지식, 국민과 소통하는 능력, 리더십 등을 꼽고 있었습니다. 훌륭한 지도자는 국민이 무엇을 원하는지 알아야 하며 상황을 정확히 판단하기 위해 지식을 갖춰야 한다는 의견입니다. 또한 결정을 내린 후에는 국민들이 자신을 따르게 할 수 있도록 리더십을 갖춰야 한다고 응답했습니다.

[2-3] Tr 12 p.206

여자 : 우리 지역은 다른 곳보다 경제적으로 낙후되어 있다는 평가를 받고 있습니다. 산업체 유치와 사회 기반 시설 건설 등을 통해 하루빨리 지역 경제를 발전시켜야 한다는 목소리가 높아지고 있는데요. 지역 경제 발전을 위해 어떤 방법이 필요한지 이야기해 보도록 합

시다.

남자 : 저는 전문가들로 구성된 전담 단체를 설치하고 이 단체에서 계획을 세우는 일부터 실천하는 일까지 모두 맡아서 했으면 합니다.

여자 : 물론 경제 전문가들의 의견을 듣고 이를 참고하는 것도 중요하지만 한 단체에서 모든 계획을 세우고 주도적으로 이끌어 가다 보면 지역 주민의 다양한 의견을 놓치게 되지 않을까요?

남자 : 글쎄요. 과거 대통령과 정부가 주도적으로 나선 덕분에 한국이 빠른 경제 발전을 이룬 것처럼 우리 지역의 경제 발전 계획도 하나의 단체에서 결단력 있게 추진해 나가야 한다고 생각합니다. 여러 사람의 의견을 듣다 보면 이해관계가 복잡하게 얽혀 꼭 필요한 일을 하지 못하는 경우가 많습니다. 지역 주민들은 도로 하나를 건설하더라도 자신의 이익을 먼저 생각하기 때문에 지역 사회 전체를 위한 일을 결정할 때는 방해가 될 수도 있습니다.

여자 : 물론 그런 경우도 많습니다만, 지역 경제 발전이라는 것은 곧 주민들을 위한 일이니만큼 주민들의 의견을 적극 수용하는 것이 가장 중요하다고 생각합니다. 다양한 이해관계가 대립할 경우 이를 조정하면서 일을 해결해야지 전담 단체에서 무조건 밀어붙이는 것은 바람직하지 않습니다.

[4-5] Tr 13 p.206

여자 : 여러분, 오늘 저는 '대학 교육이 나아갈 방향'이라는 주제로 말씀을 드리려고 합니다. 요즘 대학생들은 졸업 후 취업을 위해 재학 기간 내내 스펙 쌓기에 열중하고 있습니다. 높은 학점을 따기 위해 점수가 잘 나오지 않는 과목을 기피하고 학점이 좋지 않으면 해당 과목을 재수강해서라도 좋은 학점을 받으려고 합니다. 또 입학과 동시에 어학 시험을 준비하고 자격증을 따기 위해 도서관에서 대부분의 시간을 보내기 때문에 대학 생활의 낭만이라는 것은 사라진 지 오래입니다.

이뿐만이 아닙니다. 동아리 활동이나 봉사 활동도 졸업 후 취업에 도움이 될지를 따져 보며 한다고 합니다. 이같은 상황에서 일부 대학에서는 '공무원 양성 대학', '취업 사관 학교'와 같이 그 대학을 졸업하면 취업에 유리한 것처럼 광고를 해 신입생을 유치하고 있습니다.

그런데 좋은 회사에 취업을 하기 위해 대학 교육을 받아야 하는 것인지 생각해 볼 필요가 있습니다. 대학은 진리를 탐구하고 비판적, 창의적 사고력을 기르는 곳입니다. 또한 대학 시절은 폭넓은 사고와 다양한 경험을 통해 가치관을 정립하고 인생의 목표를 설정하는 귀중한 시기입니다. 이렇게 중요한 시기를 스펙 쌓기에 열중하며 보내는 것은 바람직하지 않습니다. 취업하기를 원한다면 전문 대학이나 기술을 가르쳐 주는 학원에 가는 게 더 합리적입니다. 여러분, 지금 여러분의 돈과 시간을 낭비하면서 대학 생활을 하고 있는 건 아닌지 한번 생각해 보십시오.

모범 답안

Ⅷ. 고정 관념

1. 문화 차이

1 어휘 p.14

1. 거리를 유지하(려고) 2. 문화가 발달한
3. 문화를 공유한다(고) 4. 차이를 보여요
5. 상징적 의미가 있어요 6. 금기시해요

2 어휘 p.15

1. 허락하다.
2. 관계가 아주 깊다.
3. 같은 점을 가지다.
4. 이치에 맞지 않다.
5. 음식을 먹는 습관.
6. 다른 것에 비해 특별히 눈에 뜨이다.

3 어휘 p.16

2. 한국에서는 빨간 펜으로 이름을 쓰는 것을 금기시한다
3. 나라마다 인사하는 방법에 차이를 보인다
4. 시련을 이겨 내고 성공했다는 공통점을 가진다

4 어휘 p.17

1. 거리를 유지한다
2. 밀접한 관련이 있다
3. 유대감

1 문법과 표현 p.18
N만 해도[하더라도]

A.
1. 노약자석만 해도 2. 강아지만 해도
3. 햄버거만 해도 4. 휴대 전화만 해도

B.
2. 청계천 복원만 해도 3. 침팬지만 해도
4. 왼손잡이만 해도 5. 음식 문화만 해도

2 문법과 표현 p.19
A/V-다든지 A/V-다든지 하다

A.
1. 재채기가 난다든지 눈이나 코가 간지럽다든지 하는
2. 캠핑을 간다든지 동호회 활동을 한다든지 하며
3. 인삼차를 마신다든지 삼계탕을 먹는다든지 하는
4. 자신의 외모에 관심이 많다든지 이성에게 관심을 보인다든지 하는

B.
1. 따뜻한 물로 목욕을 한다든지 생강차를 마신다든지 하면
2. 커피를 같이 마신다든지 영화를 같이 본다든지 하면서
3. 담배를 피운다든지 다리를 꼬고 앉는다든지 하는
4. 음식을 만들어 같이 먹는다든지 게임을 같이 한다든지 하면서

읽고 쓰기 p.21
1. ① 2. ② 3. ④

2. 차이와 차별

1 어휘 p.22
1. 가산점을 주기로 했다 2. 차이를 인정하고
3. 유리하다고 4. 다양성을 인정하는
5. 형평에 어긋난다는 6. 차별을 당한다고

2 어휘 p.23
1. 차별을 막기 위해 어느 한쪽에 이득을 주는 것이 오히려 다른 쪽에게 차별이 되는 것.
2. 등급이나 정도가 같다.
3. 도움이 되지 않거나 유리하지 않다.
4. 외모를 최고의 가치로 여기는 생각.
5. 이익이 되지 않고 손해를 보게 된다.

3 어휘 p.24
2. 남자들의 입장에서는 성차별로 볼 수 있어요
3. 이건 일반인에 대한 역차별이에요
4. 가산점을 받지 못하는 여자들은 상대적으로 불리한 것 같아요

4 어휘 p.25
1. 차별 2. 불리하게
3. 착각되어(서는) 4. 열등감

1 문법과 표현 p.25
N와/과 맞먹다

A.
2. 한 끼 식사 비용과 맞먹는다고
3. 보통 회사원의 연봉과 맞먹(지만)
4. 사먹는 비용과 맞먹기
5. 소고기 가격과 맞먹을

B.
2. 선풍기 삼십(서른) 대와 맞먹을 정도이다
3. 내 키와 맞먹을 정도로 컸다
4. 보통 소설책 두 권과 맞먹을 정도이다
5. 레몬 두 개와 맞먹을 정도로 높다

2 문법과 표현 p.27
설사[설령, 가령] A/V-다(고) 해도

A.
2. 설사 값이 비싸다 해도
3. 설사 공부를 많이 했다 해도
4. 설령 시간이 있다 해도
5. 설령 사과하고 다시 돌아온다 해도

B.
2. 설사 외모가 좋아 보인다 해도
3. 설사 능력이 많다 해도
4. 설사 모든 것을 가진다 해도

읽고 쓰기 p.29
1. ④ 2. ②
3. 제대 지원금을 지급하거나 학자금 대출 이자를 줄여 주는 방안입니다.

복습 4

어휘 p.31

1. ④　2. ①　3. ④　4. ④　5. ③　6. ④
7. ④　8. ③　9. ③　10. ②　11. ③　12. ③
13. ①　14. ①　15. ④

문법과 표현 p.34

1. ④　2. ①　3. ②　4. ①　5. ③　6. ①
7. ①　8. ①　9. ②　10. ②

읽기와 쓰기 p.37

1. ②　2. ④　3. ①　4. ②　5. ③

듣기와 말하기 p.40

1. ④　2. ②　3. ③　4. ②　5. ④

IX. 인간과 심리

1. 학습과 심리

1 어휘 p.44

1. 구사해　2. 능숙한　3. 격려해
4. 도전한다　5. 분류할　6. 습득하는

2 어휘 p.45

1. 대가를 갚다.
2. 어떤 익숙하게 잘하다.
3. 어떤 언어를 모국어로 사용하는 사람.
4. 각 구성 요소로 나누다.
5. 기대한 것과 반대가 되는 효과.
6. 조건이 되는 요소.

3 어휘 p.46

1. 1) 요인　2) 학습 유형　3) 습득하는
2. 1) 구사하는　2) 역효과　3) 유창한

4 어휘 p.47

가 격	려	a 하	다		나 b 유	창	하	다
		품			리			
			다 능	숙	하	다		
라 여	c 동	생			다			
	기							d 더
e 원								디
어					마 f 분	석	하	다
바 민	간	요	법		류			

1 문법과 표현 p.48
V-(으)ㄹ라치면

A.
1. 만날라치면　2. 주차할라치면
3. 모을라치면 (저축할라치면)　4. 갈라치면

B.
1. 책상에 앉을라치면　2. 탈라치면
3. 나올라치면　4. 말을 걸라치면

2 문법과 표현 p.49
A/V-다고 할 것까지는[것까지야] 없다

A.
1. 차별한다고 할 것까지는(것까지야) 없지요
2. 경제 불황이 시작됐다고 할 것까지는(것까지야) 없(지만)
3. 돼지고기를 먹으면 안 된다고 할 것까지는(것까지야) 없어
4. 예의에 어긋난다고 할 것까지는(것까지야) 없지요

B.
1. 예산 낭비라고 할 것까지는(것까지야) 없지요
2. 우뇌형 학습자가 유리하다고 할 것까지는(것까지야) 없지요
3. 칭찬이 거의 효가가 없다고 할 것까지는(것까지야) 없지요
4. 국가가 부도 위기라고 할 것까지는(것까지야) 없지요
5. 비타민을 약으로 먹을 필요 없다고 할 것까지는(할 것까지야)

읽고 쓰기 p.53

1. ④
2. ① – ㉠, ㉡, ㉤
   ② – ㉢, ㉣, ㉥
3. ⓐ – ③, ⓑ – ④, ⓒ – ①

2. 사람의 심리

1 어휘 p.56

1. 기억력 2. 왜곡해
3. 측정해서(측정하고 있어서)
4. 관찰해 5. 이성적인 6. 몰두하시(느라)

2 어휘 p.57

1. 인간의 마음과 행동을 연구하는 학문.
2. 증거를 들어 증명하다.
3. 한 가지 일에 마음을 집중하여 나가는 힘.
4. 어떤 사물이나 사실을 실제와 다르게 생각하다.
5. 영향을 미치다.
6. 실제 능력보다 더 크게 생각하다.

3 어휘 p.58

2. 자신도 모르게 다른 사람과 같아지려는 생각이 작용한 것이다
3. 요즘 기억력이 부쩍 안 좋아져서 자꾸 중요한 일을 잊어버린다
4. 경찰이나 형사들은 사람들의 이런 행동들을 통해 거짓말을 하고 있음을 알아차린다

4 어휘 p.59

1. 몰두했다(는) 2. 심리 실험 3. 염두에 두고

1 문법과 표현 p.59
A/V-다고 치다

A.
2. 20년 전으로 돌아간다고 치면
3. 여자가 되었다고 치면
4. 평균 수명이 100세라고 치면
5. 6개월밖에 못 산다고 치면

B.
2. 첫사랑과 우연히 만난다고 쳐도 / 별로 할 말이 없을 것 같아요
3. 교통비를 아낀다고 쳐도 / 생활비가 많이 들 것 같아요
4. 아무리 실력이 뛰어나다고 쳐도 / 회사 생활을 하기 어려울 거예요
5. 후반에 세 골을 연속으로 넣는다고 쳐도 / 우리 팀이 이길 수는 없을 거예요

2 문법과 표현 p.61
V-(으)ㄹ 리(가) 만무하다

A.
2. 내 말을 이해할 리(가) 만무했다
3. 꿈이 이루어질 리(가) 만무하다
4. 그런 일을 저질렀을 리(가) 만무하다
5. 국민들의 지지를 받았을 리(가) 만무하다

B.
1. 정부가 수해민의 생계비를 지원한다고 해도 지원 금액이 적어 수해민의 생활이 나아질 리(가) 만무합니다
2. 정부가 정유 회사에 유가 인하를 요구한다고 해도 정유 회사에서 유가를 인하할 리(가) 만무합니다
3. 경찰이 음주 단속을 강화한다고 해도 음주 운전이 줄어들 리(가) 만무합니다
4. 한국 정부가 북한에 회담을 요청한다고 해도 북한이 동의할 리(가) 만무합니다
5. 경찰이 목격자에게 거액의 포상금을 준다고 해도 보복이 두려워 목격자가 나타날 리(가) 만무합니다

읽고 쓰기 p.64

1. ④ 2. ② 3. ②

X. 한국과 세계

1. 한국 속의 세계

1 어휘 p.68

1. 체류하고 2. 영주권 3. 이주 노동자
4. 국제결혼 5. 다문화 사회 6. 취득했다

2 어휘 p.69

1. 서로 다른 국적이나 문화를 가진 사람들이 이룬 가족.
2. 원래 살던 곳에서 다른 곳으로 사는 곳을 옮기다.
3. 한국인 남자와 결혼해 한국에서 살고 있는 외국 여성.
4. 살고 있다.
5. 어떤 것을 잃어버리다.
6. 국적을 얻어 국민이 되다.

3 어휘 p.70

2. 국제결혼을 하셔서 프랑스로 이민을 가서 살게 됐어요
3. 한국 국적을 취득하고 싶어서 귀화했어요
4. 미국과 한국의 가교가 되고 싶어요

4 어휘 p.71

한국에 체류하는 외국인을 구체적으로 살펴보면, 2014년 현재 이주 노동자가 54만명에 달하고 결혼 이민자도 15만 명이나 된다. 또한 한국 국적을 취득한 귀화자도 14만 명이 넘어선 상태이다. 그러므로 한국은 이제 다문화 사회가 되었다고 볼 수 있다.

1 문법과 표현 p.71
A/V-던 차에[차이다]

A.
2. 심심하던 차에　　　　3.궁금하던 차에
4. 졸리던(마시고 싶던) 차에

B.
2. 나도 반납하려던 차였는데
3. 나도 퇴근하려던 차였는데
4. 나도 쇼핑하려던 차였어

C.
1. 나가려던 차였는데　　　　2. 고민하던 차에
3. 시작하려던 차에

2 문법과 표현 p.73
V-고도

A.
1. 대학을 졸업하고도
2. 몇 달 동안 먹지 않고도 살 수 있지요
3. 비싸게 구입하고도 활용을 잘 못하고 있어요
4. 직접 키워보지 않고도 알 수 있어

B.
1. 많은 시련을 겪고도 지금처럼 발전할 수 있었던 것 같아요
2. 국적을 포기하지 않고도 귀화할 수 있게 됐어요
3. 사건을 목격하고도 신고하지 않는 경우가 많다고 해요

읽고 쓰기 p.76

1. ②
2. 1) 결혼 이주 여성들의 문화 부적응
   2) 다문화 가정 아동의 사회 부적응과 교육 문제
3. ①
4. 글쓴이는 다문화 정책이 바람직하다고 생각합니다. 그 이유는 국제화시대에 세계는 하나의 거대한 지구촌을 형성하고 있으며 서로 다양성을 인정하면서 사회 통합으로 갈 때 상대의 문화적 유산과 이중 언어 구사자 같은 재원을 확보할 수 있기 때문입니다.

2. 세계 속의 한국

1 어휘 p.78

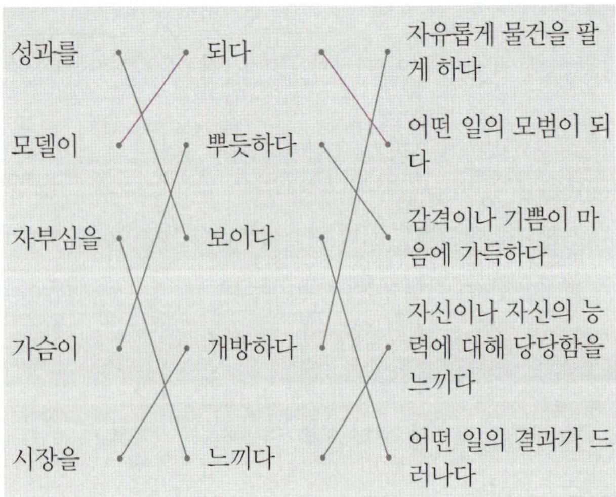

2. 자부심을 느끼(고)　　　　3. 성과를 보이(고)
4. 시장을 개방하(라는)　　　　5. 가슴이 뿌듯했다

2 어휘 p.79

1. 더 높은 단계로 발전하다.
2. 돈이나 물건으로 다른 나라를 도와주는 나라.

3. 존재의 본질이나 특성.
4. 특별히 기록해 둘 만큼 중요하다.
5. 남의 감정에 대해 자기도 그렇다고 느끼다.

3 어휘 p.80

2. 그런데 2010년대에는 세계 7위의 수출 대국이 될 정도로 눈부시게 발전했다
3. 국민의 힘으로 IMF 위기를 이겨 냈다는 사실에 대해 한국인들은 자부심을 갖고 있다
4. 법률 시장이 개방되면서 변호사들의 무한 경쟁 시대가 열리게 되었다

4 어휘 p.81

		a 당						b 뿌	
		당						듯	
가 경	쟁	하	다			나 특	기	하	다
		다						다	
c 가									
치						마 원	조	e 국	
다 관	습		라 압	d 도	적			민	
				약				바 성	과

1 문법과 표현 p.82
A/V-(으)ㄹ 성싶다

A.
1. 좋을 성싶어요　　　2. 없을 성싶습니다
3. 고민할 성싶습니다

B.
2. 없을 성싶습니다
3. 저는 통일이 한국의 발전에 도움이 되지 않을 성싶습니다
4. 저는 김연아가 좋을 성싶습니다. / 김연아는 세계적으로 유명한 선수니까 홍보 효과가 가장 클 거라고 생각하기 때문입니다

2 문법과 표현 p.83
(비록, 차라리) A/V-(으)ㄹ지언정

A.
2. 공짜로 줄지언정　　　3. 예산을 줄일지언정
4. 고생을 할지언정

B.
1. 굶을지언정　　　2. 잠을 잘지언정
3. 놀지언정　　　4. 적을지언정

읽고 쓰기 p.86

1. 원조를 받던 한국이 원조를 하는 나라가 되었다는 기사입니다.
2. ③
3. 14년이 걸렸습니다.
4. 공적 개발 원조의 비율을 평균 이상으로 높여야 합니다.

복습 5

어휘 p.89

1. ③　2. ②　3. ①　4. ④　5. ④　6. ①
7. ②　8. ①　9. ②　10. ③　11. ①　12. ①
13. ③　14. ④　15. ②

문법과 표현 p.92

1. ③　2. ④　3. ①　4. ①　5. ④　6. ②
7. ②　8. ④　9. ②　10. ③

읽기와 쓰기 p.95

1. ①　2. ③　3. ③　4. ①　5. ③

듣기와 말하기 p.98

1. ③　2. ①　3. ④　4. ③　5. ④

XI. 대중 매체와 문화

1. 표현의 자유와 공공성

1 어휘 p.102

1. 모방 범죄　　2. 선정적이(기)
3. 표현의 자유　　4. 감수성이 예민하셔서
5. 조치를 취하겠다(고)　　6. 심의한

2 어휘 p.103

1. 찬성 의견을 가진 사람들과 반대 의견을 가진 사람들로 나뉘어 대립함.
2. 이름을 숨김.
3. 많은 사람들의 의견을 모아 정리하다.
4. 해롭다.
5. 반대 의견을 내놓다.
6. 사회적으로 미치는 힘.

3 어휘 p.104

2. 익명으로 글을 쓰다 보면 다른 사람에게 나쁜 말을 하기가 더 쉽기 때문이에요
3. 정부가 자유로운 경제 활동을 규제할 필요가 없기 때문이에요
4. 유전자를 변형한 농산물이 인체에 악영향을 미친다는 연구 결과가 있기 때문이에요

4 어휘 p.105

1. 폭력적인　　2. 모방 범죄　　3. 악용될

1 문법과 표현 p.105
V-ㄴ/는답시고

A.
2. 숙제한답시고　　3. 시를 쓴답시고
4. 가수가 된답시고　　5. 공부한답시고
6. 음식을 준비한답시고

B.
1. 할인해 준답시고
2. 스타로 만들어 준답시고
3. 대통령의 사촌이랍시고
4. 열렬한 팬이랍시고

2 문법과 표현 p.107
A/V-(으)ㄹ 턱이 없다

A.
1. 잘 봤을 턱이 없지
2. 그렇게 빨리 통일이 될 턱이 없지요
3. 그렇게 비싼 차를 살 턱이 없지
4. 갑자기 끊으실 턱이 없지

B.
2. 흡연율이 낮아질 턱이 없다
3. 범죄 예방 효과가 있을 턱이 없다
4. 국토의 균형 발전에 도움이 될 턱이 없다
5. 사교육 열풍이 사라질 턱이 없다

읽고 쓰기 p.110

1. ②　　2. ③　　3. ④

2. 대중문화의 위상

1 어휘 p.112

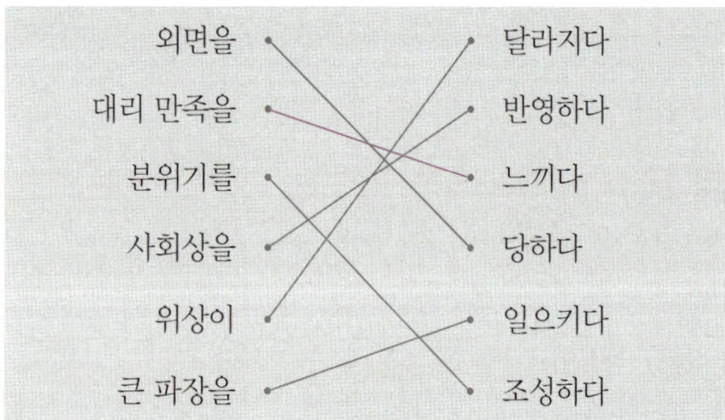

2. 큰 파장을 일으키(고)　　3. 외면을 당하(고)
4. 위상이 달라진　　5. 분위기를 조성하(기)
6. 사회상을 반영하(는)

2 어휘 p.113

1. 다른 분야로 미치는 영향이 크다.
2. 매우 흥분할 정도로 좋아하다.
3. 품격이 낮다.
4. 이익을 얻기 위한 성격이 있다.

5. 다른 것과 같다.
6. 갑자기 큰 인기를 끌다.

3 어휘 p.114

2. 무거운 주제의 영화들은 관객들에게 외면을 당하고 있다
3. 요즘 드라마는 출생의 비밀이나 신데렐라 이야기처럼 너무 획일적인 내용을 다룬다
4. 비싼 입장료에도 불구하고 관객들에게 선풍적인 인기를 끌고 있다

4 어휘 p.115

가 a 동	경	하	다				d 열
일					c 충		광
시		나 대	리	만	족		하
하					시		다
다		다 위	b 상		키		
			업		다		
	라 획	일	적			마 익	명

1 문법과 표현 p.116
N(으)로 말미암아

A.
2. 총파업으로 말미암아 3. 유가 상승으로 말미암아
4. 지구 온난화로 말미암아

B.
2. 추석 황금연휴로 말미암아 해외여행객이 증가했다
3. 매서운 강추위로 말미암아 독감 환자가 급증했다
4. 배춧값 폭등으로 말미암아 식당에서 김치가 반찬으로 제공되지 않고 있다

2 문법과 표현 p.117
N에 지나지 않다

A.
2. 모임에 지나지 않았다
3. 아마추어에 지나지 않는다
4. 조연에 지나지 않았다

B.
1. 숫자에 지나지 않는다(는)
2. 농담에 지나지 않는다(고)
3. 취미에 지나지 않는다(고)

읽고 쓰기 p.120

1. ③ 2. ②
3. 103살 노모와 85세 딸이 함께 노래를 부른 것, 앵콜과 3창까지 부른 시각장애인, 의족을 하고도 열심히 춤을 춘 여자 출연자가 기억에 남는다고 말했습니다.

XII. 과학과 생활

1. 환경과 대체 에너지

1 어휘 p.124

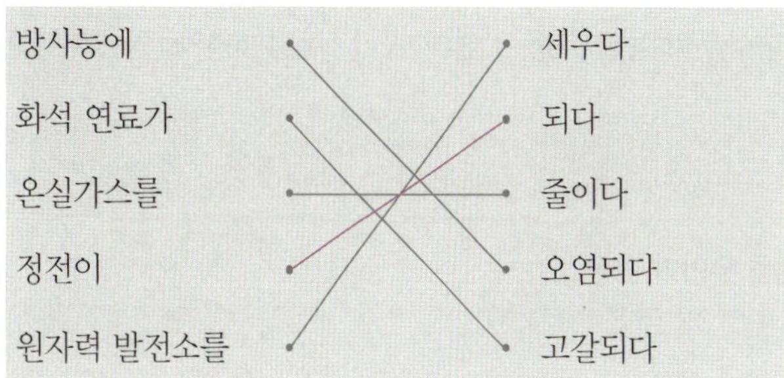

2. 화석 연료가 고갈될 3. 온실가스를 줄이(기)
4. 원자력 발전소를 세워서 5. 방사능에 오염되는

2 어휘 p.125

1. 이익이 되는 면이 있다, 재화나 노력 등이 적게 들다.
2. 이산화탄소와 같은 가스를 내보내다.
3. 원자력 발전소에서 이용하고 남은 방사능 물질.
4. 기온이나 강수량 등의 기후가 보통 사태와 다른 것.
5. 석유, 석탄과 같은 연료를 대신할 에너지.
6. 지구의 평균 기온이 올라가는 현상.

3 어휘 p.126

2. 대체 에너지를 개발해 화석 연료를 줄이기 위한 사업을 추진하고 있습니다
3. 이에 따라 많은 기업들이 온실가스를 줄이기 위해 노력할 것으로 예상됩니다

4. 이번 회의에서는 각국이 지구 온난화 문제를 해결하기 위해 노력해 나가기로 했습니다

4 어휘 p.127

1. 지구 온난화　　2. 이상 기후
3. 화석 연료　　4. 온실가스

1 문법과 표현 p.127
A/V-기로서니

A.
1. 시험에 여러 번 떨어졌기로서니(시험이 어렵기로서니)
2. 중요하기로서니　　3. 덥기로서니

B.
2. 아무리 대기업이 좋기로서니 대기업에 취업하지 못한다고 해서 취업을 포기해서야 되나
3. 아무리 통일 비용이 많이 들기로서니 통일에 반대해서야 되나
4. 아무리 연예인이 되고 싶기로서니 학교를 그만둬야 되나

2 문법과 표현 p.128
V-아/어 주십사 (하고)

A.
2. 추천해 주십사 (하고)　　3. 기다려 주십사
4. 좀 도와주십사 (하고)

B.
1. 추천서를 써 주십사 (하고)
2. 합격 여부를 알려 주십사 (하고)
3. 도서관과 학생 회관 이용을 자제해 주십사 (하고)

읽고 쓰기 p.132

1. ③
2.

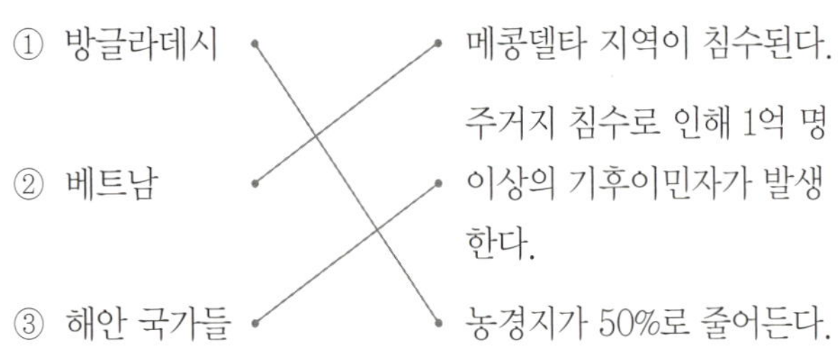

3. ①
4. ②, ⑤, ⑥

2. 생활 속 과학 이야기

1 어휘 p.134

1. 반사되는　　2. 승화하는
3. 흡수해　　4. 열전도율이 높(기)
5. 직진해서　　6. 분산되(는)

2 어휘 p.135

1. 공기.
2. 물결의 움직임.
3. 일정한 공간에 모여 있는 정도.
4. 원의 바깥으로 나가려는 힘.
5. 휘어서 꺾이다.
6. 움직이던 것은 계속 움직이려고 하고 정지하고 있던 것은 계속 정지해 있으려는 성질.

3 어휘 p.136

2. 달의 그림자가 해를 가리는 일식이 일어났기 때문이다
3. 수증기가 대기 중으로 배출되는 것이다
4. 구심력과 원심력이 세탁기 속에 빨래에 작용했기 때문이다

4 어휘 p.137

1. 액체　　2. 고체　　3. 중력
4. 구심력　　5. 원심력

1 문법과 표현 p.137
N인지라

A.
2. 본격적인 휴가철인지라　　3. 겨울은 겨울인지라
4. 아직 학생인지라　　5. 아직 사용 전인지라
6. 전례가 없는 일인지라

B.
2. 당연지사인지라　　3. 독불장군인지라
4. 도토리 키 재기인지라　　5. 밑 빠진 독에 물 붓기인지라

2 문법과 표현 p.138
V-자니

A.
2. 혼자 걷고 있자니
3. 가까이서 보고 있자니
4. 타지마할을 직접 보고 있자니
5. 순서를 기다리고 있자니

B.
2. 아무 준비 없이 시험을 보자니
3. 한국에서 혼자 명절을 보내자니
4. 5년 동안 다니던 회사를 그만두고 이직을 하자니
5. 만난 지 한 달 만에 결혼을 하자니

읽고 쓰기 p.141

1. ③ 2. ③ 3. ②

복습 6

어휘 p.143

1. ② 2. ① 3. ① 4. ② 5. ③ 6. ④
7. ① 8. ② 9. ③ 10. ② 11. ① 12. ①
13. ② 14. ② 15. ③

문법과 표현 p.146

1. ③ 2. ④ 3. ② 4. ④ 5. ③ 6. ①
7. ② 8. ① 9. ① 10. ④

읽기와 쓰기 p.149

1. ③ 2. ③ 3. ② 4. ④ 5. ②

듣기와 말하기 p.152

1. ③ 2. ④ 3. ④ 4. ③ 5. ③

XIII. 한국 사회와 문제

1. 대학 교육의 정체성

1 어휘 p.156

1. 인재를 양성하(기) 2. 사원 연수
3. 인성 교육 4. 스펙을 쌓(는)
5. 실무 능력 6. 경쟁력을 갖추(기)

2 어휘 p.157

1. 어떤 분야에 대한 지식과 경험을 갖다.
2. 전체 인원 중 취업한 비율.
3. 사람을 뽑아서 쓰다.
4. 보편적인 원리나 지식을 연구하다.
5. 생각하는 힘을 기르다.
6. 지식을 배우고 익혀서 자기 것으로 하다.

3 어휘 p.158

2. 인성 교육을 강화해야 한다고 생각해요
3. 창의력 있는 인재를 양성했으면 합니다
4. 지식을 습득하고 사고력을 기르기 위해 노력해야 합니다

4 어휘 p.159

1. 스펙을 쌓(는) 2. 채용할
3. 창의력 4. 실무 능력

1 문법과 표현 p.159
V-(으)ㄴ 끝에

A.
2. 노력한 끝에 3. 청혼한 끝에
4. 뒤진 끝에 5. 아르바이트를 한 끝에

B.
1. 지켜본 끝에 2. 고민한 끝에 3. 노력한 끝에

2 문법과 표현 p.161
어디 N뿐인가(요)?

A.
1. 어디 지하철뿐인가요

2. 어디 기름값뿐인가요
3. 어디 대졸자뿐인가요
4. 어디 딸기뿐인가요

B.
2. 어디 고속버스뿐인가요? 기차도 운행 횟수가 는대요
3. 어디 독감뿐인가요? 신종 플루가 발생할 가능성도 높대요
4. 어디 아시아뿐인가요? 이제는 아시아를 넘어 유럽에서도 한류가 인기래요

읽고 쓰기 p.164

1. ① 대학의 위기와 대학 정체성 확립
   ② 진리 탐구에 바탕을 둔 변화와 창조 정신
2. ②
3. ③
4. 새로움과 변화를 추구하는 자세
5. ④

2. 인구와 사회 문제

1 어휘 p.166

출산을	마련하다
노후 대책을	장려하다
생산성을	늘어나다
정년을	진입하다
평균 수명이	높이다
고령화 사회로	연장하다

2. 고령화 사회로 진입했다 3. 평균 수명이 늘어난
4. 정년을 연장하(기로) 5. 노후 대책을 마련하지
6. 생산성을 높일

2 어휘 p.167

1. 스스로 생활할 수 없는 사람을 돌보다.
2. 생활을 유지하다.
3. 정부나 회사 등에서 개인에서 주는 돈.
4. 생산품을 만드는데 소요되는 인간의 정신적 · 육체적인 모든 능력.
5. 회사를 그만두다.
6. 노인을 잘 대우함.

3 어휘 p.168

2. 퇴직한 후에 소득이 줄어든 노인들에게 지하철이나 버스 요금을 지원하거나 박물관, 미술관 등의 입장료를 할인해 주는 혜택을 주고 있습니다.
3. 생활이 어려운 노인이 생계를 꾸려 나가도록 경제적으로 지원하고 복지를 증진하기 위해서 실시하는 제도입니다.
4. 국민들이 퇴직한 후에 노후 대책을 세워 좀 더 안정적인 생활을 보낼 수 있도록 하기 위해 실시하는 제도입니다.

4 어휘 p.169

1. 평균 수명 2. 저출산, 생산성
3. 복지 비용 4. 정책

1 문법과 표현 p.169
V-느니만 못하다

A.
1. 안 먹느니만 못해
2. 안 하느니만 못해
3. 안 마시느니만 못하대
4. 운동을 안 하느니만 못해요

B.
1. 모자라느니만 못하다(고)
2. 혼자 사느니만 못하다(고)
3. 굶느니만 못하다(는)
4. 말하느니만 못한

2 문법과 표현 p.171
V-아/어 봤자[봤댔자]

A.
1. 먹어 봤자(먹어 봤댔자) 2. 고백해 봤자(고백해 봤댔자)
3. 지어 봤자(지어 봤댔자) 4. 가 봤자(가 봤댔자)

B.
2. 정부를 비난해 봤자 소용없는 일이에요
3. 감기약을 먹어 봤자 큰 효과가 없군요
4. 일자리를 늘리려 노력해 봤자 별 효과가 없을 것 같아요

읽고 쓰기 p.174

1. 글쓴이는 은퇴 후에 요리를 배워 요리사가 되려고 하고 자신만의 방법으로 전 세계를 여행할 계획을 세우고 있습니다.
2. ③ 3. ③

XIV. 한국의 정치와 경제

1. 한국의 정치와 민주화

1 어휘 p.178

1. 선출된다
2. 시위하는
3. 정권을 연장하(기)
4. 고문하(듯이)
5. 취임했다
6. 언론을 통제한(다는)

2 어휘 p.179

1. 오랫동안 권력을 잡음.
2. 업무를 하는 기간.
3. 옳지 않거나 바르지 않은 일을 하다.
4. 권력이나 정권을 잡다.
5. 언론이나 출판 등의 내용을 미리 검사하여 통제하다.
6. 국민의 의사와 관계없이 일부 지배 권력이 정권을 억지로 빼앗다.

3 어휘 p.180

2. 정권을 잡아 대통령이 됐다
3. 민주화를 요구하는 시민들이 시위하는 것을 막으려 했다
4. 직접 선거 제도를 수용하게 되었다.

4 어휘 p.181

1. 직접 선거 2. 임기 3. 독재자

1 문법과 표현 p.181
V-(으)랴 V-(으)랴

A.
1. 회사(에) 다니랴 아이들(을) 돌보랴
2. 회사 일(을)하랴 집안일(을)하랴
3. 설명(을) 들으랴 음식(을) 만들랴
4. 스펙(을) 쌓으랴 봉사 활동(을) 하랴

B.
2. 학비 마련하랴 방세 내랴 지방 출신 학생들은 서울 출신 학생들보다 경제적인 어려움을 더 겪게 되는 것 같아요
3. 운전 중에 휴대 전화를 사용하면 운전하랴 전화 받으랴 정신이 없어서 사고 날 위험성이 더 커지는 것 같아요

2 문법과 표현 p.183
V-(으)ㄹ세라

A.
1. 물에 젖을세라
2. 가족들이 깰세라
3. 눈길에 넘어질세라
4. 감기라도 걸릴세라

B.
1. 눈치를 챌세라
2. 누가 훔쳐 갈세라
3. 망가질세라

읽고 쓰기 p.186

1. ④
2. ②
3. 경제 성장을 위해서는 민주주의가 비효율적이므로 경제 성장을 이룰 때까지는 권위주의 정치가 불가피하다고 선전했고 안보를 위해서 민주주의를 제약해야 한다는 주장을 정당화했습니다.

2. 한국의 경제와 성장 과정

1 어휘 p.188

1. 경제 개발 5개년 계획
2. 외화 획득
3. 실업률
4. IMF 경제 위기
5. 부익부 빈익빈 현상
6. 중산층

2 어휘 p.189

1. 인간의 생존에 필요한 최소한의 물자조차 부족한 심한 빈곤.
2. 근본이 되는 힘.
3. 농민이 농사일을 그만두고 농촌을 떠나는 현상.
4. 사람의 노동력을 생산 자원의 하나로 이르는 말.
5. 가난한 사람들이 속하는 계층.

3 어휘 p.190

2. 그런데 교육을 잘 받지 못한 저소득층은 다시 가난하게 살 가능성이 높아지므로 빈곤의 악순환이 계속되는 것이다
3. 이러한 현상을 상대적 빈곤이라고 말할 수 있다
4. 이렇게 이익금을 골고루 분배하게 되면 부하 직원들의 사기를 높일 수 있다는 장점이 있다

4 어휘 p.191

1. 산업화 2. 농업 3. 수산업
4. 공업 5. 첨단 산업

1 문법과 표현 p.191
N을/를 불문하고

A.
1. 남녀노소를 불문하고 모두 좋아하는 음식입니다
2. 전공을 불문하고 신입 사원을 채용할 예정입니다
3. 종교를 불문하고 모든 종교인들이 걱정하고 있습니다
4. 국가를 불문하고 존재하기 마련입니다
5. 이유를 불문하고 말과 행동이 일치해야 합니다

B.
2. 나이를 불문하고 능력이 있으면 누구나 채용합니다
3. 언어를 불문하고 1세 이전의 아이들이 내는 소리는 모두 비슷하다는(유사하다는) 것을 밝혀냈습니다
4. 채소의 종류를 불문하고 많이 섭취하면 건강을 유지하는 데에 도움이 됩니다
5. 장르를 불문하고 소설이라면 모두 좋아합니다

2 문법과 표현 p.192
V-(으)ㄴ/는 이상

A.
1. 운동하지 않는 이상 살을 뺄 수 없습니다
2. 열심히 일하지 않는 이상 부자가 될 수 없습니다
3. 진심으로 대하지 않는 이상 진정한 친구를 사귈 수 없습니다
4. 충분히 연습하지 않는 이상 한국어를 잘할 수 없습니다

B.
2. 내일은 국회 의원을 뽑는 총선거일입니다. 투표권이 있는 이상 반드시 투표에 참여해야 합니다
3. 납세는 국민의 의무입니다. 직장에 다녀 소득이 있는 이상 반드시 세금을 내야 합니다
4. 대통령은 국민을 먼저 생각해야 합니다. 대통령으로 선출된 이상 반드시 국민과 국가를 위해 책임을 다해야 합니다

읽고 쓰기 p.195

1. ③
2.

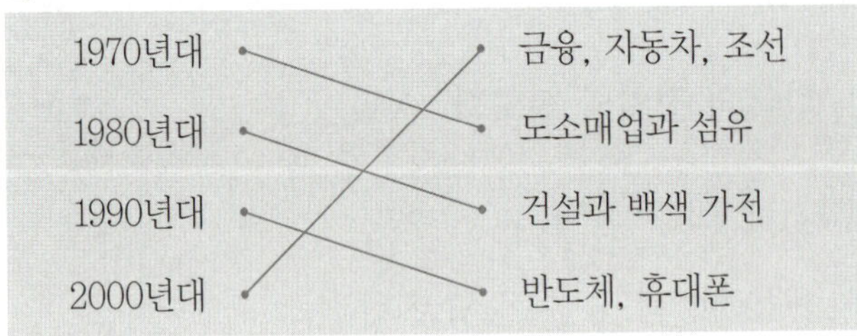

3. ④

복습 7

어휘 p.197

1. ② 2. ③ 3. ④ 4. ② 5. ① 6. ②
7. ③ 8. ④ 9. ④ 10. ① 11. ② 12. ③
13. ④ 14. ③ 15. ③

문법과 표현 p.200

1. ④ 2. ③ 3. ② 4. ② 5. ② 6. ③
7. ① 8. ② 9. ① 10. ④

읽기와 쓰기 p.203

1. ④ 2. ④ 3. ① 4. ① 5. ②

듣기와 말하기 p.206

1. ② 2. ③ 3. ④ 4. ③ 5. ④

XV 지형과 방언

1. 지형과 사회

1 어휘 p.210

1. 완만해서 2. 오대양 육대주

3. 단조롭고　　　　　4. 한반도
5. 접해서(접해 있어서)　　6. 가파른

2 어휘 p.211

1. 썰물과 밀물의 차이가 크다.
2. 바다와 육지가 맞닿은 선.
3. 기복이 매우 작고, 지표면이 평평하고 넓은 들.
4. 온도가 비교적 낮은 해류(한류)와 따뜻한 해류(난류).
5. 보통 해발 고도 600미터 이상에 있는 넓은 벌판.
6. 크고 작은 온갖 섬이 있는 곳.
7. 강과 시내.

3 어휘 p.212

1. 1) 지형　　2) 동고서저　　3) 반도
2. 1) 해안 지역　　2) 갯벌

4 어휘 p.213

1. 평야　　2. 산간 지역　　3. 고원

1 문법과 표현 p.213
A/V-(으)니/느니 A/V-(으)니/느니 (하다)

A.
1. 성격이 좋으니 외모가 괜찮으니 하면서 좋아하시더라고
2. 비용이 많이 드느니 형평성에 어긋나느니 하면서
3. 남자 친구는 있느니 결혼은 언제 하느니
4. 디자인이 이상하니 너무 비싸니 해서 안 타고 다녀요

B.
1. 술을 사느니　　2. 못생겼느니
3. 올랐느니　　4. 야근을 했느니
5. 헤어지겠느니

2 문법과 표현 p.215
A/V-건만

A.
1. 부모님이 반대하시건만 저는 그 일을 정말 좋아해서 포기할 수 없었어요
2. 매일 공부했건만 성적은 그대로예요
3. 햇살은 좋건만 바람이 불어서 좀 쌀쌀해요
4. 밤낮으로 생존자들을 찾고 있건만 아직 별다른 성과를 보이지 못하고 있습니다

B.
1. 정부가 출산 장려 정책에 많은 돈을 들였건만 여전히 출산율은 세계 최저라고 하네요
2. 정부가 담뱃값을 2,000원 이상 인상했건만 한국의 흡연율은 세계 14위로 큰 변화가 없어요
3. 세계적인 피아니스트 클레오 씨를 세계 최고의 의료진이 수술했건만 끝내 사망하고 말았습니다
4. 대진항공 부사장이 대국민 사과를 했건만 국민들은 여전히 분노하고 있네요

읽고 쓰기 p.218

1. ①
2. 명당에 묻혀야만 자신의 대(代)에서 안녕과 부귀영화를 누릴 뿐만 아니라 자기가 죽은 후에도 후손들에게 해를 끼치지 않는다고 생각했습니다.
3. ②
4. 뒤로는 산을 등지고 앞으로는 물이 있는 배산임수의 지형을 말합니다.

2. 다양한 한국어의 모습

1 어휘 p.220

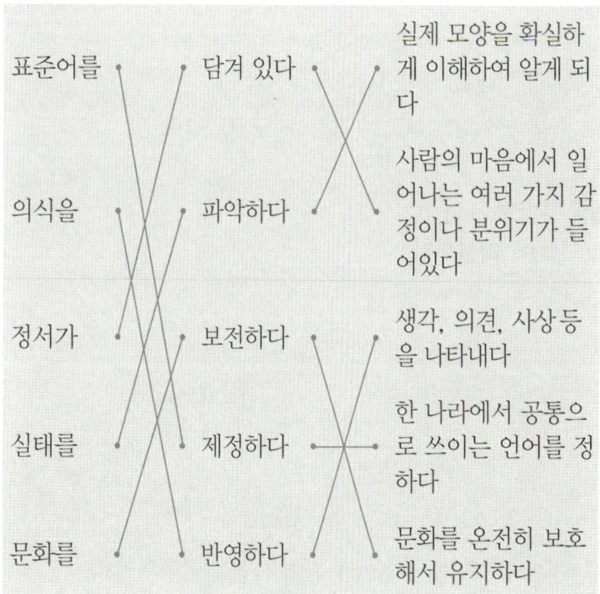

1. 정서가 담겨 있는　　2. 의식을 반영한다
3. 표준어를 제정한다　　4. 실태를 파악하기로 했다
5. 문화를 보전하고

2 어휘 p.221

1. 모두 같아서 다른 것이 없게 되다.
2. 문화가 여러 가지로 많은 특성.
3. 서로 비교하여 높고 낮음이 없이 같은 조건이나 위치를 갖다.
4. 전통이나 문화, 조상들의 업적을 이어나가다.
5. 소리의 높낮이.

3 어휘 p.221

1. 고유문화
2. 획일화되고
3. 자연적으로 형성된
4. 의식을 반영한다
5. 문화를 보전하고

1 문법과 표현 p.222

V-는 게 고작이다

A.
1. 들어가는 게 고작이에요
2. 예상하는 게 고작입니다
3. 배운 게 고작이에요
4. 내린 게 고작입니다

B.
1. 한두 군데인 게 고작이었습니다
2. 화가 났다는 게 고작이었습니다
3. 10억 원이 고작이었습니다
4. 작년 어획량의 50%를 잡는 게 고작입니다

2 문법과 표현 p.224

V-(으)ㄹ 따름이다

A.
1. 짐작할 따름입니다
2. 먹을 따름이야
3. 감사할 따름입니다
4. 아쉬울 따름이야

B.
1. 괴로움은 스스로 만들 따름이에요
2. 저희 할머니는 자식들을 위해 사셨을 따름이에요
3. 누군가를 좋아해서 하는 행동도 지나치면 범죄일 따름이에요
4. 성공 여부는 자신이 얼마나 노력하느냐에 달려있을 따름이에요

읽고 쓰기 p.227

1. ②
2. ①
3. 제주도의 인구가 감소하고 있기 때문입니다.

집필

최은규 서울대학교 국어국문학과 박사
서울대학교 언어교육원 한국어교육센터 대우부교수

서경숙 서울대학교 국어국문학과 박사 수료
서울대학교 언어교육원 한국어교육센터 대우전임강사

이정덕 이화여자대학교 국제대학원 한국학과 박사 수료
서울대학교 언어교육원 한국어교육센터 강사

우재영 서울대학교 국어교육학과 박사 수료
서울대학교 언어교육원 한국어교육센터 대우전임강사